JN037543

＼君に伝えたい／

「本当にやりたいこと」の見つけかた

池上 彰 監修

KADOKAWA

はじめに

"興味《きょうみ》の種《たね》"をたくさんまいて、「やりたいこと」を見《み》つけよう

日本《にほん》では、「やりたいこと」を見《み》つけられずにいる子《こ》どもがかなり多《おお》いようです。たとえば、２０２０（令和《れいわ》２）年《ねん》のスプリックス基礎学力研究所《きそがくりょくけんきゅうじょ》による調査《ちょうさ》を見《み》ると、「なりたい職業《しょくぎょう》がない子《こ》ども」の割合《わりあい》は対象《たいしょう》11か国中《こくちゅう》で最《もっと》も高《たか》く（全体《ぜんたい》8・3％、日本《にほん》30・6％）、「勉強《べんきょう》を面白《おもしろ》いと思《おも》っている子《こ》ども」の割合《わりあい》も最下位《さいかい》（全体《ぜんたい》82％、日本《にほん》58・6％）となっています。

そもそも「やりたいこと」はどうすれば見《み》つかるのでしょうか？　お父《とう》さんやお母《かあ》さんにそのことを聞《き》いたら、「いつか見《み》つかるよ」と答《こた》えてくれるかもしれません。しかし、「やりたいこと」は、ただ待《ま》っているだけでは見《み》つかりません。日々《ひび》の暮《く》らしや学《まな》びを通《とお》して、あなた自身《じしん》で見《み》つけなければならないのです。

じつは私《わたし》も、小学校《しょうがっこう》5年生《ねんせい》までは「将来《しょうらい》やりたいこと」が見《み》つけられませんでした。授業《じゅぎょう》で先生《せんせい》が一人《ひとり》ひとりに「なりたい職業《しょくぎょう》」を聞《き》いたことがあり、私《わたし》が「ありません」と答《こた》えたら怒《おこ》られたことをよく覚《おぼ》えています。いまになってみれば、「なにも怒《おこ》らなくてもいいのに」と思《おも》ってしまうのですが。

その後《ご》、6年生《ねんせい》になって、地方《ちほう》で働《はたら》く新聞記者《しんぶんきしゃ》の仕事《しごと》について書《か》かれた本《ほん》に出合《であ》い、「こんな仕事《しごと》をしてみたい」と思《おも》うようになりました。私《わたし》は結局《けっきょく》、新聞社《しんぶんしゃ》ではなくNHK《エヌエイチケイ》の記者《きしゃ》になりましたが、地方勤務《ちほうきんむ》の希望通《きぼうどお》り、島根県《しまねけん》と広島県《ひろしまけん》で働《はたら》くことができました。それ

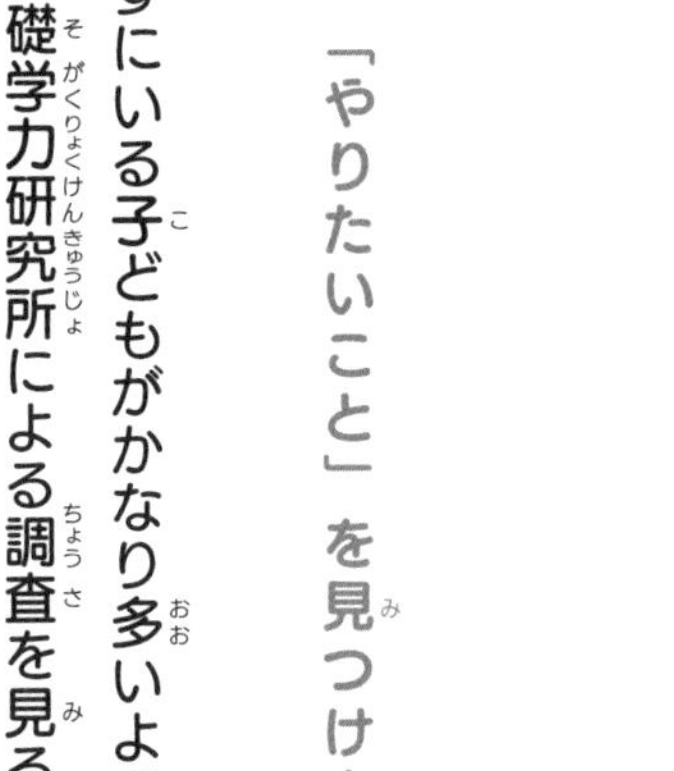

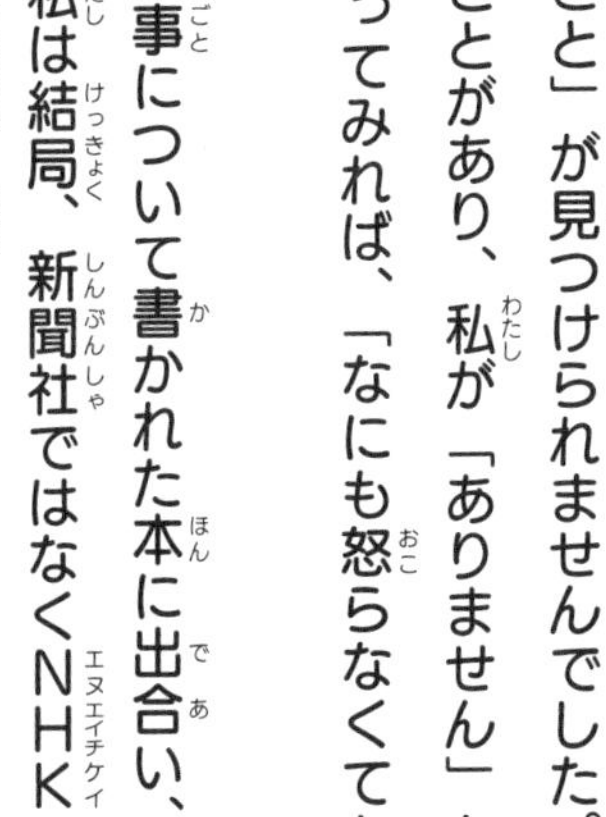

がいまでは、新聞《しんぶん》にコラムを連載《れんさい》しています。つまり、新聞記者《しんぶんきしゃ》の仕事《しごと》の夢《ゆめ》も叶《かな》ったのです。

あなたが生《い》きているこの時代《じだい》は、技術《ぎじゅつ》も社会《しゃかい》も価値観《かちかん》も、これまでにないほどにめまぐるしく移《うつ》り変《か》わっています。いまの「常識《じょうしき》」や「当《あ》たり前《まえ》」は、あなたが大人《おとな》になる頃《ころ》には大《おお》きく変《か》わっているかもしれません。

でも、「やりたいこと」がないまま進学《しんがく》し、就職後《しゅうしょくご》もとくにやりたくもない仕事《しごと》をするのでは悲《かな》しいですよね。楽《たの》しく幸《しあわ》せであるべきあなたの将来《しょうらい》がそうならないようにするには、早《はや》くから〝興味《きょうみ》の種《たね》〟をたくさんまき、好《す》きなことや面白《おもしろ》いこと、そしてその先《さき》にある「やりたいこと」を見《み》つけていくといいでしょう。

この本《ほん》は、「好《す》き・面白《おもしろ》い」の探《さが》し方《かた》から「自分《じぶん》の強《つよ》み」の見《み》つけ方《かた》、「学《まな》び」の生《い》かし方《かた》、仕事《しごと》の基本的《きほんてき》な知識《ちしき》、そしてこれからの時代《じだい》に必要《ひつよう》な力《ちから》までをわかりやすくまとめたものです。一人《ひとり》で読《よ》んで自分自身《じぶんじしん》と向《む》き合《あ》うのも、家族《かぞく》と一緒《いっしょ》に読《よ》んで自分《じぶん》の将来《しょうらい》について話《はな》し合《あ》ってみるのもいいでしょう。私《わたし》が小学生《しょうがくせい》の頃《ころ》に、こんな本《ほん》があったらよかったのにと思《おも》ってしまいます。

この本《ほん》を第一歩《だいいっぽ》としてあなたが「本当《ほんとう》にやりたいこと」を見《み》つけ、未来《みらい》に向《む》かって前進《ぜんしん》してくれることを心《こころ》から願《ねが》っています。

2024（令和《れいわ》6）年《ねん》1月《がつ》

池上《いけがみ》 彰《あきら》

じゃあ休《やす》み中《ちゅう》、家族《かぞく》や親戚《しんせき》に「仕事《しごと》」についてインタビューしておくように
遠藤先生《えんどうせんせい》
新学期《しんがっき》にインタビューをもとに自分《じぶん》のやりたいこと、なりたい職業《しょくぎょう》について発表《はっぴょう》してもらうぞ
はーい
陸斗《りくと》くん夢《ゆめ》なんてある？
沢木《さわき》 葵《あおい》(13)
中学《ちゅうがく》1年生《ねんせい》
YouTube
僕《ぼく》はユーチューバーか動画配信者《どうがはいしんしゃ》！
人気者《にんきもの》になってお金《かね》をいっぱいかせぎたい
青山陸斗《あおやまりくと》(13)
さくらは服《ふく》のデザイナーになりたいらしいし
しょうちゃんはメジャーリーガーになるのが夢《ゆめ》だよね…
やりたいことかぁ…
全然《ぜんぜん》イメージできないや
私《わたし》の夢《ゆめ》ってなんだろう？

カチャ
ごちそうさま
葵《あおい》の家《いえ》
葵《あおい》の兄《あに》(17)
勉強《べんきょう》するから夜食《やしょく》よろしく
はいはい
お兄《にい》ちゃん、受験勉強《じゅけんべんきょう》頑張《がんば》ってるね
大学《だいがく》で学《まな》んで建築士《けんちくし》になりたいんだって
昔《むかし》から工作《こうさく》とか好《す》きだったもんね
葵《あおい》の母《はは》
「2人《ふたり》が将来《しょうらい》住《す》む家《いえ》もつくってあげる」ってさ
葵《あおい》の父《ちち》
お父《とう》さん電機《でんき》メーカーに勤《つと》めてるよね 仕事《しごと》ってなんのためにしてるの?
もちろん、まずは生活《せいかつ》のため
家族《かぞく》が幸《しあわ》せに暮《く》らすにはお金《かね》が必要《ひつよう》だろ?
お金《かね》かぁ…

でもそれだけじゃないぞ
働《はたら》くってことは誰《だれ》かの役《やく》に立《た》つことでもある
葵《あおい》にも「もっとこうだったらいいな」
「こういうのがあればいいな」ってことない？
それに応《こた》えたのが「仕事《しごと》」なの
相手《あいて》によろこんでもらえて自分《じぶん》もうれしくなる
それがやりがいにもつながるんだ
父《とう》さんの仕事《しごと》もみんなの「こんなものがほしい」をかたちにしている
葵《あおい》もそういう仕事《しごと》ができるといいな
でも私《わたし》
何《なに》が本当《ほんとう》にやりたいことなのかわかんなくて…
世《よ》の中《なか》の仕事《しごと》を調《しら》べたり実際《じっさい》に話《はなし》を聞《き》いたりしてみるといい
自分《じぶん》のやりたいことがだんだん見《み》えてくるかもしれないよ
うん…

好《す》きなことしかやりたくない!
ラクしてかせげる仕事《しごと》がぜったいいいよ
陸斗《りくと》の家《いえ》
どんな仕事《しごと》だって大変《たいへん》なこともあるよ
楽《たの》しいことばかりじゃない
陸斗《りくと》の母《はは》
バス運転手《うんてんしゅ》という父《とう》さんの仕事《しごと》もそう。ユーチューバーだって同《おな》じだよ
陸斗《りくと》の父《ちち》
たとえば野球《やきゅう》がうまい子《こ》がいると「才能《さいのう》があっていいな」と思《おも》うでしょ?
でもそれって「好《す》き」を突《つ》き詰《つ》めて練習《れんしゅう》を続《つづ》けた結果《けっか》かも
楽《たの》しんでもらえる企画《きかく》を考《かんが》えて撮影《さつえい》して動画《どうが》を編集《へんしゅう》して
そうやって頑張《がんば》って動画《どうが》をアップしても思《おも》い通《どお》りに見《み》てもらえないこともある
表《おもて》に見《み》えるきらびやかな面《めん》だけじゃなく
どんな大変《たいへん》さがあるかにも注目《ちゅうもく》してみたらどう?
うん…

陸斗《りくと》くん！
何《なに》してるの？
ん？
こそっ
どんな仕事《しごと》をしているのか調査中《ちょうさちゅう》！
しっ
…
見《み》てるだけじゃわからないから話《はなし》を聞《き》いてみようよ
すみませーん！
え〜っちょっと！
地域《ちいき》で暮《く》らす人《ひと》たちの安全《あんぜん》・安心《あんしん》な暮《く》らしを守《まも》るのが僕《ぼく》らの仕事《しごと》
都道府県《とどうふけん》・市町村《しちょうそん》などで働《はたら》く地方公務員《ちほうこうむいん》の1つだね
へ〜
会社《かいしゃ》に勤《つと》めているわけじゃないんですね
POLICE

大変《たいへん》なことや やりがいって ありますか？
うーん
夜勤《やきん》の日《ひ》も あるし
何《なに》が起《お》きるか わからないから いつも油断《ゆだん》できないね
やりがいは 地域《ちいき》の住民《じゅうみん》の 役《やく》に立《た》っていると 実感《じっかん》できることかな
ラクな仕事《しごと》 じゃないけど みんなの笑顔《えがお》が 見《み》られて
感謝《かんしゃ》の言葉《ことば》を かけられたら どんな苦労《くろう》も 吹《ふ》き飛《と》ぶ
かっこいい 仕事《しごと》ですね
はは…
ありがとう ございました
ほかの人《ひと》にも 話《はなし》を聞《き》いて みようよ
そうだね！

幼《おさな》い頃《ころ》から店《みせ》の仕事《しごと》を見《み》てきたから
代々《だいだい》受《う》け継《つ》がれたこの味《あじ》をずっと残《のこ》していきたいね
お花屋《はなや》さんになりたかったから夢《ゆめ》は叶《かな》ったの
いまは仕事《しごと》の幅《はば》を広《ひろ》げるために資格《しかく》の勉強《べんきょう》もしてる
安全第一
気《き》のゆるみが大《おお》けがにつながるし仕事《しごと》は大変《たいへん》だよ
でも自分《じぶん》のつくった家《いえ》がずっと残《のこ》るのはうれしいよね
スーパー大安吉
音楽《おんがく》の仕事《しごと》で食《た》べていけるようになるまでは
アルバイトで生活費《せいかつひ》をかせぐ予定《よてい》なんだ
仕事《しごと》の目的《もくてき》も大変《たいへん》さも人《ひと》それぞれだね
もっといろんな職業《しょくぎょう》のこと知《し》りたくなった
そう
何《なに》を幸《しあわ》せと思《おも》うのか人《ひと》それぞれ違《ちが》うように仕事《しごと》に求《もと》めるものとかやりたいことってみんな違《ちが》うからね

お母《かあ》さんは なんで イラスト レーターに なろうと 思《おも》ったの？
子《こ》どもの頃《ころ》から 絵《え》を描《か》くのが 好《す》きだったけど
仕事《しごと》には できないと思《おも》って 最初《さいしょ》は会社《かいしゃ》に 就職《しゅうしょく》したの
でも 夢《ゆめ》をあきらめ きれなかった
数年《すうねん》して やっぱり自分《じぶん》の夢《ゆめ》を 実現《じつげん》したいと思《おも》って イラストを 描《か》くようになったの
へぇ～
じゃあ やりたかったことが 仕事《しごと》になったんだね
コンコン
ガチャッ
コーヒーでも どう？
ありがとう
これから好《す》きなことや 興味《きょうみ》があることを 少《すこ》しずつ探《さが》していけば いいんじゃないかな
何《なに》か1つにしぼらず いろんなことを 経験《けいけん》すれば 自分《じぶん》の可能性《かのうせい》や 選択肢《せんたくし》も 広《ひろ》がっていくよ
葵《あおい》は本《ほん》が 好《す》きでしょ？ そこから興味《きょうみ》が 広《ひろ》がるかもよ
うん いろいろ やってみる！

新学期《しんがっき》
仕事《しごと》は楽《たの》しいことや面白《おもしろ》いことだけじゃなく
大変《たいへん》なことや辛《つら》いこともあることがわかりました
それも含《ふく》めてやりがいのある仕事《しごと》
たとえば地域《ちいき》の暮《く》らしを守《まも》る警察官《けいさつかん》のような人《ひと》の役《やく》に立《た》つ仕事《しごと》もいいなと思《おも》いました
パチパチ
ドキドキ
今回《こんかい》いろいろな人《ひと》の話《はなし》を聞《き》いて
世《よ》の中《なか》にはさまざまな仕事《しごと》があり
それぞれの人《ひと》が目標《もくひょう》を持《も》って働《はたら》いていることを知《し》りました
私《わたし》は読書《どくしょ》が好《す》きだけど…正直《しょうじき》まだやりたいことがわかりません
でも
これから目《め》にすること経験《けいけん》することの中《なか》に「好《す》き」や「興味《きょうみ》」の種《たね》がたくさんあるはず
なんでもチャレンジしてやりたいことの幅《はば》を広《ひろ》げていきたいと思《おも》います
パチパチ…

みんな仕事《しごと》や なりたい職業《しょくぎょう》が 少《すこ》しは身近《みぢか》な存在《そんざい》に なったようだね
これからの時代《じだい》は AI《エーアイ》やロボットが 人間《にんげん》の仕事《しごと》を 担《にな》うようになると いわれている
つまり いまの仕事《しごと》が どうなるかなんて 誰《だれ》にもわからない ってことだ
だから みんなには 「いま」だけに とらわれず
どんな時代《じだい》でも 輝《かがや》ける力《ちから》を 身《み》につけて もらいたい
はい！
さぁ 自分《じぶん》の未来《みらい》のために
「やりたいこと」を 見《み》つけにいこう！

「夢《ゆめ》」に近《ちか》づくための

6つのアクション

「やりたいこと」は、思《おも》いつきで見《み》つかるものではありません。あせらずに、まずは小《ちい》さなことから始《はじ》めてみましょう。

その1

「好《す》き」を掘《ほ》り下《さ》げよう

自分《じぶん》が「好《す》き」と思《おも》う理由《りゆう》を掘《ほ》り下《さ》げていくと、「やりたいこと」が少《すこ》しずつ見《み》えてきます。

第《だい》1章《しょう》をチェック！
⇦ P.33

その2

「強《つよ》み」を見《み》つけよう

自分《じぶん》の長所《ちょうしょ》や得意《とくい》なことはなんでしょうか？ 「強《つよ》み」がわかれば、それがあなたの伸《の》ばすべきところです。

第《だい》2章《しょう》をチェック！
⇦ P.65

その3

目標《もくひょう》を設定《せってい》しよう

「やりたいこと」が見《み》えてきたら、行動《こうどう》を起《お》こしましょう。大《おお》きな目標《もくひょう》は、3つくらいのステップに分《わ》けてクリアしていくのがおすすめ。

第《だい》3章《しょう》をチェック！
⇦ P.97

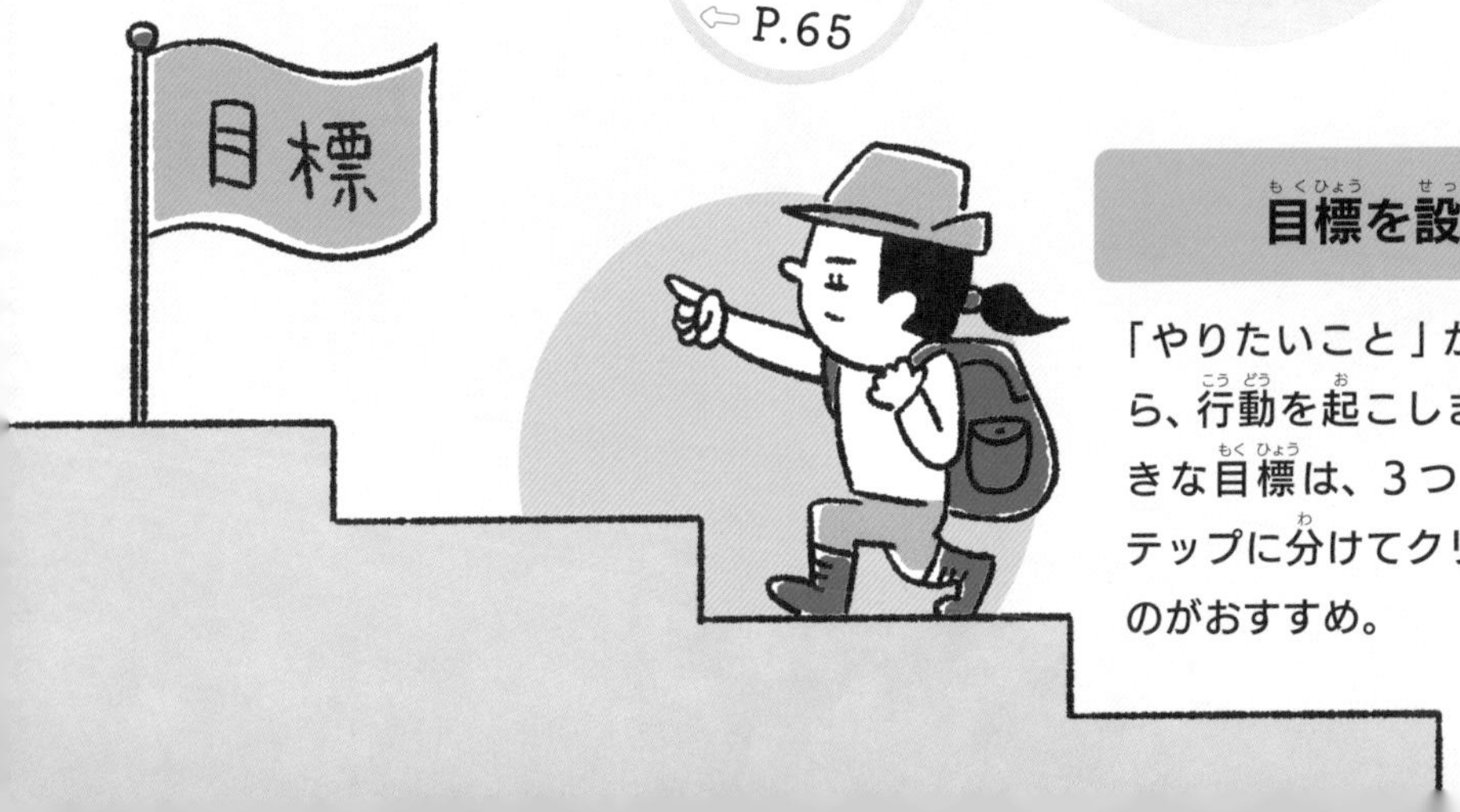

その4

本《ほん》や新聞《しんぶん》を読《よ》もう

読書《どくしょ》や新聞《しんぶん》を読《よ》むことを習慣化《しゅうかんか》すれば、人《ひと》とのコミュニケーションにも役《やく》に立《た》つ「読解力《どっかいりょく》」が身《み》につきます。

第《だい》4章《しょう》をチェック！
⇦P.129

その5

世《よ》の中《なか》の「仕事《しごと》」を探《さが》してみよう

身《み》の回《まわ》りのモノやサービスは、誰《だれ》かが働《はたら》いて生《う》み出《だ》したもの。どんな仕事《しごと》があるか、調《しら》べてみましょう。

第《だい》5章《しょう》をチェック！
⇦P.153

その6

未来《みらい》を自由《じゆう》に想像《そうぞう》しよう

あなたが生《い》きているのは、これまでにない激動《げきどう》の時代《じだい》。自分《じぶん》が大人《おとな》になった頃《ころ》に世《よ》の中《なか》はどうなっているのか、未来《みらい》を思《おも》い描《えが》いてみましょう。

第《だい》6章《しょう》をチェック！
⇦P.185

君《きみ》に伝《つた》えたい「本当《ほんとう》にやりたいこと」の見《み》つけかた

目次《もくじ》

序章《じょしょう》

第《だい》1章《しょう》

第《だい》2章《しょう》

自分《じぶん》の「強《つよ》み」を知《し》るヒント

第《だい》3章《しょう》

「本当《ほんとう》にやりたいこと」の見《み》つけ方《かた》

第《だい》4章《しょう》

「学《まな》び」が君《きみ》の可能性《かのうせい》を広《ひろ》げる

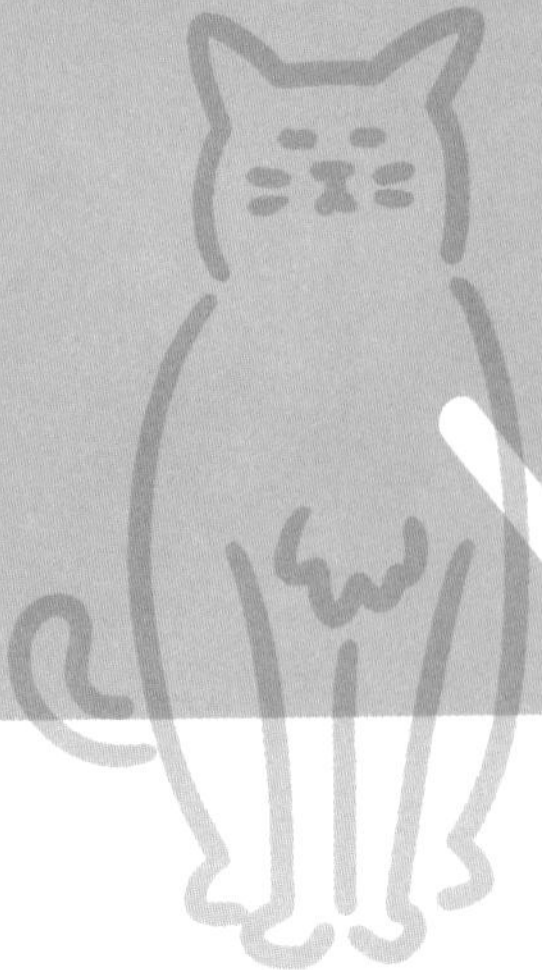

第《だい》5章《しょう》

そもそも「仕事《しごと》」ってなんだろう？

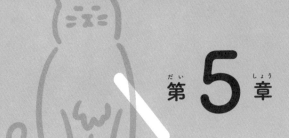

第《だい》6章《しょう》

A《エー》I《アイ》時代《じだい》を生《い》き抜《ぬ》く力《ちから》を養《やしな》おう

コラム
COLUMN

STAFF

ブックデザイン・DTP
根本佐知子（梔図案室）

本文イラスト
山中正大

カバーイラスト
みずす

巻頭マンガ
サノマリナ

執筆・編集協力
岩佐陸生

校　正
鷗来堂

おもな参考文献《さんこうぶんけん》

『世界でいちばん大切にしたい会社 コンシャス・カンパニー』ジョン・マッキー、ラジェンドラ・シソーディア著・鈴木立哉訳（翔泳社）、『レジリエンスで心が折れない自分になる』久世浩司監修（日本能率協会マネジメントセンター）、『生きる力ってなんですか？ ピンチを乗り越える齋藤メソッド』齋藤孝、『池上彰が大切にしている タテの想像力とヨコの想像力』池上彰（以上、講談社）、『1万人の才能を引き出してきた脳科学者が教える「やりたいこと」の見つけ方』西剛志、『「どうせ無理」と思っている君へ 本当の自信の増やしかた』植松努（以上、PHP研究所）、『やりたいことはよくわかりませんが、私の適職教えてください！』田中勇一、小林義崇（徳間書店）、『〈自分らしさ〉って何だろう？ 自分と向き合う心理学』榎本博明（筑摩書房）、『あなたの不安を解消する方法がここに書いてあります。』吉田尚記、『中高生の悩みが軽くなるヒント集めました。勉強・人間関係・進路の不安に効く57の方法』葉一（以上、河出書房新社）、『10歳から知りたいバリアバリュー思考 自分の強みの見つけかた』垣内俊哉（KADOKAWA）、『やりたいことが見つからない君へ』坪田信貴、『みんなに好かれなくていい』和田秀樹、『もっとやりたい仕事がある！』池上彰（以上、小学館）、『13歳のきみに伝えたい 本当に必要な7つの才能 将来大人になって成功するために』山本佳典（彩流社）、『一流の育て方 ビジネスでも勉強でもズバ抜けて活躍できる子を育てる』ミセス・パンプキン、ムーギー・キム（ダイヤモンド社）、『成功する子は「やりたいこと」を見つけている 子どもの「探究力」の育て方』中曽根陽子（青春出版社）、『この世界のしくみ 子どもの哲学2』河野哲也ほか（毎日新聞出版）、『ミライの武器 「夢中になれる」を見つける授業』吉藤オリィ（サンクチュアリ出版）、『10代の君に伝えたい 学校で悩むぼくが見つけた未来を切りひらく思考』山崎聡一郎（朝日新聞出版）、『伸びる子どもは○○がすごい』榎本博明（日本経済新聞出版社）、『10代のうちに知っておきたい折れない心の作り方』水島広子（紀伊國屋書店）、『キミたちはどう生きるか？ こどものための道徳 生き方編』齋藤孝（ビジネス社）、『中高生のための哲学入門 「大人」になる君へ』小川仁志（ミネルヴァ書房）　ほか

本書に記載した情報は、明記したもの以外、基本的に本書制作時点のものです。
また、その時点での世相に沿った記述や図版もあります。ご了承ください。

序章《じょしょう》

「自分《じぶん》の軸《じく》」を持《も》つことが幸《しあわ》せに生《い》きるカギ

いま「やりたいこと」がなくても焦《あせ》る必要《ひつよう》はありません。変化《へんか》が激《はげ》しいこれからの時代《じだい》に必要《ひつよう》なのは、ブレることのない「自分《じぶん》の軸《じく》」です。

「夢《ゆめ》」や「やりたいこと」がないって、おかしい？

大人《おとな》たちはよく、子《こ》どもに「将来《しょうらい》何《なに》をやりたいの？」「1つでもいいからやりたいことを見《み》つけなさい」などと言《い》います。

「夢《ゆめ》」や「やりたいこと」が決《き》まっていて、それに向《む》かって全力《ぜんりょく》で取《と》り組《く》んでいるのなら、それはもちろんすばらしいことです。でも、実際《じっさい》は

あせる必要《ひつよう》なんてない

いますぐ
やりたいことを
決めなきゃダメ？
夢なんて
まだないし
パンッ
スタート！

「夢《ゆめ》なんかとくにない」「やりたいことなんて決《き》まっていない」という人《ひと》も少《すく》なくないでしょう。

これは、おかしいことでしょうか？ ダメなことなのでしょうか？

そんなことはありません。「夢《ゆめ》」や「やりたいこと」は誰《だれ》かに強制《きょうせい》されて持《も》つものではなく、**自分《じぶん》の内側《うちがわ》から自然《しぜん》に生《う》まれてくるもの。**いますぐやりたいことを何《なに》か決《き》めて「よーいドン！」と走《はし》り出《だ》さなければいけないものではないのです。

あなたはいま、大人《おとな》になるための道《みち》を一歩一歩《いっぽいっぽ》進《すす》んでいるところです。「夢《ゆめ》」や「やりたいこと」は、**きっとその道《みち》のどこかに隠《かく》されているはず**です。

これから先《さき》、あなたはさまざまな物事《ものごと》に触《ふ》れ、経験《けいけん》を積《つ》んで成長《せいちょう》していきます。そこには、楽《たの》しいことも辛《つら》いことも、面白《おもしろ》いこともそうでないこともあるでしょう。それらはすべて、幸《しあわ》せな人生《じんせい》を送《おく》るためのかけがえのない〝財産《ざいさん》〟となります。

もし夢《ゆめ》ややりたいことが決《き》まっていなくても、あせる必要《ひつよう》はありません。日々《ひび》の暮《く》らしの中《なか》で「感動《かんどう》」や「驚《おどろ》き」を大切《たいせつ》にしながら歩《あゆ》み続《つづ》けるうちに、やりたいことの方向性《ほうこうせい》は少《すこ》しずつ定《さだ》まっていくはずです。

夢《ゆめ》は「あこがれ」から「現実《げんじつ》」に

成長《せいちょう》すると夢《ゆめ》を持《も》つ子《こ》どもが少《すく》なくなる理由《りゆう》

あなたには、幼《おさな》い頃《ころ》になりたいと思《おも》っていた職業《しょくぎょう》がありますか?「プロサッカー選手《せんしゅ》」「ファッションモデル」「宇宙飛行士《うちゅうひこうし》」など、抱《いだ》く夢《ゆめ》は違《ちが》っても、それぞれ思《おも》いのままに大《おお》きな夢《ゆめ》を描《えが》いていたはずです。

その頃《ころ》の夢《ゆめ》は、いまも変《か》わっていませんか?

東京大学社会科学研究所《とうきょうだいがくしゃかいかがくけんきゅうじょ》とベネッセ教育総合研究所《きょういくそうごうけんきゅうしょ》の共同研究《きょうどうけんきゅう》「子《こ》どもの生活《せいかつ》と学《まな》びに関《かん》する親子調査《おやこちょうさ》2022」によると、「将来《しょうらい》なりたい職業《しょくぎょう》(やりたい仕事《しごと》)はありますか?」という問《と》いに「ある」と答《こた》えた子《こ》どもは、小学《しょうがく》4~6年生《ねんせい》が64・2%、中学生《ちゅうがくせい》が51・3%、高校生《こうこうせい》が54・8%でした。

この結果《けっか》からわかるのは、**小学生《しょうがくせい》よりも中学生《ちゅうがくせい》・高校生《こうこうせい》のほうが「なりたい職業《しょくぎょう》」を持《も》っている人《ひと》の割合《わりあい》が少《すく》ない**ということです。これはなぜでしょうか?

その理由《りゆう》はさまざま考《かんが》えられますが、1つには、中学校《ちゅうがっこう》に進《すす》むと「競争《きょうそう》」や「比較《ひかく》」がしやすい環境《かんきょう》になることが挙《あ》げられるでしょう。

小学生《しょうがくせい》の頃《ころ》は勉強《べんきょう》でもスポーツで

こっちの道の
ほうが向いているかも!
新しい夢を
見つけた!
やっぱり
難しいかも
なんかちょっと
違うかな?

も、いかに身《み》につけるか、楽《たの》しむかが重視《じゅうし》されます。しかし、中学校《ちゅうがっこう》ではテストや通知表《つうちひょう》、または人《ひと》との関《かか》わりの中《なか》で、自分《じぶん》の実力《じつりょく》や現状《げんじょう》と否応《いやおう》なく向《む》き合《あ》わなくてはなりません。

そんな中《なか》で、自分《じぶん》が抱《いだ》いていた夢《ゆめ》を「ちょっと違《ちが》うかな」「やっぱり無理《むり》かも」などと考《かんが》え始《はじ》めます。そして、**自分《じぶん》の将来《しょうらい》を単《たん》なる「あこがれ」ではなく、「現実的《げんじつてき》なこと」としてとらえ直《なお》す**のです。

もし夢《ゆめ》が叶《かな》わないという現実《げんじつ》に直面《ちょくめん》しても、落《お》ち込《こ》む必要《ひつよう》はありません。**1つの夢《ゆめ》の終《お》わりは、次《つぎ》の夢《ゆめ》の始《はじ》まりでもある**からです。

小学生《しょうがくせい》から中学生《ちゅうがくせい》、高校生《こうこうせい》、もしかしたら大人《おとな》になってもあなたの夢《ゆめ》は変《か》わっていくかもしれません。世《よ》の中《なか》や取《と》り巻《ま》く環境《かんきょう》が変《か》わっていくように、将来《しょうらい》の夢《ゆめ》もどんどん変《か》わっていいのです。

Aの道
Bの道
自分《じぶん》の頭《あたま》で考《かんが》え、選択《せんたく》し、行動《こうどう》する
どっちの道を選ぶべきか…
自分《じぶん》の頭《あたま》を使《つか》って考《かんが》える

立《た》ち止《ど》まっていたら「やりたいこと」は見《み》つからない

自分《じぶん》が「本当《ほんとう》にやりたいこと」を見《み》つけて、それをやりながら楽《たの》しく生《い》きていけるのはとても幸《しあわ》せなことです。

しかし、「本当《ほんとう》にやりたいこと」はそう簡単《かんたん》に見《み》つかるものではありません。まして誰《だれ》かから一方的《いっぽうてき》に与《あた》えられたり、超人的《ちょうじんてき》なひらめきで突然発見《とつぜんはっけん》できたりするものでもありません。

「親《おや》や先生《せんせい》に言《い》われたから」と、気《き》が進《すす》まないのに無理《むり》してやっていても楽《たの》しくありませんし、他人《たにん》が用意《ようい》したレールの上《うえ》だけを進《すす》んでいたら、**大人《おとな》になってから「自分《じぶん》はこんなことはしたくなかったのに」と後《こう》**

悔《かい》してしまうかもしれません。

自分自身《じぶんじしん》で選《えら》んだ人生《じんせい》を歩《あゆ》むには、誰《だれ》かに決《き》められたことに黙《だま》ってしたがうのではなく、**日々自分《ひびじぶん》の頭《あたま》で考《かんが》え、選択《せんたく》し、行動《こうどう》する体験《たいけん》を重《かさ》ねていく**ことが大切《たいせつ》です。

自分《じぶん》が好《す》きなこと、興味《きょうみ》があることであれば、たとえ多少《たしょう》の困難《こんなん》があっても、挑戦《ちょうせん》し続《つづ》ける気持《きも》ちがわいてくるものです。その気持《きも》ちは、「やりたいこと」を見《み》つけるときの大《おお》きな力《ちから》になるはずです。

あなたが生《い》きている10代《だい》という年齢《ねんれい》は、**これから続《つづ》く長《なが》い人生《じんせい》のうちで最《もっと》も知識《ちしき》を吸収《きゅうしゅう》できて、最《もっと》も感性《かんせい》を磨《みが》ける時期《じき》**です。また、最《もっと》も体力《たいりょく》がある時期《じき》でもあります。

そんなかけがえのない時期《じき》を、どのように過《す》ごすのか。それがあなたの将来《しょうらい》を大《おお》きく左右《さゆう》します。

立《た》ち止《ど》まっているだけでは、「やりたいこと」は見《み》つかりません。「まだやりたいことがわからない」という人《ひと》は、自分《じぶん》は何《なに》をしているときが楽《たの》しいのか、どんなことなら苦《く》にせず続《つづ》けられるのかを、いろいろな経験《けいけん》を通《つう》じて探《さが》していきましょう。

Aの道
こっちだ!
実際《じっさい》に
行動《こうどう》する

やってみよう!
Aの道
自分自身《じぶんじしん》で
決断《けつだん》する

「自分《じぶん》の軸《じく》」を持《も》つ

時代《じだい》の変化《へんか》に対応《たいおう》できる〝ブレない軸《じく》〟を持《も》とう

「いい学校《がっこう》に進学《しんがく》し、有名《ゆうめい》な大企《だいき》業《ぎょう》に就職《しゅうしょく》すれば幸《しあわ》せになれる」。そんな考《かんが》えが成功《せいこう》への道《みち》だと信《しん》じられていた時代《じだい》がありました。しかし、IT《アイティー》（情報技術《じょうほうぎじゅつ》）やAI《エーアイ》（人工知能《じんこうちのう》）の進化《しんか》などによって、私《わたし》たちの生活《せいかつ》も働《はたら》き方《かた》も価値観《かちかん》も、目《め》まぐるしく変化《へんか》しています。これからは、「これだけをやっておけば間違《まちが》いない」というものは存在《そんざい》しない時代《じだい》になってきているのです。

いままでの**〝当《あ》たり前《まえ》〟**が当《あ》たり**前《まえ》ではなくなっていく激動《げきどう》の時代《じだい》**に

は、何《なに》をして生《い》きるか、どのように暮《く》らすかということを絶《た》えず見直《みなお》し、変《か》えていかなくてはいけません。つまり、**「変化《へんか》に適応《てきおう》していく力《ちから》」が必要《ひつよう》になってくる**のです。

　変化《へんか》に適応《てきおう》するということは、「自分《じぶん》を持《も》たないこと」と同《おな》じではありません。むしろ、**どんなに時代《じだい》が変《か》わっても、ブレることのない「自分《じぶん》の軸《じく》」を持《も》つこと**が大切《たいせつ》になってきます。

　「自分《じぶん》は何《なに》を大切《たいせつ》に思《おも》うのか」「自《じ》分《ぶん》はどんな人生《じんせい》を歩《あゆ》みたいのか」という軸《じく》の部分《ぶぶん》がブレなければ、たとえ時代《じだい》のニーズ（求《もと》められるもの）が変《か》わって、いまやりたいと思《おも》っている仕事《しごと》がなくなっても、自由自在《じゆうじざい》に自分《じぶん》を変《か》えていきながら活躍《かつやく》できる場所《ばしょ》を見《み》つけられるはずです。

　「やりたいこと」というと、どうしても「仕事《しごと》（職業《しょくぎょう》）」を想像《そうぞう》してしまうものです。たしかに、大人《おとな》になると仕事《しごと》が人生《じんせい》の大《おお》きな部分《ぶぶん》を占《し》めるようになりますが、仕事《しごと》だけが人生《じんせい》ではありません。日々《ひび》の暮《く》らしや生《い》きがいなど、**人生全体《じんせいぜんたい》を通《とお》した「やりたいこと」＝「幸《しあわ》せ」**を探求《たんきゅう》していってください。

働《はたら》く人《ひと》に聞《き》いてみた①

子《こ》どもの頃《ころ》の夢《ゆめ》は何《なに》？

すべての大人《おとな》が子《こ》どもの頃《ころ》の夢《ゆめ》を叶《かな》えたわけではありません。働《はたら》く大人《おとな》たちに、子《こ》どもの頃《ころ》の夢《ゆめ》といまの仕事《しごと》について聞《き》いてみました。

20代《だい》女性《じょせい》・飲食店経営《いんしょくてんけいえい》

小学生《しょうがくせい》の頃《ころ》からプロのバレーボール選手《せんしゅ》になるのが夢《ゆめ》でした。体育系《たいいくけい》の大学《だいがく》に進《すす》みましたが、うどん居酒屋《いざかや》を経営《けいえい》していた父《ちち》が病気《びょうき》で倒《たお》れたため、卒業後《そつぎょうご》に家業《かぎょう》を継《つ》ぐことを決意《けつい》。いまは祖父《そふ》と母《はは》と３人《にん》で店《みせ》を切《き》り盛《も》りしています。朝《あさ》の４時《じ》から始《はじ》まるうどんづくりは私《わたし》の役目《やくめ》。父《ちち》がつくった味《あじ》を、ずっと残《のこ》していきたいです。

20代《だい》女性《じょせい》・美容師《びようし》

小中学校《しょうちゅうがっこう》ではそんなに意識《いしき》したことがなかったのですが、高校《こうこう》に入《はい》ってから「美容師《びようし》になろう」と思《おも》い、専門学校《せんもんがっこう》に進《すす》みました。いま考《かんが》えれば、小《ちい》さいときに近所《きんじょ》の美容院《びよういん》で髪《かみ》を切《き》ってもらっていて、美容師《びようし》という仕事《しごと》にあこがれのようなものがあったんだと思《おも》います。まだ修業中《しゅぎょうちゅう》の身《み》ですが、いつか自分《じぶん》の店《みせ》を持《も》つのが夢《ゆめ》です。

30代《だい》男性《だんせい》・メーカー勤務《きんむ》

少年野球《しょうねんやきゅう》では４番《ばん》でファースト。幼《おさな》い頃《ころ》から父親《ちちおや》とよくプロ野球《やきゅう》の試合《しあい》を見《み》に行《い》って、「プロ野球《やきゅう》選手《せんしゅ》になりたい」と思《おも》うようになりました。高校《こうこう》まで野球《やきゅう》を続《つづ》けましたが、けがで夢《ゆめ》を断念《だんねん》。いまは自動車会社《じどうしゃがいしゃ》で働《はたら》きながら、週末《しゅうまつ》だけ友達《ともだち》と草野球《くさやきゅう》を楽《たの》しんでいます。野球《やきゅう》で培《つちか》った根性《こんじょう》は、いまの仕事《しごと》にも生《い》かされています。

40代《だい》男性《だんせい》・消防士《しょうぼうし》

幼稚園《ようちえん》のときはテレビの「スーパー戦隊《せんたい》シリーズ」が好《す》きで、「ヒーローになりたい」とまじめに考《かんが》えていました。その後《ご》は警察官《けいさつかん》と消防士《しょうぼうし》のどちらになるか迷《まよ》った時期《じき》もありましたが、結局《けっきょく》は消防士《しょうぼうし》の道《みち》を選《えら》びました。子《こ》どもの頃《ころ》から人一倍正義感《ひといちばいせいぎかん》が強《つよ》かったんでしょう。大変《たいへん》な仕事《しごと》ですが、自分《じぶん》には向《む》いていると思《おも》います。

40代《だい》女性《じょせい》・ピアノ講師《こうし》

子《こ》どもの頃《ころ》の夢《ゆめ》は、プロピアニスト。小学校《しょうがっこう》からピアノを習《なら》ってだんだん好《す》きになりました。高校《こうこう》から音大《おんだい》（音楽大学《おんがくだいがく》）に進《すす》み、ピアノの演奏《えんそう》だけでなく指導者《しどうしゃ》になる勉強《べんきょう》もしました。卒業後《そつぎょうご》は、音楽関連会社《おんがくかんれんがいしゃ》に就職《しゅうしょく》しましたが、結婚《けっこん》を機《き》に退職《たいしょく》。いまは自宅《じたく》を教室《きょうしつ》にして、地域《ちいき》の子《こ》どもたちにピアノの楽《たの》しさを教《おし》えています。

30代《だい》男性《だんせい》・ロボット開発会社勤務《かいはつがいしゃきんむ》

何《なに》かを自分《じぶん》でつくるのがずっと好《す》きでした。小学校《しょうがっこう》では工作《こうさく》クラブ、中学校《ちゅうがっこう》ではロボット制作部《せいさくぶ》、高校《こうこう》はコンピュータ部《ぶ》。大学《だいがく》ではロボット設計《せっけい》を学《まな》びました。いまの会社《かいしゃ》では、人《ひと》とコミュニケーションをとるロボットなどを設計《せっけい》・開発《かいはつ》しています。これからも、好《す》きなことをとことんやり続《つづ》けたいと思《おも》います。

第《だい》1章《しょう》

「好《す》き」や「面白《おもしろ》い」を見《み》つけにいこう

夢《む》中《ちゅう》になる経《けい》験《けん》が あなたの「夢《ゆめ》」を開《ひら》く

好《す》きなことを追求《ついきゅう》し続《つづ》けられるほど、豊《ゆた》かで幸《しあわ》せな人生《じんせい》はありません。自分《じぶん》の「好《す》き」を見《み》つけにいきましょう。

「好《す》き」はこれから見《み》つければいい

あなたには「これが好《す》き」と胸《むね》を張《は》って言《い》えることがありますか？すでに「好《す》き」がある人《ひと》は、ぜひ、それをとことん追求《ついきゅう》していってください。

まだ特別《とくべつ》好《す》きなことが見当《みあ》たらない、という人《ひと》がいても悩《なや》む必要《ひつよう》はありません。これからいろいろなことに触《ふ》れ、経験《けいけん》していくうちに、「驚《おどろ》き」や「感動《かんどう》」にきっと出合《であ》えるはずです。それがあなたの興味《きょうみ》や好《す》きの始《はじ》まりになるでしょう。

興味《きょうみ》を持《も》ったり、夢中《むちゅう》になったりする対象《たいしょう》は、もちろん**学校《がっこう》で学《まな》ぶ科《か》目《もく》や習《なら》い事《ごと》と関係《かんけい》がないものでもかまいません。**

いまの「好《す》き」をとことんやってみる

好《す》きなことを続《つづ》ければ、その「好《す》き」に関《かん》係《けい》する仕事《しごと》ができるかもしれない。

自分《じぶん》の世界《せかい》を広《ひろ》げていこう

自分《じぶん》の「好《す》き」を掘《ほ》り下《さ》げ、とことん突《つ》き詰《つ》めていくと、それがあなたの将来《しょうらい》を決《き》めるきっかけになることがあります。

しかし、もしそれが直接《ちょくせつ》「やりたいこと」につながらなかったとしても、興味《きょうみ》を持《も》って何《なに》かに取《と》り組《く》み、**夢中《むちゅう》になって力《ちから》を注《そそ》いだ経験《けいけん》は、大人《おとな》になってから必《かなら》ず生《い》きてきます。**

これからのあなたにとって大切《たいせつ》なのは、いろいろなことに触《ふ》れて、知的《ちてき》好奇心《こうきしん》をめいっぱい刺激《しげき》することです。活動範囲《かつどうはんい》を広《ひろ》げて、多様《たよう》な視点《してん》、価値観《かちかん》に触《ふ》れ、自分《じぶん》の世界《せかい》を広《ひろ》げていってください。

1-1

世《よ》の中《なか》の“ワクワク”を探《さが》しにいこう

面白《おもしろ》いことや不思議《ふしぎ》なことは、身近《みぢか》なところにたくさんあります。自分《じぶん》が夢《む》中《ちゅう》になれるものを探《さが》しにいきましょう。

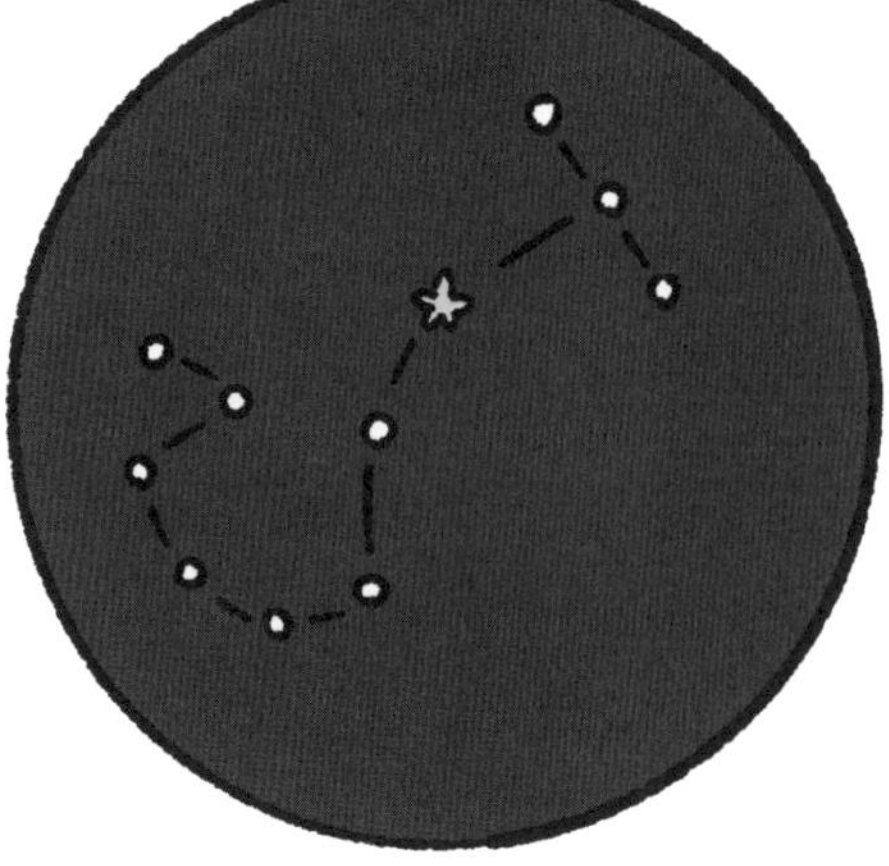

アンテナを張《は》り心《こころ》を震《ふる》わせる

毎日《まいにち》をなんとなく過《す》ごしていると、自分自身《じぶんじしん》も周囲《しゅうい》もあまり変化《へんか》が感《かん》じられず、好《す》きなこと、面白《おもしろ》いことをなかなか見《み》つけられないものです。

でも、よく見《み》ると世《よ》の中《なか》はさまざまなドラマに満《み》ちています。あなたがまだ、それに気《き》づいていないだけなのです。

「好《す》き」や「面白《おもしろ》い」を見《み》つけるのは、それほど難《むずか》しいことではありません。まずは**世《よ》の中《なか》のさまざまなものや出来事《できごと》にアンテナを張《は》り、心《こころ》を震《ふる》わせること**です。

好《す》きなことは、自分《じぶん》の心《こころ》を動《うご》かさなければ見《み》つかりません。知《し》らないところに行《い》って、不思議《ふしぎ》なものに出《で》

合《あ》い、ときにはハラハラ・ドキドキするような経験《けいけん》をしてみましょう。

「スゴい！」と思《おも》える純粋《じゅんすい》な心《こころ》を持《も》つ

古代《こだい》ギリシャの哲学者《てつがくしゃ》プラトン（紀元前《きげんぜん》4世紀頃《せいきごろ》）は、「驚《おどろ》きこそが探《たん》求《きゅう》の始《はじ》まりである」という言葉《ことば》を残《のこ》しました。

この言葉《ことば》の通《とお》り、「好《す》き」「面白《おもしろ》い」の種《たね》を見《み》つけるために大切《たいせつ》なのは、**驚《おどろ》くことや感動《かんどう》するものに触《ふ》れたときに「スゴい！」と思《おも》える純粋《じゅんすい》な心《こころ》を持《も》っておく**ことです。

その心《こころ》がありさえすれば、あなたはいつだって「好《す》き」や「面白《おもしろ》い」に出合《であ》えます。**自分《じぶん》の心《こころ》が高《たか》まる感覚《かんかく》があったら、その気持《きも》ちを無視《むし》せずにとらえるようにしましょう。**

人の役に立つ
かっこいい仕事だな
ネコもあくびを
するんだね

世《よ》の中《なか》にある“ワクワク”を見《み》つける

1-2

夢《む》中《ちゅう》になった経《けい》験《けん》は将《しょう》来《らい》必《かなら》ず役《やく》に立《た》つ

時《じ》間《かん》を忘《わす》れて夢《む》中《ちゅう》になれることはありますか? 好《す》きなことが見《み》つかったら、まずはとことんやってみましょう。

気《き》になったらやってみる

調《しら》べる

百《ひゃっ》科《か》事《じ》典《てん》などの本《ほん》やインターネットで、興《きょう》味《み》を持《も》ったことを調《しら》べてみる。

触《ふ》れる

実《じっ》際《さい》にさわったり、体《からだ》を動《うご》かしたりと、行《こう》動《どう》に移《うつ》してみる。

立《た》ち止《ど》まらずに行《こう》動《どう》しよう

「興《きょう》味《み》があるな」と思《おも》えるものがもし見《み》つかったら、さっそく行《こう》動《どう》に移《うつ》してみましょう。**好《こう》奇《き》心《しん》を持《も》って「これがしたい!」と思《おも》ったことを深《ふか》く知《し》ることが、自《じ》分《ぶん》の「好《す》き」を探《さぐ》る最《さい》初《しょ》の一《いっ》歩《ぽ》**となります。

まずやってほしいのが「調《しら》べる」ことです。親《おや》や友《とも》達《だち》、先《せん》生《せい》などに聞《き》いてみるのもいいですが、最《さい》初《しょ》は自《じ》分《ぶん》自《じ》身《しん》で調《しら》べてみる習《しゅう》慣《かん》をつけましょう。いまはインターネットで簡《かん》単《たん》にいろいろなことを調《しら》べられる時《じ》

知《し》っておきたい！ スクラップをすれば自分《じぶん》の「興味《きょうみ》」が見《み》えてくる

自分《じぶん》が「どのようなことに興味《きょうみ》を持《も》っているか」は、意外《いがい》と自分自身《じぶんじしん》ではわからないもの。そこでおすすめしたいのが、「新聞《しんぶん》のスクラップ」です。毎日気軽《まいにちきがる》に新聞《しんぶん》を開《ひら》いて、気《き》になった記事《きじ》や面白《おもしろ》そうな記事《きじ》を切《き》り抜《ぬ》いていきましょう。

切《き》り抜《ぬ》いた記事《きじ》は、スクラップブックに貼《は》るかクリアファイルなどに入《い》れて保管《ほかん》して、数《すう》か月《げつ》に一度《いちど》でいいので全体《ぜんたい》を見直《みなお》してみます。すると、「ペットの記事《きじ》が多《おお》いな」「介護《かいご》や福祉《ふくし》に興味《きょうみ》があるな」など、気《き》づかなかった関心事《かんしんじ》の共通点《きょうつうてん》が見《み》えてくるはずです。もし身近《みぢか》なところに新聞《しんぶん》がなければ、インターネットのニュース記事《きじ》をプリントアウトしてもいいでしょう。

代《だい》です。しかし、ネットの情報《じょうほう》は多《おお》すぎるので（198ページ）、自分《じぶん》で取捨選択《しゅしゃせんたく》できないと〝情報《じょうほう》の海《うみ》〟におぼれてしまいます。**できれば最初《さいしょ》は、事典《じてん》や辞書《じしょ》、そのことについて書《か》かれた本《ほん》で調《しら》べてみましょう。**

もちろん、興味《きょうみ》があるものに実際《じっさい》に触《ふ》れてみることも大切《たいせつ》です。

好《す》きなことをとことんやってみる

時間《じかん》を忘《わす》れてまでのめり込《こ》んでやってみることは、きっとあなたの将来《しょうらい》を照《て》らす武器《ぶき》になります。

最初《さいしょ》は小《ちい》さなことしかできなくても、続《つづ》ければ続《つづ》けるほど大《おお》きな力《ちから》になります。自分《じぶん》の得意《とくい》・不得意《ふとくい》に気《き》づくこともあるでしょうし、将来《しょうらい》の仕事《しごと》に直接結《ちょくせつむす》びつかなくても、**夢中《むちゅう》になった経験《けいけん》は大人《おとな》になっても生《い》かされる**はずです。

聞《き》く

親《おや》や友達《ともだち》、先生《せんせい》や知《し》り合《あ》いなどに、直接話《ちょくせつはなし》を聞《き》いてみる。

1-3

自分《じぶん》の「好《す》き」を掘《ほ》り下《さ》げてみよう

自分《じぶん》が好《す》きなことを深《ふか》く考《かんが》えていけば、自分《じぶん》のやりたいことや自分《じぶん》に合《あ》う職業《しょくぎょう》の手《て》がかりが見《み》つかるものです。

「好《す》き」から自分《じぶん》の未来《みらい》を探《さぐ》る

夢中《むちゅう》になって時間《じかん》が経《た》つのも忘《わす》れるくらい好《す》きなことは、自分《じぶん》の未来《みらい》を見出《みいだ》すための手《て》がかりになります。

しかし、「野球《やきゅう》」が好《す》きであっても、「プロになれるほど上手《じょうず》ではない」ということもあるでしょう。「好《す》きだけど将来《しょうらい》仕事《しごと》にしたいとは思《おも》っていない」という人《ひと》もいるはずです。

そういう場合《ばあい》にも、「好《す》き」から自分《じぶん》の未来《みらい》を探《さぐ》る手《て》がかりは見《み》つけられます。**「なぜそれが好《す》きなの**

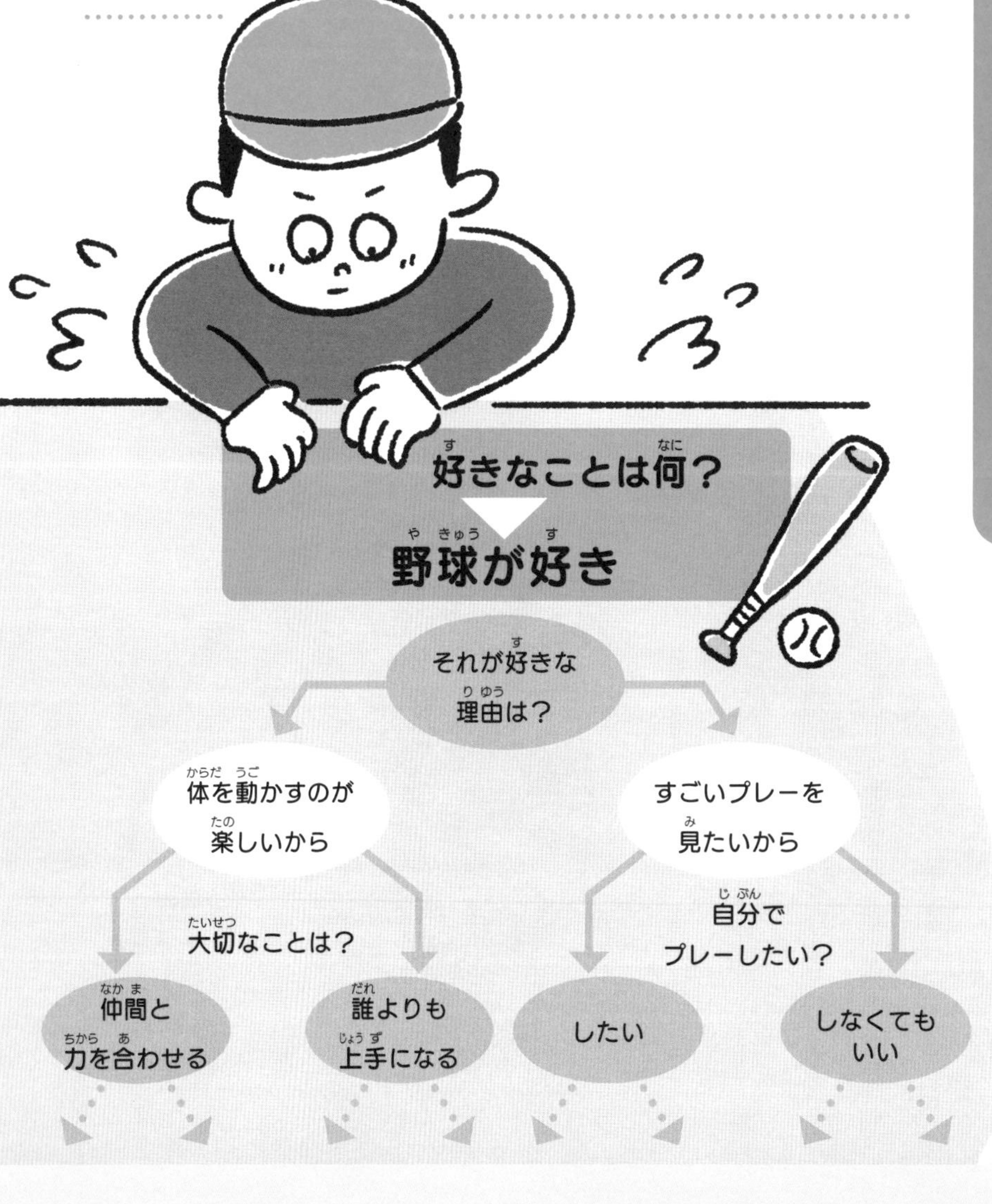

好《す》きなことは何《なに》？
野球《やきゅう》が好《す》き
それが好《す》きな理由《りゆう》は？
体《からだ》を動《うご》かすのが楽《たの》しいから
すごいプレーを見《み》たいから
大切《たいせつ》なことは？
自分《じぶん》でプレーしたい？
仲間《なかま》と力《ちから》を合《あ》わせる
誰《だれ》よりも上手《じょうず》になる
したい
しなくてもいい

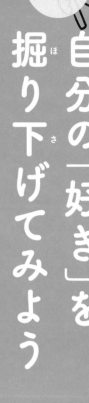

か？」と自分《じぶん》自身《じしん》に問《と》いかけ、その答《こた》えをさらに〝深掘《ふかぼ》り〟していけばいいのです。

「好《す》き」が複数《ふくすう》あるなら共通点《きょうつうてん》を探《さが》してみる

たとえば、「野球《やきゅう》」を好《す》きな理由《りゆう》が「体《からだ》を動《うご》かすのが楽《たの》しいから」なら、「自分《じぶん》にとって大切《たいせつ》なことはなんだろう？」と自分《じぶん》に問《と》いかけてみましょう。

もし「仲間《なかま》と力《ちから》を合《あ》わせて試合《しあい》に勝《か》つこと」なら、チームワークで商品《しょうひん》やサービスを生《う》み出《だ》す仕事《しごと》が向《む》いているかもしれません。「ゲーム」が好《す》きな理由《りゆう》が「ゲームの世界《せかい》に入《はい》り込《こ》めるから」で、自分《じぶん》にとって重要《じゅうよう》なのが「引《ひ》き込《こ》まれるストーリー」なら、小説家《しょうせつか》や脚本家《きゃくほんか》を目指《めざ》す道《みち》もあるでしょう。

好《す》きなことが複数《ふくすう》あるなら、それぞれを掘《ほ》り下《さ》げてみて、**共通《きょうつう》することがあれば、それこそが自分《じぶん》の大切《たいせつ》にしていること**なのです。

好《す》きを掘《ほ》り下《さ》げると…
好《す》きなことは何《なに》？
ゲームが好《す》き
それが好《す》きな理由《りゆう》は？
1人《ひとり》でコツコツ楽《たの》しめるから
ゲームの世界《せかい》に入《はい》り込《こ》めるから
好《す》きなジャンルは？
ゲームで重要《じゅうよう》なことは？
アクションゲーム
パズルゲーム
引《ひ》き込《こ》まれるストーリー
かわいいキャラクター

1-4

「好《す》き」の周《まわ》りには多《た》様《よう》な〃道《みち》〃がある

自《じ》分《ぶん》が望《のぞ》む〃そのものズバリ〃の職《しょく》業《ぎょう》ではなくても、同《おな》じようなジャンルの仕《し》事《ごと》につくこともできます。

本《ほん》にはいろいろな人《ひと》たちが関《かか》わっている

1つの「好《す》き」には、さまざまな職《しょく》業《ぎょう》の人《ひと》が関《かか》わっています。

もし「本《ほん》を読《よ》む」のが好《す》きなら、小《しょう》説《せつ》などを書《か》く「作《さっ》家《か》」や本《ほん》を売《う》る本《ほん》屋《や》さんの「書《しょ》店《てん》員《いん》」を思《おも》い浮《う》かべる人《ひと》が多《おお》いでしょう。しかし、本《ほん》に関《かか》わっている人《ひと》はほかにもいます。本《ほん》を企《き》画《かく》し、編《へん》集《しゅう》するのは出《しゅっ》版《ぱん》社《しゃ》などで働《はたら》く「編《へん》集《しゅう》者《しゃ》」、本《ほん》のデザインを考《かんが》えるのは「ブックデザイナー」、魅《み》力《りょく》的《てき》な絵《え》で本《ほん》を彩《いろど》るのは「イラストレーター」の仕《し》事《ごと》です。

このように、「好《す》き」の周《まわ》りには多《た》様《よう》な仕《し》事《ごと》があります。あなたの「好《す》き」をどのような人《ひと》たちが支《ささ》えているのかを、ぜひ調《しら》べてみてください。

イラストレーター
魅《み》力《りょく》的《てき》なイラストを描《か》きたい

好《す》きな本《ほん》を人《ひと》にすすめたい
書《しょ》店《てん》員《いん》

自《じ》分《ぶん》が望《のぞ》む道《みち》と近《ちか》い道《みち》も歩《あゆ》める

たとえば「サッカーが大《だい》好《す》き」でプロサッカー選《せん》手《しゅ》になるという夢《ゆめ》が実《じつ》現《げん》しなくても、サッカー雑《ざっ》誌《し》の記《き》者《しゃ》や、サッカー用《よう》品《ひん》を扱《あつか》うメーカーや販《はん》売《ばい》店《てん》で働《はたら》くなど、サッカー選《せん》手《しゅ》以《い》外《がい》の道《みち》もたくさんあります。

「本《ほん》」から広《ひろ》がる仕事《しごと》の例《れい》

小説家《しょうせつか》

物語《ものがたり》を書《か》きたい

ブックデザイナー

デザインを考《かんが》えたい

新《あたら》しい企画《きかく》を考《かんが》えたい

編集者《へんしゅうしゃ》

自分《じぶん》が好《す》きだと思《おも》うこと、なりたいと思《おも》う職業《しょくぎょう》があったら、その気持《きも》ちを大切《たいせつ》にしましょう。「好《す》き」や「なりたい」を突《つ》き詰《つ》めていけば、**たとえ願《ねが》った通《とお》りの職業《しょくぎょう》につけなくても、おおむね同《おな》じような仕事《しごと》ができる可能性《かのうせい》が高《たか》まる**のです。

1-5 「好《す》き」も「興味《きょうみ》」も変《か》わっていい

1つの夢《ゆめ》を一途《いちず》に追《お》い続《つづ》けるのも、別《べつ》の道《みち》を探《さが》そうとするのも、どちらも間《ま》違《ちが》いではありません。

「好《す》き」を突《つ》き通《とお》せる人《ひと》はわずかしかいない

将来《しょうらい》の夢《ゆめ》が小学生《しょうがくせい》のときに決《き》まり、その夢《ゆめ》を抱《いだ》きながら中学《ちゅうがく》、高校《こうこう》と一途《いちず》に突《つ》き進《すす》む人《ひと》がいます。1つの夢《ゆめ》を追《お》い続《つづ》けて、それを実現《じつげん》するのはすばらしいことです。

でも、現実《げんじつ》には**幼《おさな》い頃《ころ》の「好《す》き」をずっと貫《つらぬ》き通《とお》せる人《ひと》はごくわずか**です。多《おお》くの人《ひと》は回《まわ》り道《みち》をしたり、新《あたら》しく見《み》つけた道《みち》をふたたび歩《あゆ》み始《はじ》めたりすることで、新《あたら》しい「好《す》き」を見《み》つけていきます。

あるときはスポーツ選手《せんしゅ》、またあるときは裁判官《さいばんかん》になりたいと思《おも》っていたけれど、大人《おとな》になったらぜんぜん違《ちが》う仕事《しごと》をしていた——。そんなのはよくあることです。**将来《しょうらい》の夢《ゆめ》や目標《もくひょう》が変《か》わっていくのは、自然《しぜん》なこと**なのです。

プログラミングを究めたい
物理学をもっと学びたい

好《す》きなことに情熱《じょうねつ》を持《も》って取《と》り組《く》もう

もしあなたが、「将来《しょうらい》の夢《ゆめ》を早《はや》く決《き》めなきゃ」と悩《なや》んでいるなら、あせる必要《ひつよう》はありません。**やりたいこ**

知《し》っておきたい！

ゲームばかりしていない？

あなたが「楽《たの》しい」と思《おも》えるのは、どんなときですか？　学研教育総合研究所《がっけんきょういくそうごうけんきゅうしょ》の「小学《しょうがく》生白書《せいはくしょ》」（2022年《ねん》9月調査《がつちょうさ》）によると、小学生《しょうがくせい》男子《だんし》が最《もっと》も楽《たの》しいと思《おも》うときの第《だい》1位《い》は「テレビゲーム・携帯《けいたい》ゲーム」、小学生女子《しょうがくせいじょし》の第《だい》1位《い》は「外遊《そとあそ》び」でした。近年《きんねん》、ゲームに依《い》存《ぞん》する子《こ》どもが増《ふ》えていて、ゲームのやり過《す》ぎは脳《のう》の成長《せいちょう》にとってマイナスな影響《えいきょう》があるといわれています。家族《かぞく》と相談《そうだん》して、「1日《にち》2時間《じかん》」「夜何時《よるなんじ》まで」のようなルールを決《き》めておくといいでしょう。

何《なに》をしているときがいちばん楽《たの》しい？

	小学生男子《しょうがくせいだんし》	小学生女子《しょうがくせいじょし》
1位《い》	テレビゲーム・携帯《けいたい》ゲーム	外遊《そとあそ》び
2位《い》	外遊《そとあそ》び	友達《ともだち》とおしゃべり
3位《い》	スポーツ	テレビゲーム・携帯《けいたい》ゲーム
4位《い》	スマホゲーム	テレビ
5位《い》	インターネット／テレビ	インターネット

出典《しゅってん》：学研教育総合研究所《がっけんきょういくそうごうけんきゅうしょ》「小学生白書《しょうがくせいはくしょ》 Web《ウェブ》 版《はん》」（2022年《ねん》9月調査《がつちょうさ》）

とや将来《しょうらい》の夢《ゆめ》は、そう簡単《かんたん》に見《み》つかるものではないからです。

重要《じゅうよう》なのは、「情熱《じょうねつ》を持《も》って取《と》り組《く》めることがあるか」です。勉強《べんきょう》でもスポーツでも習《なら》い事《ごと》でも、まずは小《ちい》さくてもいいので好《す》きなものを見《み》つけて、それにどっぷりと浸《ひた》ってみましょう。そうすれば、「これが本《ほん》当《とう》に好《す》きなんだ」と言《い》えるものがいずれ見《み》つかるはずです。

「好《す》き」は更新《こうしん》されていく

サッカーが好き
小学生《しょうがくせい》
動画配信もいいな！
バスケをやってみよう
中学生《ちゅうがくせい》
消防士の仕事ってかっこいい
高校生《こうこうせい》

“やりたい”を見《み》つける「夢《ゆめ》すごろく」

サイコロを振《ふ》ったら、止《と》まったコマにある質問《しつもん》に答《こた》えましょう。やりたいことや職業《しょくぎょう》について考《かんが》えるきっかけが、きっと見《み》つかるはずです！

サイコロが手元《てもと》になかったら、六角形《ろっかくけい》の鉛筆《えんぴつ》に数字《すうじ》を書《か》いて転《ころ》がしても、最初《さいしょ》から1問《もん》ずつ答《こた》えていってもOK《オーケー》！

スタート！

質問《しつもん》に1つひとつ答《こた》えながら、ゴールを目指《めざ》そう。

- 自分《じぶん》の「好《す》きなこと」を1つ挙《あ》げてみよう ➡P.36もチェック！
- やっていて楽《たの》しいと思《おも》えることは何《なに》？ ➡P.36もチェック！
- 20年後《ねんご》の世界《せかい》はどうなっていると思《おも》う？ ➡P.190もチェック！
- 未来《みらい》に新《あたら》しく生《う》まれると思《おも》う職業《しょくぎょう》は？ ➡P.190もチェック！

- 自分《じぶん》がほかの人《ひと》よりうまくできると思《おも》うことは何《なに》？ ➡P.202もチェック！
- 将来働《しょうらいはたら》いたとき、何《なに》をいちばん大事《だいじ》にしたい？ ➡P.200もチェック！
- 「幸《しあわ》せだな」と思《おも》うのはどんな人生《じんせい》？ ➡P.126もチェック！
- 好《す》きな科目《かもく》・嫌《きら》いな科目《かもく》は？ ➡P.136もチェック！
- 世界《せかい》でいちばん話《はな》されている言語《げんご》は何《なに》？ ➡P.142もチェック！
- やろうと思《おも》っているけど始《はじ》められていないことは何《なに》？ ➡P.120もチェック！
- 10年後《ねんご》に自分《じぶん》は何《なに》をしていると思《おも》う？ ➡P.124もチェック！
- 将来《しょうらい》どんな大人《おとな》になりたいと思《おも》う？ ➡P.126もチェック！

もっと上手《じょうず》に
なりたいと思《おも》う
ことは何《なに》？
→P.74もチェック！

自分《じぶん》の
「短所《たんしょ》」を1つ
挙《あ》げてみよう
→P.68もチェック！

自分《じぶん》の「長所《ちょうしょ》」を
1つ挙《あ》げてみよう
→P.68もチェック！

給料《きゅうりょう》から「税金《ぜいきん》」が
引《ひ》かれるのは
なんのため？
→P.166もチェック！

最近《さいきん》「うまくいった
な」と思《おも》うことは
何《なに》？
→P.94もチェック！

「たくさんかせげる
人《ひと》」はどういう人《ひと》
だと思《おも》う？
→P.175もチェック！

昨日《きのう》、または
今日《きょう》見《み》かけた
職業《しょくぎょう》を3つ
挙《あ》げてみよう
→P.158もチェック！

生活《せいかつ》の中《なか》で「もっと
○○だったらいいのに」
と思《おも》うことは何《なに》？
→P.100もチェック！

ゴール！

おめでとう！
これからも一歩一歩《いっぽいっぽ》、
夢《ゆめ》に近《ちか》づいていこう。

最近《さいきん》、気《き》になった
ニュースは
何《なに》がある？
→P.102もチェック！

あなたが「やりたい
こと」を実現《じつげん》したい
理由《りゆう》は何《なに》？
→P.156もチェック！

これまでに読《よ》んで
面白《おもしろ》かった本《ほん》は何《なに》？
→P.148もチェック！

最近《さいきん》、自分《じぶん》で考《かんが》えて
決断《けつだん》したことは何《なに》？
→P.104もチェック！

1年後《ねんご》までに
叶《かな》えたいこと
は何《なに》？
→P.108もチェック！

あなたがあこがれ
ている人《ひと》は誰《だれ》？
→P.116もチェック！

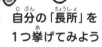

1-6 「楽《たの》しくないこと」に楽《たの》しさを見出《みいだ》す力《ちから》

望《のぞ》んだ道《みち》を歩《あゆ》めたとしても、楽《たの》しいことばかりできるわけではありません。楽《たの》しさを見出《みいだ》す力《ちから》を育《はぐく》みましょう。

目《め》の前《まえ》のことから逃《に》げてはいけない

人《ひと》は、「好《す》きだな」「楽《たの》しいな」と思《おも》うことには時間《じかん》が経《た》つのを忘《わす》れるほど熱中《ねっちゅう》し、退屈《たいくつ》せずにずっと続《つづ》けられるものです。

一方《いっぽう》、「嫌《きら》いだな」「つまらないな」と感《かん》じることには集中《しゅうちゅう》できませんし、やっても長続《ながつづ》きしないものです。

では、いま自分《じぶん》が好《す》きだと思《おも》うこと、楽《たの》しいと思《おも》うことだけをやっていけばいいのでしょうか？　それは、正《ただ》しくありません。楽《たの》しくないから、好《す》きではないから……という理由《りゆう》で**目《め》の前《まえ》のことから逃《に》げ続《つづ》けていたら、自分《じぶん》の「可能性《かのうせい》」をせばめることにつながりかねない**からです。

宝探《たからさが》しをする気分《きぶん》で物事《ものごと》に向《む》き合《あ》う

生《い》きていくうえで大切《たいせつ》なのは、**「楽《たの》しくないこと」**にも**「楽《たの》しさ」**

「つまらない」を「面白《おもしろ》い」にする

知《し》っておきたい! 「嫌《きら》いなこと」から「好《す》きなこと」が見《み》えてくる

意外《いがい》に思《おも》えるかもしれませんが、「自分《じぶん》には向《む》いていないかも」「なんか嫌《きら》いだな」と感《かん》じることが、自分《じぶん》の「好《す》き」や「やりたいこと」を知《し》る手《て》がかりになることがあります。それは、「嫌《きら》い」の反対《はんたい》が「好《す》き」だからです。たとえば、「人《ひと》に指図《さしず》されるのは嫌《きら》い」と考《かんが》えているなら、「会社勤《かいしゃづと》めではなく1人《ひとり》でできる仕事《しごと》が向《む》いているかも」と方向性《ほうこうせい》が見《み》えてきます。「単《たん》純作業《じゅんさぎょう》を繰《く》り返《かえ》すだけの仕事《しごと》はしんどい」と思《おも》うなら、「クリエイティブな仕事《しごと》をやってみたい」という考《かんが》えが出《で》てくるかもしれません。嫌《きら》いの裏《うら》には好《す》きなことが隠《かく》されています。何《なに》が好《す》きで何《なに》が嫌《きら》いかを自分自身《じぶんじしん》に問《と》い、自分《じぶん》が本当《ほんとう》に望《のぞ》むことを探《さが》してみるのもいいでしょう。

を見出《みいだ》す力《ちから》を持《も》つことです。

おすすめは、何事《なにごと》にも「宝探《たからさが》し」をしている気分《きぶん》で取《と》り組《く》んでみる方法《ほう》です。たとえば、学校《がっこう》の授業《じゅぎょう》が楽《たの》しくないと思《おも》ったら、先生《せんせい》の話《はなし》を聞《き》きながら疑問《ぎもん》に感《かん》じたことを書《か》き留《と》めてみるといいでしょう。我慢《がまん》するだけでは、好奇心《こうきしん》は続《つづ》きません。**宝《たから》探《さが》しをするように物事《ものごと》に向《む》き合《あ》えば、退屈《たいくつ》しないはず**です。

無理《むり》やり「面白《おもしろ》い」と思《おも》い込《こ》むのも1つの方法《ほうほう》です。「面白《おもしろ》い」と思《おも》って物事《ものごと》に向《む》き合《あ》ってみると、意外《いがい》と好《す》きになるきっかけが見《み》つかるものです。

面白《おもしろ》いところを見《み》つける
「好《す》き」と思《おも》い込《こ》む
さあやるぞ!
面白《おもしろ》い
なるほど!
集中《しゅうちゅう》できる
もっと知りたい
続《つづ》けられる

1-7

周《まわ》りのみんなに合《あ》わせる必要《ひつよう》はない

「みんなに合《あ》わせないと仲間《なかま》はずれになるかな……」。そんな理由《りゆう》で物事《ものごと》を決《き》めて、あなたは満足《まんぞく》できますか？

同調圧力
学校終わったらゲームしようぜ
いつもの場所でね
ホントはやりたいことあるけど…
う、うん…

A《エー》さん　いつも人《ひと》に合《あ》わせる

「みんなに合《あ》わせないと嫌《きら》われちゃうから」といった理由《りゆう》から、無理《むり》して周《まわ》りに合《あ》わせている。「同調圧力《どうちょうあつりょく》」に負《ま》けて、自分《じぶん》が本当《ほんとう》に好《す》きなことに向《む》き合《あ》えない。

「空気《くうき》を読《よ》む」必要《ひつよう》なんてない

ほかの人《ひと》がやっているから自分《じぶん》もやらなければいけない。みんながそう言《い》っているから自分《じぶん》も合《あ》わせなければいけない――。あなたは、そう思《おも》っていませんか？

周囲《しゅうい》と同《おな》じように行動《こうどう》することを強制《きょうせい》する無言《むごん》の圧力《あつりょく》を「同調圧力《どうちょうあつりょく》」といいます。最近《さいきん》では「空気《くうき》を読《よ》む」（周《まわ》りの雰囲気《ふんいき》から自分《じぶん》がすること、しないことを判断《はんだん》する）ことをよしとする風潮《ふうちょう》もあるようです。たしかに、みんなと仲良《なかよ》くするのはすばらしいことですが、**空気《くうき》を読《よ》んでまで自分《じぶん》の好《す》きなこと、興味《きょうみ》のあることを周《まわ》りに合《あ》わせる必要《ひつよう》はありません。**

他人《たにん》がやっているから自分《じぶん》もやるという段階《だんかい》で思考《しこう》が止《と》まってしまうと、**その後《ご》の人生《じんせい》もずっと人《ひと》に言《い》われるがまま、人《ひと》の意見《いけん》に流《なが》されるままになってしまいます。**

他人《たにん》に否定《ひてい》されても自分《じぶん》の好《す》きを貫《つらぬ》こう

「そんなことをしてなんの意味《いみ》があるの?」「そんなのを仕事《しごと》にしても食《く》っていけるわけがない」などと、あなたがしていることを否定《ひてい》する人《ひと》がいるかもしれません。

でも、この世界《せかい》はやってみなければ見《み》えてこないことばかりです。他人《たにん》にどう思《おも》われるかより、**自分《じぶん》は何《なに》をしていると楽《たの》しいか、どんなことを叶《かな》えたいのか**を大切《たいせつ》にしましょう。

B《ビー》さん　周《まわ》りを気《き》にしない

周《まわ》りにどう思《おも》われるかよりも、「自分《じぶん》がどう思《おも》うか」「自分《じぶん》は何《なに》がしたいか」を優《ゆう》先《せん》する。そのため、趣味《しゅみ》や好《す》きなことを追《お》い求《もと》めることができている。

このあと遊ばない?
ごめんまた今度ね!
みんなと違っても自分の好きなことやりたいことをやろう
「同調圧力《どうちょうあつりょく》」に負《ま》けない

知っておきたい!

自分自身《じぶんじしん》と向《む》き合《あ》う時間《じかん》を持《も》とう

友達《ともだち》と集《あつ》まってワイワイ楽《たの》しんで、家《いえ》に帰《かえ》ってからもSNS《エスエヌエス》（ソーシャル・ネットワーキング・サービス）で友達《ともだち》と1日中《にちじゅう》やりとりをする……。現代《げんだい》はいつも「誰《だれ》かとつながっている」ことが当《あ》たり前《まえ》の時代《じだい》です。しかし、そんな時代《じだい》だからこそ、自分《じぶん》1人《ひとり》の時間《じかん》を持《も》つことを心掛《こころが》けてください。自分《じぶん》を客観的《きゃっかんてき》に分析《ぶんせき》すれば、自分《じぶん》は「どういう人間《にんげん》なのか」「何《なに》が好《す》きなのか」「何《なに》をしたいのか」「どうなりたいのか」などが明確《めいかく》になってきます。日々《ひび》を追《お》われるように過《す》ごしていると、自分《じぶん》とゆっくり向《む》き合《あ》うことができません。周囲《しゅうい》に流《なが》され、気《き》づかないうちに自分《じぶん》の感情《かんじょう》や望《のぞ》みにふたをしてしまわぬよう、自分自身《じぶんじしん》と向《む》き合《あ》う時間《じかん》を持《も》ちましょう。

不得意《ふとくい》だった科目《かもく》に
興味《きょうみ》を持《も》ってみる
国語
話《はな》したことがない人《ひと》と
話《はな》してみる
いつもは通《とお》らない道《みち》を
通《とお》ってみる

1-8

「小《ちい》さな変化《へんか》」を取《と》り入《い》れてみよう

居心地《いごこち》のいい場所《ばしょ》にずっといたら、新《あたら》しいことには出合《であ》えません。普段《ふだん》とは違《ちが》うことをしてみることも大切《たいせつ》です。

いつもの行動範囲《こうどうはんい》の一歩外《いっぽそと》に出《で》てみる

同《おな》じ人《ひと》と付《つ》き合《あ》って、似《に》た食事《しょくじ》をとり、いつもの道《みち》を歩《ある》いて学校《がっこう》に通《かよ》う……。人《ひと》はこうした日々《ひび》の繰《く》り返《かえ》しに安心感《あんしんかん》を覚《おぼ》えるものです。しかし、毎日《まいにち》同《おな》じ行動《こうどう》をしている限《かぎ》りは、いつになっても「新《あたら》しいこと」に出《で》合《あ》えないという側面《そくめん》もあります。

これを逆《ぎゃく》にとらえると、**いつもの行動《こうどう》の範囲《はんい》の一歩外《いっぽそと》に出《で》てみることで、新《あら》たな何《なに》かに挑戦《ちょうせん》するチャンスが生《う》まれる**ということです。

もちろん、慣《な》れ親《した》しんだ環境《かんきょう》や習《しゅう》

小《ちい》さな変化《へんか》の例《れい》

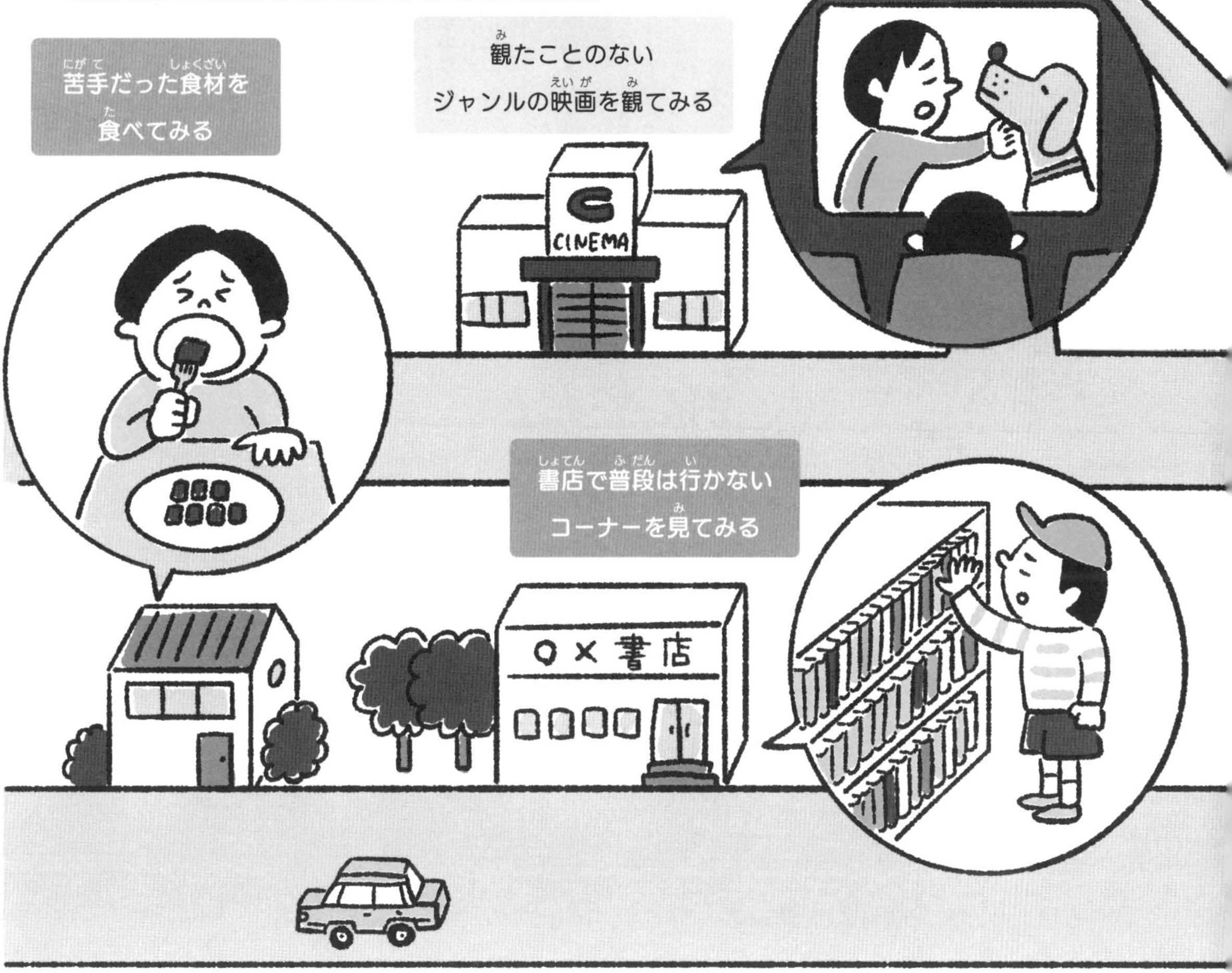
苦手《にがて》だった食材《しょくざい》を食《た》べてみる
観《み》たことのないジャンルの映画《えいが》を観《み》てみる
CINEMA
書店《しょてん》で普段《ふだん》は行《い》かないコーナーを見《み》てみる
○×書店

慣《かん》を一気《いっき》に変《か》えるのは簡単《かんたん》ではないでしょう。そこでおすすめしたいのが、**日々《ひび》の生活《せいかつ》に「小《ちい》さな変化《へんか》」を取《と》り入《い》れること**です。

違《ちが》うことをすれば「好《す》き」が見《み》つかる

たとえば、いつもと違《ちが》う道《みち》を通《とお》ってみれば、これまで目《め》にしなかったお店《みせ》や自然《しぜん》がたくさんあることに気《き》づくでしょう。これまで話《はな》したことのない人《ひと》と話《はな》せば、新《あたら》しい価値観《かちかん》に触《ふ》れることもできるはずです。

こうした「いつもと少《すこ》し違《ちが》うこと」を意識《いしき》して始《はじ》めてみれば、**自分《じぶん》が何《なに》を好《す》きなのかを知《し》る手《て》がかりが見《み》つかるかもしれません。**

好《す》きなことをすでに一生懸命続《いっしょうけんめいつづ》けているとしても、それをやりながら新《あたら》しいことにも挑戦《ちょうせん》すれば、自分《じぶん》の可能性《かのうせい》はもっと広《ひろ》がっていきます。

1-9 人《ひと》との出会《であ》いで自分《じぶん》の世界《せかい》を広《ひろ》げる

自分《じぶん》と違《ちが》う発想《はっそう》を持《も》っている人《ひと》との交《こう》流《りゅう》は、あなたの生《い》き方《かた》や価値観《かちかん》を大《おお》きく変《か》えることにつながります。

大人《おとな》に交《ま》じって いろいろやってみよう

私《わたし》たちは、知《し》らず知《し》らずのうちに他人《たにん》から影響《えいきょう》を受《う》けています。人間《にんげん》関係《かんけい》の広《ひろ》がりは、コミュニケーション力《りょく》や社交性《しゃこうせい》を身《み》につけるだけではなく、**視野《しや》を広《ひろ》げ、豊《ゆた》かな世界観《せかいかん》を築《きず》くきっかけになります。**

学生時代《がくせいじだい》は学校《がっこう》と家庭《かてい》が1日《にち》の大《たい》半《はん》を過《す》ごす場所《ばしょ》で、塾《じゅく》や習《なら》い事《ごと》があってもそこで出会《であ》う家族以外《かぞくいがい》の人《ひと》は同年代《どうねんだい》の友達《ともだち》や先生《せんせい》くらい。限《かぎ》られた狭《せま》い人間関係《にんげんかんけい》の中《なか》で生《い》きています。

そこで重要《じゅうよう》なのは、**親以外《おやいがい》の大人《おとな》**

へー
そんなことが
あったんですね

近所《きんじょ》に住《す》むお年寄《としよ》りの話《はな》し相手《あいて》に

こっちにも
ゴミがあります

ボランティアで大人《おとな》と一緒《いっしょ》に町《まち》の清掃活動《せいそうかつどう》

と接《せっ》する機会《きかい》を持《も》つことです。地域《ちいき》の祭《まつ》りやボランティア活動《かつどう》など、大人《おとな》と出会《であ》える場所《ばしょ》はたくさんあります。違《ちが》う発想《はっそう》を持《も》つ人《ひと》、「かっこいいな」「こんな大人《おとな》になりたい」と思《おも》える人《ひと》と巡《めぐ》り合《あ》ってください。

人《ひと》との付《つ》き合《あ》いで必要《ひつよう》なのは〝場慣《ばな》れ〟

年《とし》が離《はな》れた人《ひと》と付《つ》き合《あ》うのを、「怖《こわ》い」と思《おも》うかもしれません。それは、**場数《ばかず》を踏《ふ》んでいないから**です。子《こ》どもの頃《ころ》から〝場慣《ばな》れ〟しておけば、他人《たにん》と接《せっ》することに抵抗感《ていこうかん》がなくなり、初《はじ》めて会《あ》う人《ひと》にも物《もの》おじしないようになるでしょう。

ただし、世《よ》の中《なか》には〝悪《わる》い大人《おとな》〟もいるので、十分《じゅうぶん》に気《き》をつけなければいけません。未成年《みせいねん》のうちは親《おや》など相談《そうだん》しながら、信頼《しんらい》できる大人《おとな》を見極《みきわ》める練習《れんしゅう》をしていきましょう。

「出会《であ》い」はいろいろなところにある

ワッショイ!
ワッショイ!
お祭《まつ》りに参加《さんか》して地域《ちいき》の大人《おとな》と交流《こうりゅう》
まだ私たちの世界はせまいけれど…
いまの自分《じぶん》の世界《せかい》
Can I help you?
Yes
日本観光《にほんかんこう》に来《き》た外国人《がいこくじん》に道案内《みちあんない》

1-10 「楽《たの》しい」と「楽《らく》」は違《ちが》う

「楽《たの》しいこと」と「楽《らく》」なことは似《に》ているようで違《ちが》います。好《す》きを極《きわ》めようとすると、大変《たいへん》なことにも直面《ちょくめん》します。

「好《す》き」には「嫌《きら》い」が混《ま》じっている

「好《す》きなことを仕事《しごと》にすれば、楽《たの》しいし、楽《らく》なことばかり」。そう思《おも》っている人《ひと》がいるかもしれません。

実際《じっさい》には、そんなことはありません。**「好《す》き」には「嫌《きら》い」が混《ま》じっていますし、「楽《たの》しい」には「辛《つら》い」が混《ま》じっています。**「好《す》きなことだけをしたい」と考《かんが》える人《ひと》は、そのことをつい忘《わす》れてしまいがちです。

自分《じぶん》の「好《す》き」を追求《ついきゅう》していくと、辛《つら》いことや苦《くる》しいことに必《かなら》ず突《つ》き当《あ》たります。スポーツでも芸術《げいじゅつ》でも、

「好《す》きと嫌《きら》い」「楽《たの》しいと苦《くる》しい」は混《ま》じっている

地道《じみち》な練習《れんしゅう》なくして上達《じょうたつ》することはありません。たとえ「できた!」と思《おも》っても、もっとうまくなりたいな

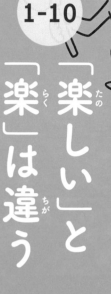

仕事《しごと》にだって楽《たの》しい・辛《つら》いがある

ら辛《つら》さや苦《くる》しさをともなう練習《れんしゅう》を続《つづ》けなくてはいけません。

「嫌《きら》い」や「苦《くる》しい」があるからこそ、「好《す》き」や「楽《たの》しい」が実感《じっかん》できます。その経験《けいけん》をしたからこそ、自分《じぶん》の「好《す》き」を本気《ほんき》で極《きわ》めることができるのです。

パン職人《しょくにん》

仕込《しこ》みは朝《あさ》の3時《じ》から。体力《たいりょく》も集中力《しゅうちゅうりょく》も必要《ひつよう》な仕事《しごと》で大変《たいへん》だけど、お客《きゃく》さんの「おいしい」の一言《ひとこと》で疲《つか》れが吹《ふ》き飛《と》びます。

お菓子《かし》メーカーの企画職《きかくしょく》

毎日《まいにち》が試行錯誤《しこうさくご》の連続《れんぞく》。ミスできないし結果《けっか》が出《だ》せないときはプレッシャーがかかりますが、新商《しんしょう》品《ひん》の企画《きかく》が通《とお》ったときは達成感《たっせいかん》があります。

「辛《つら》いけれど楽《たの》しい」を極《きわ》めよう

これは仕事《しごと》にも言《い》えることです。**一見《いっけん》きらびやかに見《み》える仕事《しごと》、楽《らく》そうに見《み》える仕事《しごと》にだって、他人《たにん》に見《み》えない大変《たいへん》さが隠《かく》れています。**俳優《はいゆう》も芸人《げいにん》も歌舞伎役者《かぶきやくしゃ》も、地味《じみ》で面倒《めんどう》な下積《したづ》み時代《じだい》がなければ大成《たいせい》できません。偉大《いだい》な科学者《かがくしゃ》だって、気《き》の遠《とお》くなるような研究《けんきゅう》や実験《じっけん》を経《へ》て歴史《れきし》に残《のこ》る発見《はっけん》をしたのです。

「辛《つら》いけれど楽《たの》しい」と思《おも》えるくらい、自分《じぶん》の「好《す》き」を追《お》い求《もと》めてみましょう。

知《し》っておきたい!

働《はたら》く人《ひと》はどんなことにやりがいを感《かん》じている？

世《よ》の中《なか》の働《はたら》いている人《ひと》は、どのようなことにやりがいを感《かん》じているのでしょうか。総合求人《そうごうきゅうじん》・転職支援《てんしょくしえん》サービスを提供《ていきょう》する「エン転職《てんしょく》」の調査《ちょうさ》（2018年《ねん》）によると、96％の人《ひと》が仕事《しごと》にやりがいは必要《ひつよう》だと感《かん》じており、「仕事《しごと》でやりがいを感《かん》じるとき」の第《だい》1位《い》は「お礼《れい》や感謝《かんしゃ》の言葉《ことば》をもらうこと」（62％）で、第《だい》2位《い》は「仕事《しごと》の成果《せいか》を認《みと》められること」（56％）、第《だい》3位《い》は「目標《もくひょう》を達成《たっせい》すること」（50％）でした。どんな仕事《しごと》も、楽《たの》しいこと・うれしいことばかりではありません。それでも、それぞれのやりがいを得《え》ることで、頑張《がんば》って働《はたら》くことができるのです。「辛《つら》いけど楽《たの》しい」「大変《たいへん》だけどうれしい」。そんな両面《りょうめん》を持《も》つのが仕事《しごと》の面白《おもしろ》さといえるでしょう。

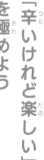

1-11

「遊《あそ》び」を通《とお》して身《み》につく力《ちから》もある

勉強《べんきょう》ばかりの生活《せいかつ》を送《おく》っていませんか？夢中《むちゅう》になって遊《あそ》ぶことも、成長《せいちょう》するためには欠《か》かせません。

自発的《じはつてき》な遊《あそ》びがさまざまな力《ちから》を養《やしな》う

子《こ》どもは自由《じゆう》に遊《あそ》ぶ中《なか》で、さまざまなことを学《まな》び、それを自分《じぶん》の生《い》きていく力《ちから》に変《か》えていきます。

たとえば**人《ひと》との距離感《きょりかん》**。仲《なか》の良《よ》い人《ひと》も、それほど仲良《なかよ》くない人《ひと》、年《とし》の違《ちが》う人《ひと》も、一緒《いっしょ》になって遊《あそ》ぶことでさまざまな距離感《きょりかん》での関《かか》わりを経験《けいけん》し、いろいろな目線《めせん》で人《ひと》と接《せっ》する姿勢《しせい》が当《あ》たり前《まえ》になっていきます。

子《こ》どもにとって遊《あそ》びは自発的《じはつてき》な行動《こうどう》です。自分《じぶん》の意志《いし》で取《と》り組《く》み、頑《がん》張《ば》り抜《ぬ》けば、**集中力《しゅうちゅうりょく》や想像力《そうぞうりょく》、多少《たしょう》の困難《こんなん》があってもへこたれずに取《と》り組《く》める力《ちから》、前向《まえむ》きに生《い》きていく力《ちから》**も養《やしな》われていきます。

「遊《あそ》び」で身《み》につく力《ちから》とは？

探究心《たんきゅうしん》
自発性《じはつせい》
想像力《そうぞうりょく》
コミュニケーション力《りょく》
忍耐力《にんたいりょく》
集中力《しゅうちゅうりょく》

夢中《むちゅう》になった経験《けいけん》が大人《おとな》になってから役立《やくだ》つ

直接関《ちょくせつかか》わりがなくても、大人《おとな》になって子《こ》どもの頃《ころ》を振《ふ》り返《かえ》ったら**「この仕事《しごと》は遊《あそ》びの延長線上《えんちょうせんじょう》にあったんだな」**と気《き》づくこともあります。

子《こ》どものときに状況《じょうきょう》を想像《そうぞう》しながら着《き》せ替《か》え人形《にんぎょう》の衣装《いしょう》をあれこれ考《かんが》えるのが好《す》きだった人《ひと》が、大人《おとな》になって旅行会社《りょこうがいしゃ》で働《はたら》き、お客《きゃく》さんの希望《きぼう》に合《あ》ったツアープランを考《かんが》える。これは、物事《ものごと》を「組《く》み合《あ》わせる」のに夢中《むちゅう》になった**子《こ》ども時代《じだい》の経験《けいけん》が、大人《おとな》になって生《い》かされた**例《れい》といえるでしょう。

好《す》きなことや興味《きょうみ》のあること、楽《たの》しいことなら、心《こころ》から集中《しゅうちゅう》できるはずです。勉強《べんきょう》を頑張《がんば》るのも大事《だいじ》ですが、**「遊《あそ》び」をとことん楽《たの》しむ時間《じかん》も同《おな》じように大切《たいせつ》に**してください。

知《し》っておきたい!

好《す》きなこと・やりたいことはたくさんあっていい

もしあなたに好《す》きなこと、やりたいことが複数《ふくすう》あるのなら、それは好奇心《こうきしん》のアンテナがちゃんと立《た》っていて、興味《きょうみ》の幅《はば》もしっかり広《ひろ》がっている証拠《しょうこ》。悩《なや》む必要《ひつよう》はありません。

そもそも、好《す》きなことややりたいことが必《かなら》ずしも仕事《しごと》に結《むす》びつくとは限《かぎ》りませんし、子《こ》どものうちから無理《むり》に1つにしぼり込《こ》む必要《ひつよう》はないのです。ぜんぶを同時《どうじ》にやるのは難《むずか》しいかもしれませんが、そんなときは、好《す》きなこと、やりたいことを挙《あ》げてみて、その中《なか》の優先順位《ゆうせんじゅんい》が高《たか》いものから1つずつ順番《じゅんばん》にやってみましょう。そうすれば、「将来《しょうらい》の仕事《しごと》にしたいのか」「趣味《しゅみ》として続《つづ》ければ満足《まんぞく》なのか」が次第《しだい》に見《み》えてくるはずです。

遊《あそ》びが仕事《しごと》に結《むす》びついた例《れい》

どの組み合わせが1番かわいいかな?
高校生風
お姫さま風
お客さまに合った旅行プランは…
南国リゾート
砂漠ツアー

幼《おさな》い頃《ころ》から着《き》せ替《か》え人《にん》形《ぎょう》に夢中《むちゅう》。自作《じさく》の物語《ものがたり》を想像《そうぞう》していろいろな衣装《いしょう》を着《き》せ替《か》えていた。

大学卒業後《だいがくそつぎょうご》、旅行会社《りょこうがいしゃ》に就職《しゅうしょく》。お客《きゃく》さんの予《よ》算《さん》やニーズに合《あ》わせて、海外旅行《かいがいりょこう》のツアーを考《かんが》える仕事《しごと》をしている。

1-12

好《す》きなことだけが「仕《し》事《ごと》」ではない

いま好《す》きなことが将来《しょうらい》の仕事《しごと》になるとは限《かぎ》りません。いろいろなことにチャレンジして、自分《じぶん》の幅《はば》を広《ひろ》げましょう。

いま好《す》きなことは将来《しょうらい》の仕事《しごと》になる？

「これが好《す》きだ」と言《い》えるものがあって、それをいずれ自分《じぶん》の仕事《しごと》にできたとしたら、それは幸《しあわ》せなことです。それでも、**「好《す》きが必《かなら》ず仕事《しごと》になるとは限《かぎ》らない」**ということは、覚《おぼ》えておいたほうがいいでしょう。

ニュースサイトの「Sirabee《しらべぇ》」が10～60代《だい》の男女《だんじょ》におこなった調《ちょう》査《さ》（2021年《ねん》）によると、好《す》きなことを仕事《しごと》にしている人《ひと》は28・4％でした。つまり、**4人《にん》に3人《にん》は好《す》きな仕事《しごと》についたわけではない**ということです。

そもそも、「好《す》きなこと」は、生《い》きているうちにどんどん変《か》わっていく可能性《かのうせい》があります（44ページ）。実《じっ》際《さい》に働《はたら》いてみてその仕事《しごと》がだんだん好《す》きになってくることだってありますし、得意《とくい》なことを仕事《しごと》にした人《ひと》、好《す》きなことを仕事《しごと》以外《いがい》の時間《じかん》に楽《たの》しんで幸《しあわ》せな生活《せいかつ》を送《おく》っている人《ひと》、好《す》きだと思《おも》って仕事《しごと》にしたけれど、好《す》きではなくなった人《ひと》もいます。

「いま好《す》きなことを仕事《しごと》にしなければいけない」と決《き》めつけず、いろいろなことにチャレンジしてみましょう。そうすれば、自分《じぶん》の幅《はば》が広《ひろ》がり「できること」「やりたいこと」がどんどん増《ふ》えていくはずです。

好《す》きなこと〝だけ〟して生《い》きてはいけない

最近《さいきん》、「好《す》きなことをして生《い》きていく」という言葉《ことば》をよく聞《き》くようになりました。

一見《いっけん》、実現《じつげん》が可能《かのう》で理想的《りそうてき》な生《い》き方《かた》に思《おも》えますが、この言葉《ことば》はうのみにしないほうがいいでしょう。現実《げんじつ》には**「好《す》きなことをして生《い》きていく」ことはできても、好《す》きなこと〝だけ〟、やりたいこと〝だけ〟して生《い》きていくことはできない**からです。

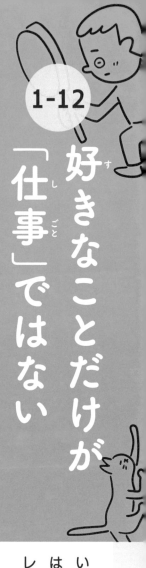

いろいろな選択肢《せんたくし》があっていい

子《こ》どもの頃《ころ》からの夢《ゆめ》を叶《かな》えた

A《エー》さん

幼《おさな》い頃《ころ》から鉄道《てつどう》が大好《だいす》き。運転士《うんてんし》になる夢《ゆめ》を追《お》い続《つづ》け、その夢《ゆめ》が叶《かな》う。

鉄道《てつどう》が好《す》き → **鉄道会社《てつどうがいしゃ》の運転士《うんてんし》**

新《あら》たな「興味《きょうみ》」を仕事《しごと》にした

B《ビー》さん

将来《しょうらい》の夢《ゆめ》はお花屋《はなや》さんだったが、ボランティアを通《とお》して介護《かいご》の仕事《しごと》に興味《きょうみ》を持《も》ち、介護福祉士《かいごふくしし》として高齢者《こうれいしゃ》施設《しせつ》で働《はたら》いている。

花《はな》が好《す》き → **介護福祉士《かいごふくしし》**

働《はたら》くうちに仕事《しごと》が好《す》きになった

C《シー》さん

プロ野球選手《やきゅうせんしゅ》になるのが夢《ゆめ》だったが叶《かな》わず、機械《きかい》メーカーに就職《しゅうしょく》。営業職《えいぎょうしょく》として働《はたら》くうちにやりがいを感《かん》じ、いまの仕事《しごと》が好《す》きになる。

野球《やきゅう》が好《す》き → **機械《きかい》メーカーの営業職《えいぎょうしょく》**

1-13

「いま、このとき」を大切《たいせつ》にしよう

毎日《まいにち》をただ「なんとなく」過《す》ごすのではなく、貴重《きちょう》な時間《じかん》を「好《す》きなこと」「やりたいこと」に使《つか》いましょう。

自由時間《じゆうじかん》を有効活用《ゆうこうかつよう》する

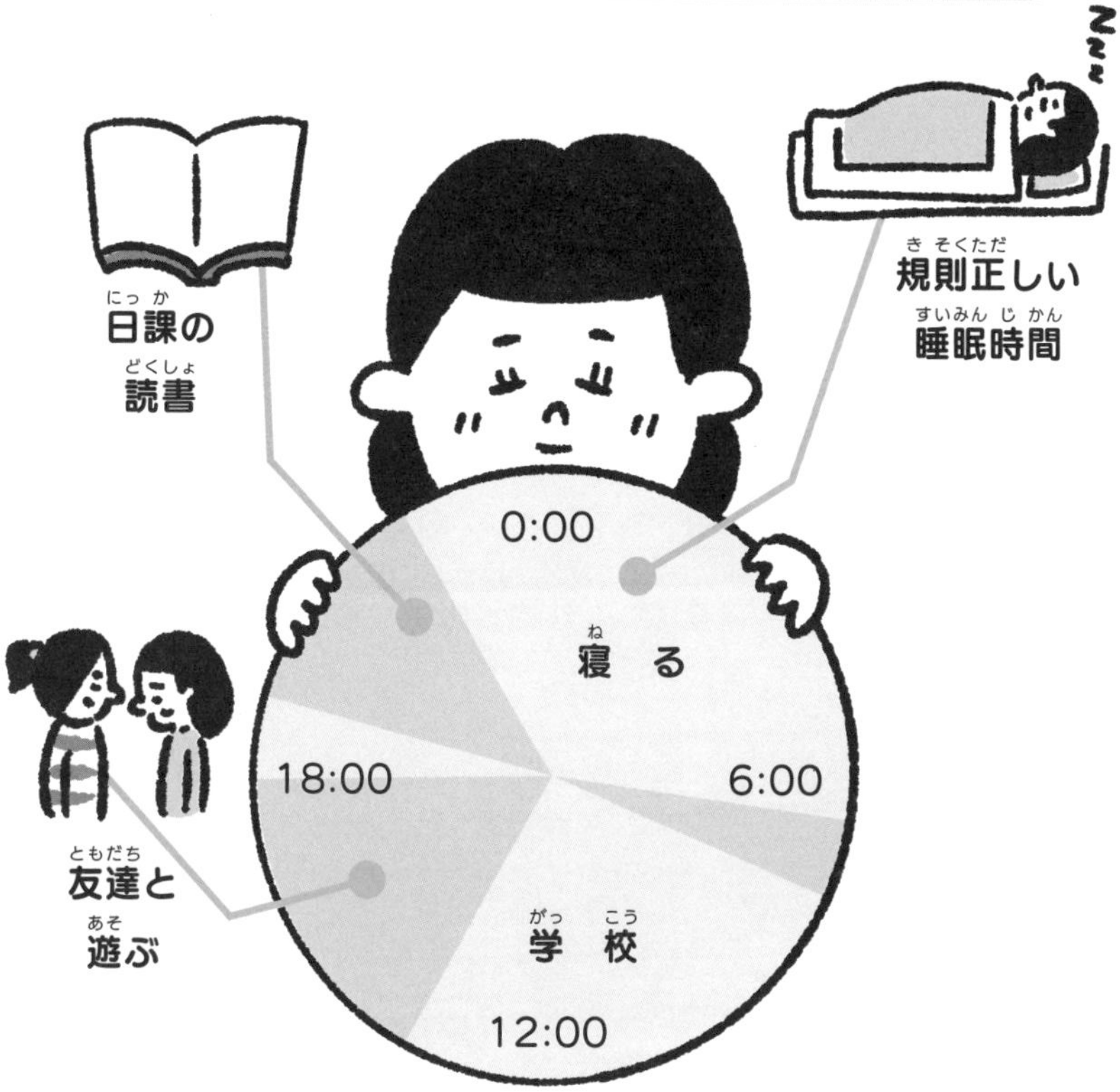
日課《にっか》の
読書《どくしょ》
規則正《きそくただ》しい
睡眠時間《すいみんじかん》
0:00
寝《ね》る
18:00
6:00
友達《ともだち》と
遊《あそ》ぶ
学校《がっこう》
12:00

規則正《きそくただ》しい生活《せいかつ》を送《おく》る　A《エー》さん

自由時間《じゆうじかん》を有効活用《ゆうこうかつよう》して、充実《じゅうじつ》した毎日《まいにち》を過《す》ごしている。

「自由《じゆう》にできる時間《じかん》」を有効活用《ゆうこうかつよう》する

あなたは毎日《まいにち》を大切《たいせつ》に生《い》きていますか？　子《こ》どもの頃《ころ》は時間《じかん》がたっぷりあるように思《おも》えるかもしれませんが、「時《とき》は金《かね》なり」という言葉《ことば》があるように、**時間《じかん》はお金《かね》と同《おな》じ、むしろお金《かね》よりも貴重《きちょう》なもの**です。

時間《じかん》は誰《だれ》にでも平等《びょうどう》に与《あた》えられています。それなのに、時間《じかん》のやりくりがうまい人《ひと》と下手《へた》な人《ひと》がいます。やりくりが上手《じょうず》な人《ひと》は、自分《じぶん》が何《なに》かをするのにどれくらい時間《じかん》がかかるかを把握《はあく》して毎日《まいにち》の予定《よてい》を組《く》み立《た》て

知《し》って おきたい!

ぼーっとする時間《じかん》も大事《だいじ》

時間《じかん》がムダにできないからといって、「あれもこれもやらなくちゃ」と塾《じゅく》や習《なら》い事《ごと》などを詰《つ》め込《こ》みすぎるのは考《かんが》えものです。日課《にっか》をただこなしているだけでは意味《いみ》がありませんし、体《からだ》が疲《つか》れきってしまうと本来《ほんらい》の実力《じつりょく》を発揮《はっき》できなくなってしまいます。最近《さいきん》の脳科学《のうかがく》の研究《けんきゅう》では、いろいろなことを詰め込むよりも、「ぼーっ」としている時間《じかん》のほうが脳《のう》の活動《かつどう》が盛《さか》んになるということがわかっています。外部《がいぶ》からの刺激《しげき》をなくすことで脳《のう》に入《はい》ってきた情報《じょうほう》が整理《せいり》され、新《あたら》しいアイデアも生《う》まれやすくなるそうです。「ぼーっ」とすることは、決《けっ》して悪《わる》いことではありません。ときにはゆっくり休《やす》んで、のんびりしてみましょう。

ています。やりくりが下手《へた》な人《ひと》は、それができていません。

あなたに考《かんが》えてほしいのは、学校《がっこう》に行《い》く時間《じかん》や寝《ね》る時間《じかん》、ごはんを食《た》べる時間《じかん》などの動《うご》かせない時間以外《じかんいがい》の「自由《じゆう》にできる時間《じかん》」の使《つか》い方《かた》です。限《かぎ》りある時間《じかん》をだらだらと過《す》ごして浪費《ろうひ》せず、**自分《じぶん》が「楽《たの》しい」「好《す》き」と思《おも》えることをめいっぱいできるように時間《じかん》を有効活用《ゆうこうかつよう》**しましょう。

時間管理《じかんかんり》の力《ちから》は仕事《しごと》でも求《もと》められる

大人《おとな》になると、こうした時間《じかん》の割《わ》り振《ふ》りを自分自身《じぶんじしん》で考《かんが》えていかなくてはなりません。会社員《かいしゃいん》なら、仕事《しごと》の作業《さぎょう》の割《わ》り振《ふ》りや会議《かいぎ》・打《う》ち合《あ》わせなど、いろいろなことを勤務時間《きんむじかん》内《ない》にこなす能力《のうりょく》が求《もと》められます。

だからこそ、時間《じかん》を上手《じょうず》にやりくりできるように、子《こ》どもの頃《ころ》から訓練《くんれん》しておくことが大切《たいせつ》なのです。

不規則《ふきそく》な
睡眠時間《すいみんじかん》
深夜《しんや》まで
ゲーム
0:00
寝《ね》る
6:00
18:00
学校《がっこう》
12:00
COMIC
マンガと
SNS《エスエヌエス》

不規則《ふきそく》な生活《せいかつ》を送《おく》る　B《ビー》さん

いつも睡眠不足気味《すいみんぶそくぎみ》。自由時間《じゆうじかん》はマンガやSNS《エスエヌエス》、ゲームなどをしてだらだらと過《す》ごしている。

能力《のうりょく》を発揮《はっき》するために「生活習慣《せいかつしゅうかん》」を整《ととの》えよう

コラム COLUMN

せっかく何《なに》かをやろうという気持《きも》ちがあっても、元気《げんき》がなければ前《まえ》には進《すす》めません。自分《じぶん》の力《ちから》を発揮《はっき》するには「生活習慣《せいかつしゅうかん》」を整《ととの》えることが大切《たいせつ》です。

力《ちから》を発揮《はっき》するために欠《か》かせない3つの生活習慣《せいかつしゅうかん》

好《す》きなこと、やりたいことをとことんやろうと思《おも》っても、心《こころ》や体《からだ》が元気《げんき》でなければ、自分《じぶん》の力《ちから》を100%発揮《はっき》できません。健《すこ》やかに成長《せいちょう》し、能力《のうりょく》を高《たか》めるためには、「生活習慣《せいかつしゅうかん》」を整《ととの》えることが大切《たいせつ》です。

まずはバランスのよい「食事《しょくじ》」です。朝昼晩《あさひるばん》の3食《しょく》を決《き》まった時間《じかん》に食《た》べるのは基本中《きほんちゅう》の基本《きほん》です。「学校《がっこう》に行《い》くギリギリまで寝《ね》ていたいから」と朝食《ちょうしょく》を抜《ぬ》いてしまうと、脳《のう》のエネルギーが不足《ふそく》して集中力《しゅうちゅうりょく》や記憶力《きおくりょく》の低下《ていか》につながります。

次《つぎ》に、十分《じゅうぶん》な「睡眠《すいみん》」です。睡眠《すいみん》は、心身《しんしん》の疲《つか》れを回復《かいふく》させるだけではなく、脳《のう》に入《はい》ってきた情報《じょうほう》を記憶《きおく》・整理《せいり》する役割《やくわり》も果《は》たします。睡眠《すいみん》を十分《じゅうぶん》にとっていない子《こ》どもは、十分《じゅうぶん》にとっている子《こ》どもに比《くら》べて記憶《きおく》や学習《がくしゅう》を司《つかさど》る脳《のう》の海馬《かいば》の発達《はったつ》が抑《おさ》えられてしまうことが明《あき》らかになっています。寝不足《ねぶそく》の子《こ》どもは、意欲《いよく》や感情《かんじょう》のコントロール、判断《はんだん》や社会性《しゃかいせい》などに関《かか》わる機能《きのう》を持《も》つ前頭葉《ぜんとうよう》の働《はたら》きが低下《ていか》するという研究結果《けんきゅうけっか》もあります。

最後《さいご》は定期的《ていきてき》な「運動《うんどう》」です。運動《うんどう》は、持久力《じきゅうりょく》や柔軟性《じゅうなんせい》、筋力《きんりょく》を高《たか》めてくれるだけでなく、脳《のう》の成長《せいちょう》も助《たす》けてくれます。

人間《にんげん》が脳《のう》を使《つか》う場面《ばめん》は勉強《べんきょう》のときだけではありません。体《からだ》を動《うご》かすときや、考《かんが》えるとき、楽《たの》しんだり泣《な》いたりするときにも脳《のう》からの指令《しれい》を受《う》けています。つまり、適度《てきど》な運動《うんどう》で脳《のう》を鍛《きた》えれば、運動以《うんどうい》外《がい》の効果《こうか》もアップするということです。

1日《にち》を大切《たいせつ》に過《す》ごして脳《のう》も体《からだ》も育《そだ》てていく

あなたは、夜遅《よるおそ》くまでゲームや動画視《どうがし》聴《ちょう》、SNS《エスエヌエス》などをして睡眠不足《すいみんぶそく》になっていませんか？　ダイエットしたいからと、食事《しょくじ》を制限《せいげん》していませんか？　体《からだ》を動《うご》かすのが嫌《きら》いだからといって、軽《かる》い運動《うんどう》もしない生活《せいかつ》を送《おく》っていませんか？

62ページで説明《せつめい》したように、子《こ》どもの頃《ころ》に1日《にち》をどのように過《す》ごすかはとても大事《だいじ》なことです。それは、充実《じゅうじつ》した毎日《まいにち》を送《おく》るためだけではなく、脳《のう》や体《からだ》を育《そだ》てていくためにも欠《か》かせません。「食事《しょくじ》」「睡眠《すいみん》」「運動《うんどう》」という3つの生活習慣《せいかつしゅうかん》をしっかりと身《み》につけていきましょう。

第《だい》2章《しょう》

自《じ》分《ぶん》の「強《つよ》み」を知《し》るヒント

「長所《ちょうしょ》」や「得意《とくい》」を探《さが》してみよう

自分自身《じぶんじしん》を知《し》ることが自分《じぶん》の可能性《かのうせい》を広《ひろ》げる

第《だい》2章《しょう》

自分《じぶん》が持《も》つ可能性《かのうせい》を大《おお》きく伸《の》ばして成長《せいちょう》するには、まずは「自分《じぶん》」というものを深《ふか》く知《し》る必要《ひつよう》があります。

「個性《こせい》」を知《し》れば方向性《ほうこうせい》が見《み》えてくる

将来《しょうらい》、自分《じぶん》が好《す》きなことをやって食《た》べていけるのは幸《しあわ》せなことです。そうなるには、自分《じぶん》の「好《す》き」だけではなく、**自分《じぶん》にとっての「強《つよ》み」が何《なに》かを知《し》っておくことがとても大切《たいせつ》**です。

たとえば、あなたが「好《す》きなこと」の先《さき》にある職業《しょくぎょう》に将来《しょうらい》つきたかったとします。でも、「好《す》き」という気《き》持《も》ちだけでは、そもそも**その仕事《しごと》ができるかどうか、それが自分《じぶん》に向《む》いているのかはわかりません。**「やりたいこと」の方向性《ほうこうせい》を決《き》めるには、自分自身《じぶんじしん》の「個性《こせい》」を知《し》っておいたほうがいいのです。

「強《つよ》み」を“武器《ぶき》”にする3《スリー》ステップ

ステップ①

人《ひと》の助《たす》けも借《か》りながら、自分自身《じぶんじしん》のことを分析《ぶんせき》する。

自分《じぶん》の「強《つよ》み」を〝武器《ぶき》〟にするには？

自分《じぶん》の長所《ちょうしょ》や得意《とくい》なことを知《し》り、それを自分自身《じぶんじしん》の〝武器《ぶき》〟にするには、次《つぎ》の3つのステップを踏《ふ》むとよいでしょう。

まずは、**「自分《じぶん》」をよく知《し》る**ことです。しかし、自分《じぶん》のことは知《し》っているようでよくわかっていないもの。自分《じぶん》だけではなく、ときには人《ひと》の力《ちから》も借《か》りることが大切《たいせつ》です。

次《つぎ》は、**長所《ちょうしょ》・得意《とくい》なことを自分自身《じぶんじしん》で認《みと》める**こと。強《つよ》みを理解《りかい》すればそれが自信《じしん》につながりますし、何《なに》かをするための原動力《げんどうりょく》にもなります。

最後《さいご》は、**自分《じぶん》の長所《ちょうしょ》や得意《とくい》なことを思《おも》い切《き》り伸《の》ばす**ことです。あなたには無限《むげん》の「伸《の》びしろ」があります。努力《どりょく》を続《つづ》ければ、それが必《かなら》ず生《い》きていくうえでの〝武器《ぶき》〟になります。

スタート！
ステップ②
長所《ちょうしょ》や得意《とくい》なことを理解《りかい》する。短所《たんしょ》が長《ちょう》所《しょ》になることもある。
夢に向かって…
ステップ③
人《ひと》と比較《ひかく》せずに、良《よ》いところをとことん伸《の》ばす。

2-1

「長所《ちょうしょ》」や「得意《とくい》」を見《み》つける方法《ほうほう》

自分《じぶん》で考《かんが》えてもわからないことは、自分《じ》《ぶん》だけで解決《かいけつ》せずに周《まわ》りの力《ちから》を借《か》りることも大切《たいせつ》です。

自分《じぶん》のことを書《か》き出《だ》してみよう

自分《じぶん》がやりたいことやつきたい職《しょく》業《ぎょう》を考《かんが》えるときに、まずやっておいてほしいのが「自分自身《じぶんじしん》を知《し》る」ことです。

でも、**自分《じぶん》のことはよくわかっているようで、ちゃんと理解《りかい》するのは、じつは難《むずか》しい**ものです。

自分《じぶん》は、本当《ほんとう》はどんな人《ひと》なのでしょうか？ まずは、**自分《じぶん》の性格《せいかく》や好《す》き嫌《きら》い、得意《とくい》なことや苦手《にがて》なこと**を思《おも》いつくままノートに書《か》き出《だ》し、リストにしてみましょう。

他人《たにん》の視点《してん》から自分自身《じぶんじしん》を知《し》る

友達《ともだち》や家族《かぞく》など、**周《まわ》りの人《ひと》からほめられたことを思《おも》い出《だ》す**のも、自分《じぶん》を知《し》るための1つの方法《ほうほう》です。

あなたは誰《だれ》かから「すごいね！」

自分《じぶん》の強《つよ》みを探《さが》してみる

①自分《じぶん》が思《おも》う「長所《ちょうしょ》」や「得意《とくい》」を書《か》き出《だ》す

まずは自分自身《じぶんじしん》の長所《ちょうしょ》や得意《とくい》なことを、思《おも》いつくまま書《か》き出《だ》してリストにしてみよう。

「それは私《わたし》にはできない」などと言《い》われたことはないでしょうか。自分《じぶん》の長所《ちょうしょ》や得意《とくい》なことは、**自分《じぶん》にとっては当《あ》たり前《まえ》のことだから、自分《じぶん》自身《じしん》ではなかなか気《き》づきにくい**もの。あなたにとって当《あ》たり前《まえ》にできることも、周《まわ》りの友達《ともだち》からすれば当《あ》たり前《まえ》ではないこともあるのです。

友達《ともだち》や親《おや》に「私《わたし》はどんなことが得意《とくい》だと思《おも》う?」「僕《ぼく》がずっと夢中《むちゅう》になっていることって何《なに》?」というように聞《き》いてみるのもいいでしょう。

自分《じぶん》の近《ちか》くにいる**親《おや》や友達《ともだち》は、誰《だれ》よりもあなたを客観《きゃっかん》的《てき》に見《み》てくれている人《ひと》。**話《はなし》を聞《き》くことで、自分《じぶん》の新《あら》たな側面《そくめん》を発見《はっけん》できるはずです。

ありがとう
やさしいね
想像力が
豊かだね

③他人《たにん》にほめられたことを思《おも》い出《だ》す

これまで友達《ともだち》や先生《せんせい》、家族《かぞく》などからほめられたことがあったら、ささいなことでもいいので思《おも》い出《だ》してみよう。

面倒見が
いいと思うよ
それも長所
だったのか

②家族《かぞく》などに直接《ちょくせつ》聞《き》いてみる

どんな長所《ちょうしょ》や得意《とくい》なことがあるか、家族《かぞく》など身近《みぢか》な人《ひと》に直接聞《ちょくせつき》いてみよう。気《き》づかなかった自分《じぶん》の強《つよ》みが、きっとわかるはず。

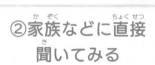

2-2

自分《じぶん》の「得意《とくい》」を思《おも》いきり伸《の》ばそう

あなたが目《め》を向《む》けるべきは、「短所《たんしょ》」ではなく「長所《ちょうしょ》」です。自分《じぶん》の得意《とくい》やよいところを伸《の》ばしましょう。

得意《とくい》なことを極《きわ》める

「長所《ちょうしょ》」を磨《みが》いて「短所《たんしょ》」を吹《ふ》き飛《と》ばす

自分《じぶん》の「長所《ちょうしょ》」や「得意《とくい》」が何《なに》かをわかっているなら、それを思《おも》いきり伸《の》ばしましょう。

もちろん、得意《とくい》なこと以外《いがい》にもいろいろなことを学《まな》んだ経験《けいけん》は大人《おとな》になってから大《おお》いに役《やく》に立《た》ちます。苦《にが》手《て》なことをやり抜《ぬ》く力《ちから》も身《み》につけておいて損《そん》することはないでしょう。

でも、大人《おとな》になって仕事《しごと》についたら、あなたは**自分《じぶん》の「長所《ちょうしょ》」や「得《とく》意《い》」を生《い》かして働《はたら》くこともできる**のです（202ページ）。苦手《にがて》だなと思《おも》

人《ひと》を笑《わら》わせるのが得意《とくい》

絵《え》を描《か》くのが得意《とくい》

工作《こうさく》なら誰《だれ》にも負《ま》けない

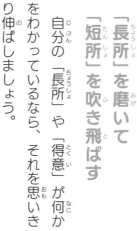

うことばかり気《き》にして落《お》ち込《こ》むのではなく、自分《じぶん》の長所《ちょうしょ》にこそ目《め》を向《む》けましょう。長所《ちょうしょ》や得意《とくい》を磨《みが》き上《あ》げて誰《だれ》にも負《ま》けない能力《のうりょく》にしてしまえば、**欠点《けってん》が気《き》にならないほどの自信《じしん》につながります。**

飛《と》び出《だ》すほどの「杭《くい》」になろう

「出《で》る杭《くい》は打《う》たれる」という言葉《ことば》があるように、日本《にほん》の社会《しゃかい》では、すぐれた実力《じつりょく》や才能《さいのう》がある人《ひと》が人《ひと》にねたまれたり、排除《はいじょ》されたりする傾向《けいこう》があります。では、目立《めだ》たないように生《い》きればいいのでしょうか？

もちろん、周《まわ》りの人《ひと》の目《め》を気《き》にする必要《ひつよう》なんかありません。**ほかの人《ひと》が嫉妬《しっと》しないくらい長所《ちょうしょ》を伸《の》ばし、とことん突《つ》き抜《ぬ》ければいい**のです。

出《で》る杭《くい》は打《う》たれても、「出《で》すぎた杭《くい》は打《う》たれない」ということです。

“出《で》すぎた杭《くい》”は打《う》たれない!?

「長所《ちょうしょ》」や「得意《とくい》」を伸《の》ばして、他人《たにん》からねたまれない（打《う》たれない）くらい突《つ》き抜《ぬ》けてしまえばいい。「出《で》すぎた杭《くい》は打《う》たれない」と考《かんが》えよう。

「出《で》る杭《くい》は打《う》たれる」という言葉《ことば》があるように、人《ひと》より抜《ぬ》きん出《で》た人《ひと》は他人《たにん》からねたまれたり、足《あし》を引《ひ》っ張《ぱ》られたりすることもある。

2-3 「じゃないといけない」から抜《ぬ》け出《だ》そう

固定観念《こていかんねん》にとらわれすぎると、自分《じぶん》が本当《ほんとう》に望《のぞ》んでいることを見失《みうしな》い、自分《じぶん》の可能性《かのうせい》が閉《と》ざされてしまいます。

「思《おも》い込《こ》み」が思考《しこう》をストップさせる

「好《す》き」を見《み》つけられない人《ひと》、「得《とく》意《い》」を伸《の》ばせない人《ひと》は、「〇〇じゃないといけない」という思《おも》い込《こ》みが強《つよ》い人《ひと》なのかもしれません。

「〇〇をしなければいけない」「私《わたし》には絶対《ぜったい》に無《む》理《り》だ」……。こうした**固《こ》定観念《ていかんねん》が無意識《むいしき》のうちに自分《じぶん》の気持《きも》ちにブレーキをかけ、挑戦《ちょうせん》する前《まえ》に「やめよう」と判断《はんだん》してしまいがち**です。

これが続《つづ》くと、自分《じぶん》の本心《ほんしん》に〝ふた〟をするのが習慣《しゅうかん》になり、心《こころ》から望《のぞ》んでいることがよくわからなくなります。

固定観念《こていかんねん》を捨《す》てる
〇〇じゃなきゃダメ
絶対《ぜったい》に無理《むり》だ
どうせ変《か》われない
カチコチ
カチコチ人間《にんげん》

カチコチの思考《しこう》をやわらかい思考《しこう》に

イギリスの経済学者《けいざいがくしゃ》ケインズは

知《し》っておきたい！ 「してもいい我慢《がまん》」と「しなくてもいい我慢《がまん》」

日本《にほん》では、どんなことにも「我慢《がまん》して頑張《がんば》ること」が古《ふる》くから美徳《びとく》とされているようなところがあります。たしかに、我慢《がまん》をしてやり続《つづ》けることで自分自身《じぶんじしん》が成長《せいちょう》することはあるでしょう。たとえば、遊《あそ》ぶのを我慢《がまん》して勉強《べんきょう》や運動《うんどう》に打《う》ち込《こ》めば、それがあなたの可能性《かのうせい》を広《ひろ》げ、心《こころ》や体《からだ》も強《つよ》くしてくれます。こうした自分《じぶん》を成長《せいちょう》させる我慢《がまん》は、「してもいい我慢《がまん》」です。

一方《いっぽう》、「しなくてもいい我慢《がまん》」は自分《じぶん》を成長《せいちょう》させてくれない我慢《がまん》のことです。たとえば友達《ともだち》からの意地悪《いじわる》を我慢《がまん》して耐《た》え続《つづ》けても、成長《せいちょう》することはありません。普段《ふだん》の暮《く》らしでも、学校生活《がっこうせいかつ》でも、その我慢《がまん》が「してもいい我慢《がまん》」なのかそうでないのかを見極《みきわ》めることも大切《たいせつ》なのです。

「この世《よ》で難《むずか》しいことは、新《あたら》しい考《かんが》えを受《う》け入《い》れることではない。古《ふる》い考《かんが》えを忘《わす》れることだ」という言葉《ことば》を残《のこ》しています。

たしかに、「世間《せけん》ではこうだから」「いままでの自分《じぶん》はこうだったから」という**固定観念《こていかんねん》を捨《す》てるのは、そう簡単《かんたん》なことではありません。**

しかし、その考《かんが》えにとらわれたり、変化《へんか》を拒否《きょひ》したりしている限《かぎ》り、自《じ》分《ぶん》の可能性《かのうせい》は広《ひろ》がっていきません。

もしあなたが**「○○じゃないといけない」に縛《しば》られそうになったら、「本当《ほんとう》にそうなのか？」と疑《うたが》ってみましょう。**そうすれば、「ほかにも方法《ほうほう》はある」「自分《じぶん》はきっと変《か》われる」と考《かんが》えを転換《てんかん》できるはずです。

凝《こ》り固《かた》まったカチコチの思考《しこう》ではなく、柔軟《じゅうなん》な思考《しこう》を持《も》てるように、日頃《ひごろ》から訓練《くんれん》しておきましょう。

別《べつ》の選択肢《せんたくし》も考《かんが》えてみよう

やれることを全部《ぜんぶ》やってみよう

自分《じぶん》はきっと変《か》われる

やわらか人間《にんげん》

2-4 才能《さいのう》やセンスは自分《じぶん》自身《じしん》で磨《みが》くもの

能力《のうりょく》がある人《ひと》を見《み》ると「あの人《ひと》は才能《さいのう》がある」と思《おも》うでしょう。その才能《さいのう》こそ、「好《す》き」や「努力《どりょく》」の結晶《けっしょう》です。

才能《さいのう》の有無《うむ》を言《い》い訳《わけ》にしない

音楽《おんがく》や美術《びじゅつ》、スポーツなどが苦手《にがて》だと思《おも》っている人《ひと》の中《なか》に、「自分《じぶん》は生《う》まれつき才能《さいのう》がないから……」など生《う》まれ持《も》っての才能《さいのう》やセンスの有無《うむ》を理由《りゆう》にしている人《ひと》はいないでしょうか。ここでいう**「才能《さいのう》（センス）がない」は、努力《どりょく》しない、または挑戦《ちょうせん》しないための言《い》い訳《わけ》**にすぎません。

もちろん、人間《にんげん》には個人《こじん》の差《さ》はありますが、才能《さいのう》やセンスは生《う》まれつきのものだけではありません。それは**生《い》きていくうちに「磨《みが》く」もので、**

才能《さいのう》だけで他人《たにん》を評価《ひょうか》すべきではない

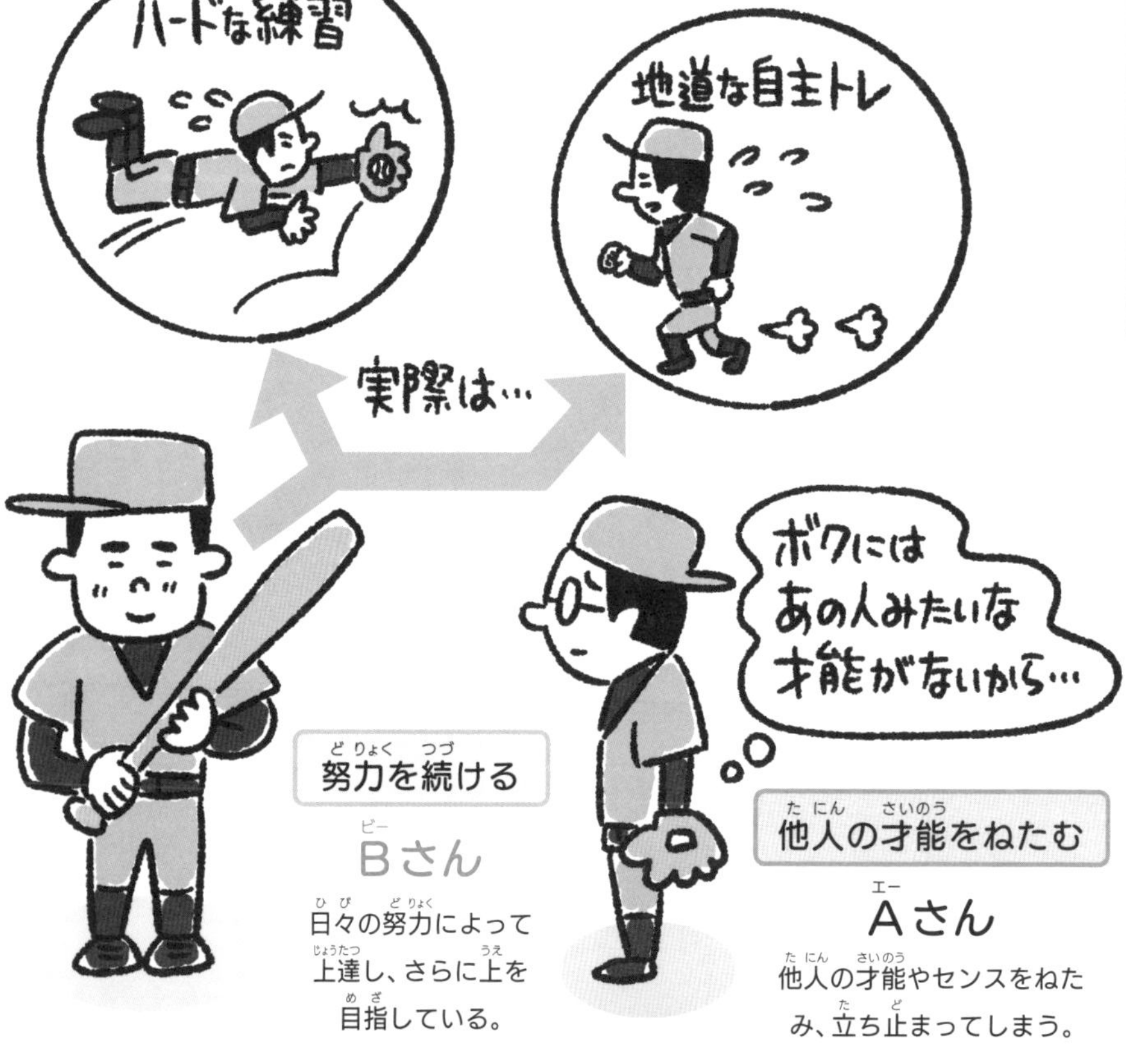
ハードな練習
地道な自主トレ
実際は…
ボクにはあの人みたいな才能がないから…
努力《どりょく》を続《つづ》ける
B《ビー》さん
日々《ひび》の努力《どりょく》によって上達《じょうたつ》し、さらに上《うえ》を目指《めざ》している。
他人《たにん》の才能《さいのう》をねたむ
A《エー》さん
他人《たにん》の才能《さいのう》やセンスをねたみ、立《た》ち止《ど》まってしまう。

「好《す》き」と「努力《どりょく》」で壁《かべ》は越《こ》えられる

あとから伸《の》ばすことができるのです。

たとえば、野球《やきゅう》が自分《じぶん》よりも上手《じょうず》な友達《ともだち》を「才能《さいのう》があってうらやましいな」と思《おも》ったとしても、その友達《ともだち》は夢《ゆめ》を叶《かな》えるために誰《だれ》よりも地道《じみち》でハードな練習《れんしゅう》を続《つづ》けているかもしれません。才能《さいのう》の背景《はいけい》には、目《め》に見《み》えない努力《どりょく》があるということを知《し》っておくべきです。

人間《にんげん》には向《む》き不向《ふむ》きや能力《のうりょく》の個人差《こじんさ》はある。それでも、越《こ》えられないと思《おも》える壁《かべ》は、「好《す》き」の力《ちから》や「努力《どりょく》」できっと越《こ》えられる。

立《た》ちはだかる壁《かべ》はきっと乗《の》り越《こ》えられる

自分《じぶん》に歌《うた》のセンスがないと思《おも》うなら、うんと練習《れんしゅう》すればいい。自分《じぶん》には勉強《べんきょう》の才能《さいのう》がないと思《おも》うなら、たくさん勉強《べんきょう》すればいいのです。

いまあなたが「才能《さいのう》の壁《かべ》」を感《かん》じているのなら、**誰《だれ》にも負《ま》けない「好《す》き」を原動力《げんどうりょく》に、人一倍努力《ひといちばいどりょく》をしてみましょう**。そうすれば、きっとその壁《かべ》を越《こ》えられるはずです。

知っておきたい!

「引退後《いんたいご》の人生《じんせい》」も考《かんが》えていた大谷翔平選手《おおたにしょうへいせんしゅ》

プロスポーツ選手《せんしゅ》は、子《こ》どもたちにとってあこがれの職業《しょくぎょう》です。その道《みち》はとても険《けわ》しくプロになれるのはごく一部《いちぶ》の人《ひと》ですが、なれたとしてもいずれは一線《いっせん》から退《しりぞ》かなくてはなりません。たとえば、日本野球機構《にほんやきゅうきこう》の調査《ちょうさ》では、2021（令和《れいわ》3）年《ねん》に戦力外通告《せんりょくがいつうこく》を受《う》けたり引退《いんたい》したりした選手《せんしゅ》の平均年齢《へいきんねんれい》は27.8歳《さい》でした。アメリカのメジャーリーグで活躍《かつやく》する大谷翔平選手《おおたにしょうへいせんしゅ》は、高校時代《こうこうじだい》に引退後《いんたいご》の人生設計《じんせいせっけい》もすでに考《かんが》えていたそうです。人生《じんせい》は、プロを辞《や》めてからも長《なが》く続《つづ》きます。これは、頭脳《ずのう》を使《つか》う将棋《しょうぎ》やｅ《イー》スポーツを含《ふく》む他のスポーツも同様《どうよう》です。夢《ゆめ》を追《お》い続《つづ》けるのはすばらしいことですが、引退後《いんたいご》も見据《みす》えた人生《じんせい》を考《かんが》えることも大事《だいじ》なのです。

2-5 人《ひと》と比《くら》べず、自分《じぶん》のゴールを目指《めざ》す

自分《じぶん》を誰《だれ》かほかの人《ひと》と比《くら》べて自信《じしん》をなくす必要《ひつよう》はありません。「自分《じぶん》が好《す》きなこと」を、とことん考《かんが》えましょう。

人《ひと》より上《うえ》か下《した》かは考《かんが》えなくていい

人《ひと》はなにかと比《くら》べたがる生《い》き物《もの》です。たしかに、私《わたし》たちが自分《じぶん》の特徴《とくちょう》を知《し》ることができるのは、社会《しゃかい》の中《なか》でさまざまな「比較《ひかく》」があるからでしょう。

人《ひと》と比《くら》べること自体《じたい》、悪《わる》いことではありません。大切《たいせつ》なのは、**自分《じぶん》が劣《おと》っていると思《おも》って落《お》ち込《こ》んだり、優《まさ》っているからといって優越感《ゆうえつかん》にひたって安心《あんしん》したりしない**こと。比較《ひかく》から生《う》まれるこうした感情《かんじょう》は、あなたの成長《せいちょう》の邪魔《じゃま》をします。

誰《だれ》かと比較《ひかく》すると…

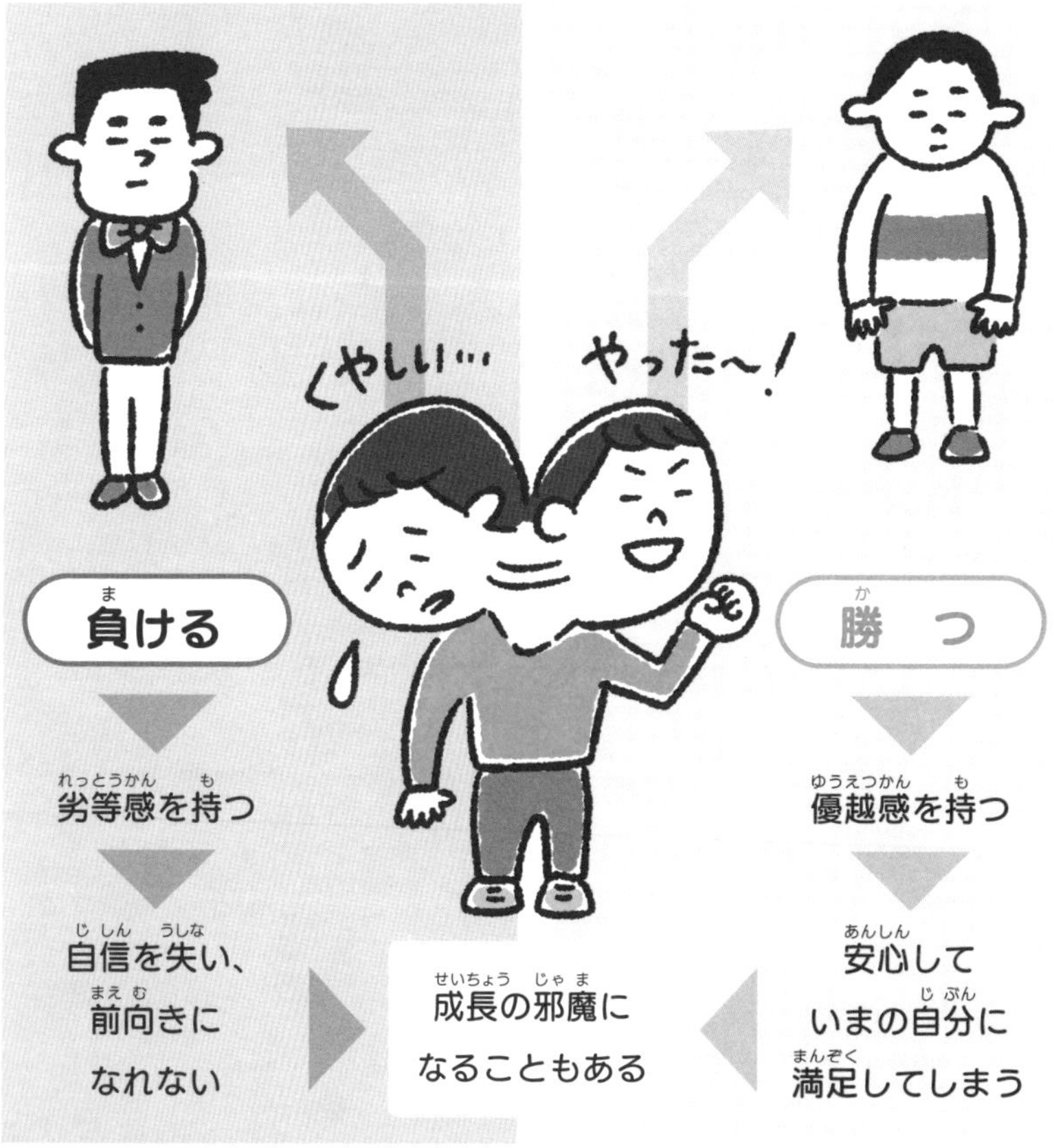

くやしい…
やった〜!
負《ま》ける
劣等感《れっとうかん》を持《も》つ
自信《じしん》を失《うしな》い、前向《まえむ》きになれない
勝《か》つ
優越感《ゆうえつかん》を持《も》つ
安心《あんしん》していまの自分《じぶん》に満足《まんぞく》してしまう
成長《せいちょう》の邪魔《じゃま》になることもある

目指《めざ》すべきは自分《じぶん》のゴール

人《ひと》は誰《だれ》にでも、得意《とくい》なこと・苦手《にがて》なことがあります。自分《じぶん》が人《ひと》と比《くら》べて上《うえ》か・下《した》かを考《かんが》えて一喜一憂《いっきいちゆう》するのはやめましょう。

自分《じぶん》のゴールに向《む》かって前向《まえむ》きに行動《こうどう》する

あなたのゴール（目標《もくひょう》）は、あなた自身《じしん》が決《き》めるものです。大切《たいせつ》なのは、「次《つぎ》はあいつに勝《か》ってやる」などと他人《たにん》と比《くら》べたゴールを立《た》てるのではなく、「あの人《ひと》はすごいけど、自分《じぶん》は自分《じぶん》なりにこのゴールに向《む》かって頑張《がんば》るぞ」と前向《まえむ》きに行動《こうどう》することです。

　人《ひと》と比《くら》べて得《え》た自信《じしん》は、もっとすごい人《ひと》が現《あらわ》れたら一瞬《いっしゅん》でなくなってしまいます。そうではなく、いまの自分《じぶん》は1年前《ねんまえ》、1日前《にちまえ》の自分《じぶん》よりよくなっているかを基準《きじゅん》にすれば、自分《じぶん》が日々《ひび》成長《せいちょう》しているかを実感《じっかん》できるはずです。**あなたのライバルは、他人《たにん》ではなくあなた自身《じしん》**なのです。

自分《じぶん》が走《はし》る道《みち》の先《さき》には自分《じぶん》だけのゴールがある。比《くら》べるべきは、過去《かこ》の自分自身《じぶんじしん》だ。

目指《めざ》すゴールはそれぞれ異《こと》なる。他人《たにん》よりできないからといって、気《き》にする必要《ひつよう》はない。

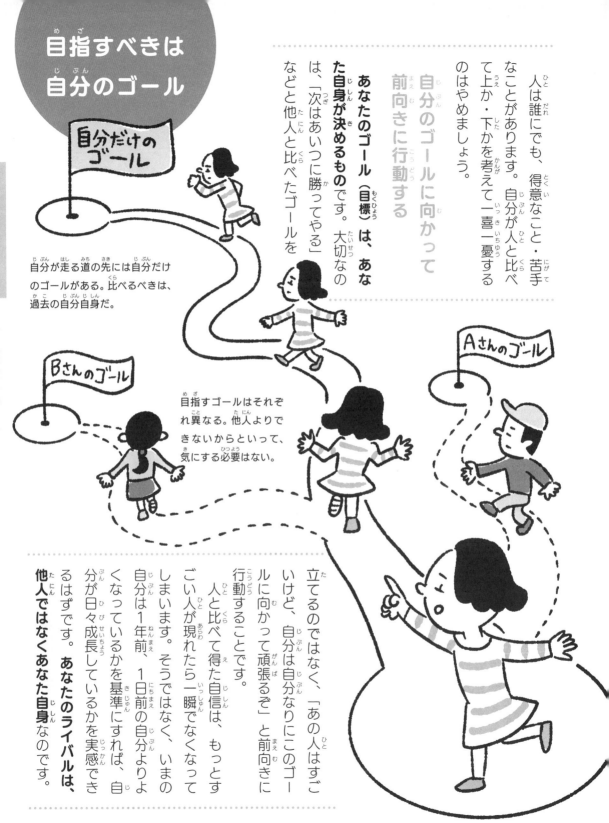

2-6

世《よ》の中《なか》の「ふつう」にとらわれるな

世《よ》の中《なか》には、いろいろな「ふつう」がはびこっています。あなたは、それにしたがって生《い》きる必要《ひつよう》はありません。

他人《たにん》の「ふつう」は勝手《かって》な思《おも》い込《こ》み

「これがふつう」「ふつうの人《ひと》はそんなことしない！」などと、「ふつう」という言葉《ことば》がよく使《つか》われます。「ふつう」ってそもそも、なんでしょうか？

この言葉《ことば》をあたかも絶対的《ぜったいてき》な「ルール」や「基準《きじゅん》」のように使《つか》う人《ひと》がいますが、実際《じっさい》はみんなにはっきりと認《みと》められたものではな

他人《たにん》の視点《してん》

世《よ》の中《なか》の「当《あ》たり前《まえ》」「常識《じょうしき》」「ふつう」は、誰《だれ》かが勝手《かって》に決《き》めた基準《きじゅん》・価値観《かちかん》であることも多《おお》い。

花がきれいね！
昆虫がいっぱいだ！
ふつう
常識
当たり前

「同《おな》じじゃないこと」を恐《おそ》れない

く、**多《おお》くは誰《だれ》かが勝手《かって》に「それがふつう」と思《おも》い込《こ》んでいるだけ。**人《ひと》や場所《ばしょ》が変《か》われば、その中《なか》身《み》も別物《べつもの》になってしまうのです。

私《わたし》たちの生活《せいかつ》の当《あ》たり前《まえ》が「当《あ》たり前《まえ》」になったのがつい最近《さいきん》であるように、いまの「ふつう」や誰《だれ》かの「ふつう」もどんどん変《か》わっていくはずです。

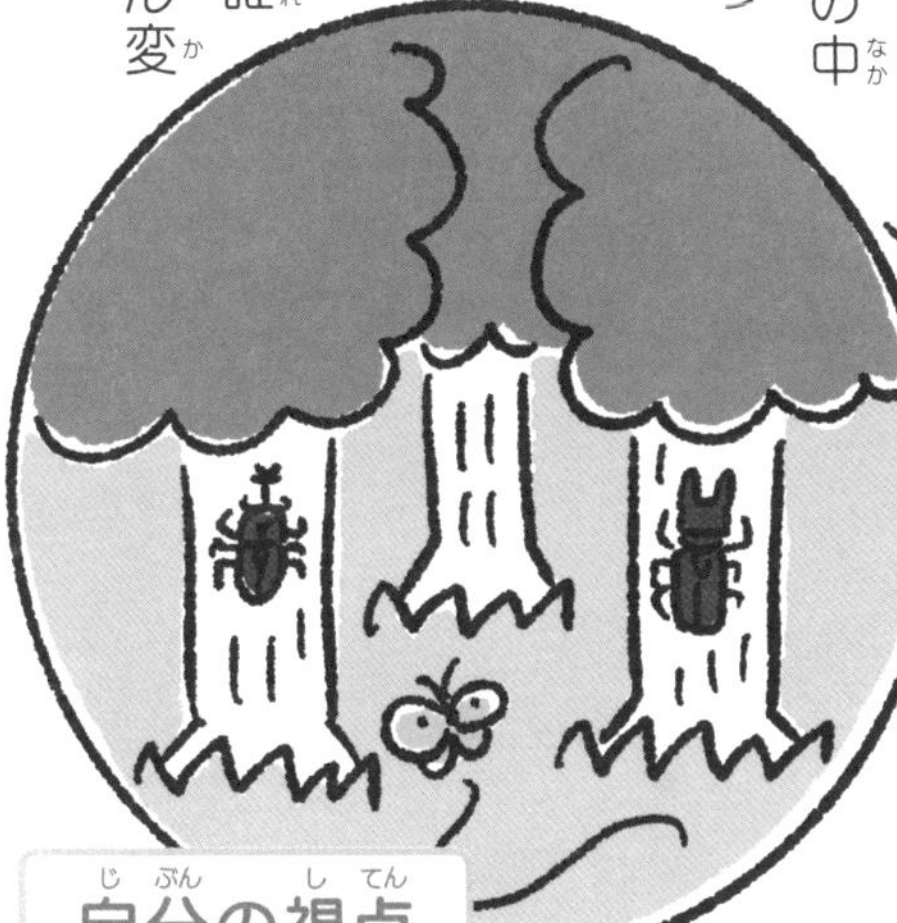

自分《じぶん》の視点《してん》

他人《たにん》と違《ちが》うことを恐《おそ》れる必要《ひつよう》はない。「人《ひと》と違《ちが》う視点《してん》」を持《も》つことは、大《おお》きな強《つよ》みになる。

人《ひと》と異《こと》なる視点《してん》は自分《じぶん》の強《つよ》みになる

もしあなたの周《まわ》りに「自分《じぶん》のふつう」を振《ふ》りかざす人《ひと》がいても、あなたは**それに合《あ》わせる必要《ひつよう》なんてありません。**「ふつう」は、言《い》い換《か》えればなんの特徴《とくちょう》もなくありふれていて、悪《わる》くいえばつまらないものだからです。

人《ひと》と違《ちが》うことは、悪《わる》いことではありません。むしろ、**人《ひと》と異《こと》なる視点《してん》を持《も》っていることは、これから生《い》きていくうえで大《おお》きな強《つよ》みとなる**でしょう。

あなたも他人《たにん》の「ふつう」に縛《しば》られず、自分《じぶん》の価値観《かちかん》を大事《だいじ》にしてください。

自分《じぶん》がしたいと思《おも》うことや好《す》きだと感《かん》じることを、思《おも》うままにやってみればいいのです。

知《し》っておきたい！

「好《す》き」を共有《きょうゆう》できる仲間《なかま》を持《も》つ

「楽《たの》しいから一緒《いっしょ》にいる」のではなく、「つるんでいないと不安《ふあん》」という人間関《にんげんかん》係《けい》では、心《こころ》から打《う》ち解《と》け合《あ》っているとはいえません。それほど仲良《なかよ》くないのに、結束《けっそく》を感《かん》じるためだけに一緒《いっしょ》にい続《つづ》けても息苦《いきぐる》しくなってしまうだけ。つるむだけの友達《ともだち》なら、いなくてもいいのです。ただし、人《ひと》とのつながりがなくなると、人《ひと》はどんどん孤立《こりつ》してしまいます。自分《じぶん》の好《す》きなことや趣味《しゅみ》があるなら、それをきっかけにいろいろな人間関係《にんげんかんけい》を築《きず》いていきましょう。とくに好《す》きなことがないのなら、クラブ活動《かつどう》や部活動《ぶかつどう》に参加《さんか》して同《おな》じ目的《もくてき》のために協力《きょうりょく》し合《あ》える仲間《なかま》をつくるのもいいでしょう。つむるだけの友達《ともだち》がたくさんいなくても、「好《す》き」を共有《きょうゆう》できる仲間《なかま》が1人《ひとり》でもいればいいのです。

とらえ方次第《かたしだい》で短所《たんしょ》は長所《ちょうしょ》にもなる

あなたが思《おも》っている自分《じぶん》の短所《たんしょ》は、じつは長所《ちょうしょ》かもしれません。ポジティブな面《めん》に注目《ちゅうもく》するくせをつけましょう。

短所《たんしょ》を知《し》ることが成長《せいちょう》への第一歩《だいいっぽ》

短所《たんしょ》をポジティブにとらえ直《なお》す

長所《ちょうしょ》を伸《の》ばして短所《たんしょ》を吹《ふ》き飛《と》ばす（70ページ）のではなく、「**短所《たんしょ》を長所《ちょうしょ》としてとらえ直《なお》す**」という考《かんが》え方《かた》もあります。

たとえば、テストで40点《てん》しか取《と》れなかったら、「60点《てん》も落《お》とした」と落《お》ち込《こ》む人《ひと》が多《おお》いと思《おも》いますが、考《かんが》えようによっては「あと60点《てん》ぶんも伸《の》びしろがある」「少《すこ》し勉強《べんきょう》すれば一気《いっき》に点数《てんすう》がアップしそうだ」とポジティブに考《かんが》えることもできます。

どんなことも、「自分《じぶん》の考《かんが》え方次《かたし》

第《だい》で前向《まえむ》きなものに変《か》わる」ということです。

短所《たんしょ》を知《し》ることが成長《せいちょう》につながる

もし自分《じぶん》の短所《たんしょ》が「おしゃべりなこと」だと考《かんが》えるなら、それは「話《わ》題《だい》が豊富《ほうふ》」ととらえ直《なお》すことができるでしょう。「飽《あ》きっぽい」なら「好奇心《こうきしん》が強《つよ》い」、「人《ひと》の意見《いけん》に流《なが》されやすい」なら「協調性《きょうちょうせい》がある」とポジティブに転換《てんかん》できます。では、「せっかち」「目立《めだ》ちたがり屋《や》」「負《ま》けず嫌《ぎら》い」が短所《たんしょ》だったら、それぞれどんな長所《ちょうしょ》になるでしょうか？

自分《じぶん》で思《おも》っている短所《たんしょ》は、案外長所《あんがいちょうしょ》だったりすることに気《き》づいたと思《おも》います。自分《じぶん》の短所《たんしょ》や弱点《じゃくてん》を認《みと》めるのはとても勇気《ゆうき》がいることですが、短所《たんしょ》を知《し》ることはあなたが成長《せいちょう》するための第一歩《だいいっぽ》となるのです。

短所《たんしょ》を長所《ちょうしょ》に変《か》えてみる

おしゃべり → 話題《わだい》が豊富《ほうふ》

飽《あ》きっぽい → 好奇心《こうきしん》が強《つよ》い

人《ひと》の意見《いけん》に流《なが》されやすい → 協調性《きょうちょうせい》がある

2-8

挑戦《ちょうせん》と小《ちい》さな成功《せいこう》を積《つ》み重《かさ》ねていく

最初《さいしょ》から大《おお》きな夢《ゆめ》や目標《もくひょう》を目指《めざ》すのではなく、「小《ちい》さなハードル」を乗《の》り越《こ》えることから始《はじ》めてみましょう。

新《あたら》しいこと・未知《みち》なことに挑戦《ちょうせん》する

新《あたら》しいことに直面《ちょくめん》すると、「失敗《しっぱい》したらどうしよう」と尻込《しりご》みしてしまうこともあるかもしれない。それでも、チャレンジなくして前《まえ》には進《すす》めない。「とにかくやってみる!」と挑戦《ちょうせん》してみよう。

「小《ちい》さなハードル」を乗《の》り越《こ》える

物事《ものごと》を始《はじ》めるときに、「うまくいくかな?」「失敗《しっぱい》したらどうしよう」などと考《かんが》えて尻込《しりご》みしてしまったことはありませんか?

誰《だれ》だって、何《なに》かに挑戦《ちょうせん》するときは緊張《きんちょう》したり、ネガティブに考《かんが》えてしまったりするものです。その挑戦《ちょうせん》が大《おお》きな夢《ゆめ》や目標《もくひょう》に向《む》けたものならなおさらです。

もちろん、その夢《ゆめ》や目標《もくひょう》に一気《いっき》に到達《とうたつ》するのは簡単《かんたん》なことではありません。だからこそ、**「大《おお》きな壁《かべ》」**ではなく**「小《ちい》さなハードル」を乗《の》り越《こ》えることから始《はじ》めてみましょう。**

小《ちい》さな成功《せいこう》は大《おお》きな自信《じしん》になる

若《わか》い頃《ころ》に必要《ひつよう》なのは、まずはどんなことでも挑戦《ちょうせん》してみて、**どんな小《ちい》さなことでもいいので成功《せいこう》したという体験《たいけん》を積《つ》み重《かさ》ねていく**ことです。

「できた!」をたくさん経験《けいけん》し、困難《こんなん》だと思《おも》うことに努力《どりょく》することで、「自分《じぶん》は○○ができる!」という揺《ゆ》るぎない自信《じしん》がついてきます。「もっとやりたい」「これも挑戦《ちょうせん》してみたい」という気持《きも》ちが高《たか》まれば、あなたは成長《せいちょう》を続《つづ》けていくことができるはずです。

根拠《こんきょ》なんかなくてもいいのです。「やっているうちに成長《せいちょう》する」と考《かんが》えて、自信《じしん》を持《も》ってトライしてみましょう。

「小《ちい》さな成功体験《せいこうたいけん》」が成長《せいちょう》の土台《どだい》になる

1つ小《ちい》さな成功《せいこう》を体験《たいけん》すると、それが次《つぎ》のステップへの足《あし》がかりとなる。大《おお》きな成功《せいこう》ではなく、小《ちい》さな成功《せいこう》を着実《ちゃくじつ》に積《つ》み重《かさ》ねていこう。

さらに上を目指すぞ!
ひとつクリアー!
小さな成功
小さな成功
小さな成功

2-9 「失敗《しっぱい》」も「挫折《ざせつ》」も乗《の》り越《こ》える考《かんが》え方《かた》

成功《せいこう》のためには失敗《しっぱい》が欠《か》かせません。「自分《じぶん》には無理《むり》」とあきらめず、失敗《しっぱい》をバネにする柔軟《じゅうなん》な心《こころ》を持《も》ちましょう。

失敗《しっぱい》だって成功《せいこう》の種《たね》となる

どんな歴史上《れきしじょう》の偉人《いじん》でも、みんなから「成功《せいこう》している」と思《おも》われている人《ひと》であっても、**失敗《しっぱい》や挫折《ざせつ》を一度《いちど》も経験《けいけん》しない人《ひと》は存在《そんざい》しません。**誰《だれ》もが大《おお》きな挫折《ざせつ》に直面《ちょくめん》し、それでもめげずに知恵《ちえ》を振《ふ》り絞《しぼ》って乗《の》り越《こ》え、成功《せいこう》を勝《か》ち取《と》っています。

発明王《はつめいおう》エジソンはこう言《い》っています。「私《わたし》は失敗《しっぱい》などしていない。うまくいかない方法《ほうほう》を1万通《まんとお》り見《み》つけただけだ」。つまり彼《かれ》は、失敗《しっぱい》を「成功《せいこう》の種《たね》」と考《かんが》えたのです。

ストレス
プレッシャー
失敗
挫折
パリン
硬直した心

硬直《こうちょく》した心《こころ》を持《も》つ A《エー》さん

挫折《ざせつ》や失敗《しっぱい》、ストレスなどを受《う》けると、風船《ふうせん》に針《はり》を刺《さ》したようにはじけてしまう。一度落《いちどお》ち込《こ》むと、立《た》ち直《なお》るのが難《むずか》しい。

硬直《こうちょく》した心《こころ》

困難《こんなん》や逆境《ぎゃっきょう》を乗《の》り越《こ》える力《ちから》を「レジリエンス」といいます。人生《じんせい》は失《しっ》敗《ぱい》や挫折《ざせつ》の連続《れんぞく》ですし、プレッシャーやストレスから逃《のが》れることもできません。だからこそ、1つの失敗《しっぱい》で「もうダメだ」と落《お》ち込《こ》むのではなく、**「次《つぎ》はうまくやれる」と前向《まえむ》きに考《かんが》える柔軟《じゅうなん》な心《こころ》でレジリエンスを養《やしな》う**ことが大切《たいせつ》なのです。

避《さ》ければ避《さ》けるほど失敗《しっぱい》は怖《こわ》くなる

誰《だれ》だって、失敗《しっぱい》して傷《きず》つくのは怖《こわ》いものです。しかし、失敗《しっぱい》を避《さ》ければ避《さ》けるほど失敗《しっぱい》が怖《こわ》くなって、挑戦《ちょうせん》する気持《きも》ちがしぼんでしまいます。

どんな失敗《しっぱい》も挫折《ざせつ》も、成長《せいちょう》するための「経験《けいけん》」。**その経験《けいけん》は必《かなら》ず一生《いっしょう》の「財産《ざいさん》」になります。**挑戦《ちょうせん》と失敗《しっぱい》を重《かさ》ねて、前《まえ》に進《すす》んでいきましょう。

柔軟《じゅうなん》な心《こころ》を持《も》つ　B《ビー》さん

どんな困難《こんなん》があっても落《お》ち込《こ》むことなく、それをバネにさらに成長《せいちょう》することができる。

柔軟《じゅうなん》な心《こころ》と

2-10

すべてを完璧《かんぺき》にこなせなくてもいい

世《よ》の中《なか》の仕事《しごと》の多《おお》くは、チームワークで成《な》り立《た》っています。1人《ひとり》ですべてのことを完璧《かんぺき》にこなす必要《ひつよう》はありません。

「完璧主義《かんぺきしゅぎ》」で苦《くる》しむ大人《おとな》はたくさんいる

あなたは、「テストは100点《てん》を取《と》らなきゃ意味《いみ》がない」「何事《なにごと》も人《ひと》に頼《たよ》っちゃダメだ」と思《おも》っていませんか？ たしかに学校教育《がっこうきょういく》ではすべてわかっていること（100点満点《てんまんてん》を取《と》ること）がいいと教《おし》えられます。

でも、**人《ひと》は誰《だれ》しも得意《とくい》なこと・苦手《にがて》なことがあります。** すべてを上手《じょうず》にこなすことなんてできませんし、わからないことがあったって、決《けっ》して恥《は》ずかしいことではないのです。

すべてのことを完璧《かんぺき》にやらなけれ

「完璧主義《かんぺきしゅぎ》」が自分《じぶん》を苦《くる》しめることもある

100点じゃなきゃ意味ない…
90
苦手があるなんて恥ずかしい…
完璧主義
人に頼っちゃダメだ

仕事《しごと》の大半《たいはん》はチームワークで成《な》り立《た》つ

ばならないと考《かんが》えることを「完璧主義《かんぺきしゅぎ》」といいます。**完璧《かんぺき》を求《もと》めることで自分《じぶん》を苦《くる》しめてしまっている人《ひと》は、大人《おとな》にもたくさんいます。**

すべてを自分《じぶん》でやらなくてもいい

学校《がっこう》では、班《はん》をつくって活動《かつどう》したり、係《かかり》を決《き》めて分担《ぶんたん》して何《なに》かをしたりします。それと同《おな》じように、**世《よ》の中《なか》にある大半《たいはん》の仕事《しごと》も役割《やくわり》を決《き》めてチームワークで取《と》り組《く》んでいます。**

自分《じぶん》が苦手《にがて》なことは、得意《とくい》な人《ひと》にやってもらうこともできますし、自《じ》分《ぶん》が得意《とくい》なことは他《ほか》の人《ひと》の代《か》わりに引《ひ》き受《う》けてもいいわけです。

他《ほか》の人《ひと》に頼《たよ》らずすべてを自分《じぶん》でやろうとしても限界《げんかい》があります。だからこそ、苦手《にがて》を克服《こくふく》することばかりに費《つい》やすのではなく、得意《とくい》を伸《の》ばすために時間《じかん》を使《つか》いましょう。

コミュニケーションが得意《とくい》

人間観察力《にんげんかんさつりょく》が高《たか》い

計算《けいさん》するのが得意《とくい》

発想力《はっそうりょく》が優《すぐ》れている

知《し》っておきたい!

自分《じぶん》の「得意《とくい》」を宣言《せんげん》してみよう

大人《おとな》になって活躍《かつやく》できる人《ひと》、次々《つぎつぎ》と仕事《しごと》が舞《ま》い込《こ》んでくる人《ひと》は、「あの人《ひと》に仕事《しごと》をやってもらいたい」と、多《おお》くの人《ひと》にその存在《そんざい》を知《し》ってもらっています。「あの人《ひと》はこういうことが得意《とくい》だから、この仕事《しごと》を任《まか》せたい」。そう思《おも》われているからこそ、その人《ひと》には仕事《しごと》のお願《ねが》いが次《つぎ》から次《つぎ》へとやってくるのです。つまり、自分《じぶん》の得意《とくい》を自分自身《じぶんじしん》でわかっているだけではダメということ。周《まわ》りに気《き》づいてもらうのを待《ま》つのではなく、自分《じぶん》は何《なに》が得意《とくい》で、どんなことができるのかをアピールするのが大切《たいせつ》なのです。活躍《かつやく》できる大人《おとな》になるために、あなたも周《まわ》りの人《ひと》に「私《わたし》はこんなことが得意《とくい》だよ」と積極的《せっきょくてき》に宣言《せんげん》していきましょう。

2-11

「向上心《こうじょうしん》」が長所《ちょうしょ》や得意《とくい》を伸《の》ばす

人《ひと》の評価《ひょうか》ばかりを気《き》にすると、「虚栄《きょえい》心《しん》」が大《おお》きくなっていきます。虚栄心《きょえいしん》よりも「向上心《こうじょうしん》」を大切《たいせつ》にしましょう。

はりぼての鎧《よろい》を着《き》ても成長《せいちょう》することはない

人《ひと》からほめられると、誰《だれ》だってうれしいものです。たしかに、人《ひと》の評《ひょう》価《か》が自信《じしん》や成長《せいちょう》のきっかけにつながることはありますし、才能《さいのう》や強《つよ》みを見出《みいだ》してくれることもあります。

でも、**「人《ひと》からの評価《ひょうか》」がすべての基準《きじゅん》**になってしまったらどうでしょうか。「もっとよく見《み》られたい」「実際《じっさい》よりもすごい人間《にんげん》だと思《おも》われたい」という**虚栄心《きょえいしん》が強《つよ》くなってしまう**はずです。

虚栄心《きょえいしん》は、〝はりぼての鎧《よろい》〟のよ

向上心《こうじょうしん》を！

実際の自分
より大きく
見られたい
まぁね
すごい!!!

みえを張《は》る

うぬぼれる

虚栄心《きょえいしん》

自分《じぶん》を実質以上《じっしついじょう》に見《み》せようと、みえを張《は》りたがる心《こころ》。その"めっき"はきっと、いずれはがれてしまう。

うなもの。すぐれた自分《じぶん》を装《よそお》っているだけです。**どんなに見《み》かけは立派《りっぱ》でも、それは本当《ほんとう》のあなたではありません。**自分《じぶん》を大《おお》きく見《み》せることをどんなに頑張《がんば》っても、成長《せいちょう》することはありません。

虚栄心《きょえいしん》ではなく「向上心《こうじょうしん》」を持《も》とう

だからこそ、あなたには人《ひと》からほめられたい、認《みと》められたいという気持《きも》ちを、**虚栄心《きょえいしん》ではなく「向上心《こうじょうしん》」につなげてほしい**のです。

向上心《こうじょうしん》とは、いまの自分《じぶん》よりすぐれたもの、より高《たか》いものを目指《めざ》そうとする心《こころ》のこと。**ありのままの自分《じぶん》を認《みと》め、「もっと成長《せいちょう》するぞ」と努力《どりょく》を続《つづ》ければ、あなたの長所《ちょうしょ》や得意《とくい》はさらに伸《の》びていく**でしょう。

本当《ほんとう》に大切《たいせつ》なのは、他人《たにん》にどう思《おも》われるかではなく、あなた自身《じしん》が「どうなりたいか」なのです。

虚栄心《きょえいしん》より

ありのままの自分《じぶん》を認《みと》める

さらに上《うえ》を目指《めざ》して努力《どりょく》する

向上心《こうじょうしん》
いまの状態《じょうたい》に満足《まんぞく》せず、よりすぐれたもの、高《たか》いものを目指《めざ》して進歩《しんぽ》しようとする心《こころ》。

人生《じんせい》のヒントが詰《つ》まった 偉人《いじん》・著名人《ちょめいじん》たちの名言《めいげん》

どんな偉人《いじん》も著名人《ちょめいじん》も、困難《こんなん》や逆境《ぎゃっきょう》を経験《けいけん》し、それを乗《の》り越《こ》えています。人生《じんせい》の岐路《きろ》に立《た》ったとき、彼《かれ》らの言葉《ことば》が人生《じんせい》の支《ささ》えになってくれるかもしれません。

かけがえのない人《ひと》になりたいのなら、人《ひと》と違《ちが》っていなければいけない

ココ・シャネル

（ファッションデザイナー・1883～1971）

世界有数《せかいゆうすう》のファッションブランド「シャネル」の創始者《そうししゃ》。社会《しゃかい》に進出《しんしゅつ》し始《はじ》めた女《じょ》性《せい》の自立《じりつ》を掲《かか》げ、当時《とうじ》としては画期的《かっきてき》な、シンプルで機能的《きのうてき》な服《ふく》をデザインした。「人生《じんせい》は1度《ど》きり。だから思《おも》いっきり楽《たの》しむべきよ」という言葉《ことば》も残《のこ》している。

障子《しょうじ》を開《あ》けてみよ、外《そと》は広《ひろ》いぞ

豊田佐吉《とよださきち》

（発明家《はつめいか》、実業家《じつぎょうか》・1867～1930）

世界的《せかいてき》な自動車会社《じどうしゃがいしゃ》「トヨタ」の礎《いしずえ》を築《きず》いた人物《じんぶつ》。第一次世界大戦後《だいいちじせかいたいせんご》、中国《ちゅうごく》への進出《しんしゅつ》に反対《はんたい》する周囲《しゅうい》に対《たい》してこの言葉《ことば》を発《はっ》し、新《あたら》しい世界《せかい》へと踏《ふ》み出《だ》す強《つよ》い心《こころ》を持《も》つことを説《と》いた。

人生《じんせい》で必要《ひつよう》なものは、無知《むち》と自信《じしん》だけだ。これらがあれば、成功《せいこう》は間違《まちが》いない

マーク・トウェイン

（作家《さっか》・1835～1910）

『トム・ソーヤーの冒険《ぼうけん》』の著者《ちょしゃ》として知《し》られるアメリカの作家《さっか》。無知《むち》ゆえの新《あたら》しい視点《してん》で物事《ものごと》をとらえ、それを信《しん》じることができれば、やるべきことはかたちになる。彼《かれ》はそう考《かんが》えた。

そのことはできる、それをやる、と決断《けつだん》せよ。それからその方法《ほうほう》を見《み》つけるのだ

エイブラハム・リンカン

（政治家《せいじか》・1809～1865）

「奴隷解放《どれいかいほう》の父《ちち》」と呼《よ》ばれるアメリカ合衆国第《がっしゅうこくだい》16代大統領《だいだいとうりょう》。奴隷《どれい》解放宣言《かいほうせんげん》に署名《しょめい》し、国内《こくない》を二分《にぶん》した南北戦争《なんぼくせんそう》に勝利《しょうり》して黒人《こくじん》の奴《ど》隷《れい》を解放《かいほう》した。「人民《じんみん》の、人民《じんみん》による、人民《じんみん》のための政治《せいじ》」という言葉《ことば》はとくに有名《ゆうめい》。

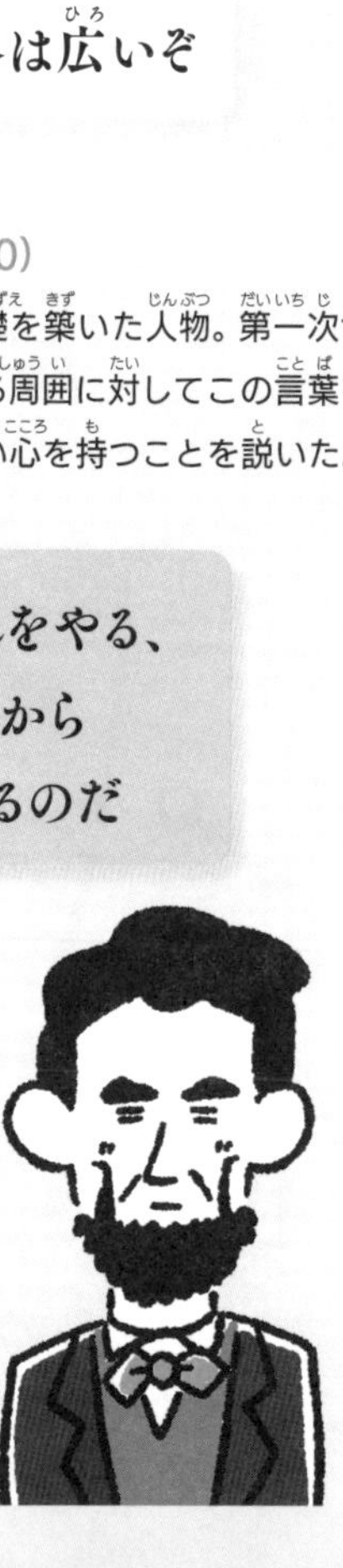

1000のアイデアがあって、そのうち1つでもうまくいくものがあれば、私《わたし》は満足《まんぞく》です

アルフレッド・ノーベル

（科学者《かがくしゃ》、発明家《はつめいか》・1833～1896）

ダイナマイトの発明《はつめい》で知《し》られるスウェーデンの科《か》学者《がくしゃ》・発明家《はつめいか》。自分《じぶん》の遺産《いさん》をもとにしてノーベル賞《しょう》をつくり、「人類《じんるい》のために最大《さいだい》の貢献《こうけん》をした人々《ひとびと》」に栄誉《えいよ》を与《あた》えるよう遺言《ゆいごん》を残《のこ》した。

人《ひと》の世《よ》には道《みち》は一《ひと》つということはない。
道《みち》は百《ひゃく》も千《せん》も万《まん》もある

坂本龍馬《さかもとりょうま》（幕末《ばくまつ》の志士《しし》・1835〜1867）

坂本龍馬《さかもとりょうま》を描《えが》いた司馬遼太郎《しばりょうたろう》の小説《しょうせつ》『竜馬《りょうま》がゆく』に出《で》てくる言葉《ことば》。龍馬《りょうま》は薩長同盟《さっちょうどうめい》を仲介《ちゅうかい》して大政奉還《たいせいほうかん》につなげ、近代日本《きんだいにほん》の誕生《たんじょう》に決定的《けっていてき》な役割《やくわり》を果《は》たした。

あなたがこの世《よ》で
見《み》たいと願《ねが》う変化《へんか》に、
あなた自身《じしん》がなりなさい

マハトマ・ガンディー
（思想家《しそうか》、政治指導者《せいじしどうしゃ》・1869〜1948）

非暴力《ひぼうりょく》を通《つう》じてインドの独立《どくりつ》に身《み》を捧《ささ》げた「インド独立《どくりつ》の父《ちち》」。その思想《しそう》は最終的《さいしゅうてき》に1947年《ねん》のイギリスからの独立《どくりつ》へとつながった。

人間《にんげん》の最《もっと》も優《すぐ》れた点《てん》は、
苦《くる》しみを乗《の》り越《こ》えて
喜《よろこ》びをつかめるところです

ベートーヴェン
（作曲家《さっきょくか》・1770〜1827）

ドイツの作曲家《さっきょくか》・ピアニスト。難聴《なんちょう》の苦《くる》しみだけでなく、身分違《みぶんちが》いの恋愛《れんあい》にも悩《なや》まされたが、それらの苦悩《くのう》を創作《そうさく》へのエネルギーに変《か》え、数々《かずかず》の名曲《めいきょく》を生《う》み出《だ》した。

好《す》きなことなら、いくらでも努力《どりょく》ができます。
すると、結果《けっか》がついてくる。結果《けっか》が出《で》れば、
自信《じしん》になる。好循環《こうじゅんかん》につながっていくんです

中村修二《なかむらしゅうじ》
（工学者《こうがくしゃ》・1954〜）

青色発光《あおいろはっこう》ダイオード（青色《あおいろ》LED《エルイーディー》）の発明《はつめい》で2014（平成《へいせい》26）年《ねん》のノーベル物理学賞《ぶつりがくしょう》を受賞《じゅしょう》。独創性《どくそうせい》と粘《ねば》りを大事《だいじ》にしながら、長《なが》い間《あいだ》努力《どりょく》して世紀《せいき》の偉業《いぎょう》を成《な》し遂《と》げた。

誰《だれ》もやったことがないような
ことをやりたい

大谷翔平《おおたにしょうへい》
（メジャーリーガー・1994〜）

高校《こうこう》3年《ねん》の秋《あき》、日本《にほん》でのドラフト会議《かいぎ》を前《まえ》にメジャー挑戦《ちょうせん》の意思《いし》を表明《ひょうめい》したときの言葉《ことば》。2018年《ねん》にメジャーに移籍《いせき》した大谷《おおたに》は、投打《とうだ》の「二刀流《にとうりゅう》」でメジャーリーグを席巻《せっけん》。多《おお》くの人《ひと》に「実現不可能《じつげんふかのう》」と思《おも》われていた偉業《いぎょう》を成《な》し遂《と》げている。

日本人《にほんじん》だから、女性《じょせい》だから、男性《だんせい》だから、長男《ちょうなん》だから
こうじゃなきゃいけないと考《かんが》えると、
自分自身《じぶんじしん》がつくった殻《から》の中《なか》に閉《と》じこもることになる

向井千秋《むかいちあき》（宇宙飛行士《うちゅうひこうし》・1952〜）

1994（平成《へいせい》6）年《ねん》にスペースシャトルに搭乗《とうじょう》し、日本人女性初《にほんじんじょせいはつ》の宇宙飛行士《うちゅうひこうし》に。いま以上《いじょう》に男性中心《だんせいちゅうしん》の社会《しゃかい》だった時代《じだい》に、世界《せかい》でもまだ女性《じょせい》が珍《めずら》しかった宇宙飛行士《うちゅうひこうし》という職業《しょくぎょう》に挑戦《ちょうせん》し、宇宙《うちゅう》という未知《みち》なる空間《くうかん》でのミッションを果《は》たした。

得《とく》意《い》なこと
仕《し》事《ごと》の例《れい》
物《もの》をつくる
ファッションデザイナーなど
文章《ぶんしょう》を書《か》く
UNUN
ファッション雑誌《ざっし》の記者《きしゃ》など
人《ひと》と話《はな》す
SHOP
ショップ経営《けいえい》など

2-12 「好《す》き×得《とく》意《い》」で仕《し》事《ごと》の幅《はば》が広《ひろ》がる

「好《す》き」と「得《とく》意《い》」を掛《か》け合《あ》わせて考《かんが》えると、将来《しょうらい》やれることの幅《はば》はもっと広《ひろ》がります。書《か》き出《だ》して考《かんが》えてみましょう。

得《とく》意《い》なことは「好《す》き」と直接《ちょくせつ》関係《かんけい》なくていい

「好《す》きなこと」や「得《とく》意《い》なこと」からやりたい仕事《しごと》を考《かんが》えてもいいですが、**この2つを掛《か》け合《あ》わせれば仕事《しごと》の選択肢《せんたくし》はもっと広《ひろ》がります。**

まずは、あなたの「好《す》きなこと」を挙《あ》げてみてください。「ファッション」が好《す》きなら、いろいろな服《ふく》を組《く》み合《あ》わせるのが好《す》き、インフルエンサーの服装《ふくそう》を見《み》るのが楽《たの》しいなど、理由《りゆう》は人《ひと》それぞれでしょう。

次《つぎ》に、自分《じぶん》の「得《とく》意《い》なこと」を考《かんが》えてみましょう。得《とく》意《い》なことは、好《す》

知《し》っておきたい！

「ニーズ」がなければ仕事《しごと》にはならない

「好《す》きなこと」と「得意《とくい》なこと」を掛《か》け合《あ》わせたことが仕事《しごと》になれば、すばらしいことです。しかし、仕事《しごと》にする際《さい》にはもう1つ大事《だいじ》なことがあります。それは、社会《しゃかい》のニーズ（求《もと》められていることは何《なに》か）を考《かんが》えなければいけないということです。たとえあなたに「これが好《す》き」「これが得意《とくい》」と言《い》えることがあっても、ほかの誰《だれ》かが「欲《ほ》しい」「助《たす》かる」と思《おも》わなければ仕事《しごと》になりません。

もしもあなたが好《す》きなことや得意《とくい》なことを仕事《しごと》にしたいと思《おも》うなら、まずはそれが社会《しゃかい》に求《もと》められているのか、時代《じだい》にあったものなのかを調《しら》べてみましょう。「ニーズのあるところに自分《じぶん》を当《あ》てはめてみる」という逆転《ぎゃくてん》の発想《はっそう》でやりたい仕《し》事《ごと》を探《さが》してみてもいいかもしれません。

好《す》きなこと

ファッション

「好《す》き」と「得意《とくい》」を掛《か》け合《あ》わせた例《れい》

きなことと直接関係《ちょくせつかんけい》なさそうなものでもかまいません。

「好《す》き」と「得意《とくい》」の周囲《しゅうい》にどんな仕事《しごと》がある？

最後《さいご》に、あなたが挙《あ》げた「好《す》きなこと」「得意《とくい》なこと」を掛《か》け合《あ》わせてみてください。何《なに》かイメージできる仕事《しごと》・職業《しょくぎょう》はありませんか？

ファッションが好《す》きで物《もの》をつくるのが得意《とくい》ならデザイナーが向《む》いているかもしれません。文章《ぶんしょう》を書《か》くのが得意《とくい》なら雑誌《ざっし》の記者《きしゃ》、人《ひと》と話《はな》すのが得意《とくい》ならショップ経営《けいえい》やファッションアドバイザーが考《かんが》えられます。

好《す》きも得意《とくい》も、1つにしぼる必要《ひつよう》はありません。これらがたくさんあるほど、将来《しょうらい》の仕事《しごと》の可能性《かのうせい》が増《ふ》えるからです。**自分《じぶん》の好《す》きと得意《とくい》の周囲《しゅうい》にどんな仕事《しごと》があるのか、**日頃《ひごろ》からアンテナを張《は》り巡《めぐ》らせましょう。

2-13

自《じ》信《しん》を持《も》つことがすべての基《き》礎《そ》になる

日《に》本《ほん》の子《こ》どもは「自《じ》己《こ》肯《こう》定《てい》感《かん》」が低《ひく》いようです。いまの自《じ》分《ぶん》に自《じ》信《しん》を持《も》ち、生《い》きるための基《き》礎《そ》を築《きず》きましょう。

あなたはどちらのタイプ？

自信《じしん》不足《ぶそく》で立《た》ち止《ど》まる

A《エー》さん

自分自身《じぶんじしん》に自信《じしん》がないため、第《だい》一歩《いっぽ》を踏《ふ》み出《だ》せない。新《あたら》しいことに挑戦《ちょうせん》しても「自分《じぶん》には無理《むり》」と早々《そうそう》にあきらめがち。

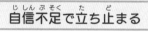

日本《にほん》の子《こ》どもは「自己肯定感《じここうていかん》」が低《ひく》い

ありのままの自分《じぶん》を「これでいいんだ」と肯定《こうてい》する感覚《かんかく》のことを「自己肯定感《じここうていかん》」といいます。**日本《にほん》の若者《わかもの》の自己肯定感《じここうていかん》は低《ひく》い**といわれていて、国立青少年教育振興機構《こくりつせいしょうねんきょういくしんこうきこう》が世界《せかい》7か国《こく》の13～29歳《さい》の若者《わかもの》に対《たい》しておこなった調査《ちょうさ》では、「自分自身《じぶんじしん》に満足《まんぞく》しているか？」という問《と》いに「そう思《おも》う」「どちらかいえばとそう思《おも》

自信《じしん》を前向《まえむ》きな力《ちから》に変《か》える

B《ビー》さん

何事《なにごと》にも自信《じしん》を持《も》って取《と》り組《く》む。新《あたら》しいことにも、自信《じしん》を土台《どだい》として前向《まえむ》きにチャレンジする。

もっともっと
前に進もう
揺るぎない
自信

う」と答《こた》えた人《ひと》の割合《わりあい》は、韓国《かんこく》71・5%、アメリカ86・5%に対《たい》して日《に》本《ほん》は45・8%にすぎませんでした。

ほかの調査《ちょうさ》では、日本《にほん》の子《こ》どもの自己肯定感《じここうていかん》が**小学校《しょうがっこう》1年生《ねんせい》から中学《ちゅうがっ》校《こう》にかけて下《さ》がり続《つづ》ける**こともわかっています。幼《おさな》い頃《ころ》は「なんでもできる!」と信《しん》じていた子《こ》どもが、学校《がっこう》という集団《しゅうだん》の中《なか》で「自分《じぶん》よりすぐれている人《ひと》がいる」という現実《げんじつ》に直面《ちょくめん》して自信《じしん》を失《うしな》ってしまうのかもしれません。

自信《じしん》があれば恐《おそ》れずに挑戦《ちょうせん》できる

「いまの自分《じぶん》」に自信《じしん》を持《も》つことは、あなたがこれから生《い》きていくための大事《だいじ》な基礎《きそ》になります。そのためにも、**自分《じぶん》の「強《つよ》み」を知《し》り、その強《つよ》みを磨《みが》いていくことが大切《たいせつ》**なのです。

コツコツとできることを積《つ》み重《かさ》ねて自分自身《じぶんじしん》を信《しん》じられるようになれば、「自分《じぶん》ならきっと大丈夫《だいじょうぶ》」と、**どんなことにも恐《おそ》れずに挑戦《ちょうせん》できるようになる**はずです。

働《はたら》く人《ひと》に聞《き》いてみた②

いまの仕事《しごと》のやりがいは？

世《よ》の中《なか》にはさまざまな「仕事《しごと》」があり、やりがいを感《かん》じる瞬間《しゅんかん》もそれぞれ違《ちが》います。
働《はたら》く人《ひと》は、どのようなところにやりがいを感《かん》じているのでしょうか？

30代女性《だいじょせい》・介護福祉士《かいごふくしし》

困《こま》っている人《ひと》をサポートする仕事《しごと》がしたいと思《おも》い、この仕事《しごと》を選《えら》びました。けっこう重労働《じゅうろうどう》ですが、利用者《りようしゃ》さんの笑顔《えがお》を見《み》られたり、「いつもありがとう」「助《たす》かるよ」と感謝《かんしゃ》の言葉《ことば》をもらえたりすると、「この仕事《しごと》をやっていてよかったな」とうれしくなります。人《ひと》や社会《しゃかい》の役《やく》に立《た》っていると実《じっ》感《かん》できることがやりがいですね。

30代男性《だいだんせい》・商社勤務《しょうしゃきんむ》

少《すこ》し前《まえ》までコンサル（コンサルタント）業界《ぎょうかい》で働《はたら》いていましたが、缶詰《かんづめ》など日本《にほん》の加工食品《かこうしょくひん》をあつかう商社《しょうしゃ》に転職《てんしょく》しました。来年《らいねん》には東南《とうなん》アジアのタイに赴任《ふにん》する予定《よてい》です。コンサルも、いまの仕《し》事《ごと》も、つねに新《あたら》しいことにチャレンジできるのが大《おお》きなやりがいです。

40代男性《だいだんせい》・雑誌編集者《ざっしへんしゅうしゃ》

雑誌《ざっし》の編集者《へんしゅうしゃ》として出版社《しゅっぱんしゃ》に勤《つと》めていました。32歳《さい》のときにフリーランスになり、いまはおもに歴史雑誌《れきしざっし》やウェブの編集《へんしゅう》・ライターとして活動《かつどう》しています。歴史的《れきしてき》な史料《しりょう》を読《よ》んだり専門家《せんもんか》にインタビューできたりするのも面白《おもしろ》いですが、いちばんは日本各地《にほんかくち》のお城《しろ》を取材《しゅざい》できること。仕事《しごと》をしながら自分《じぶん》の知的好奇心《ちてきこうきしん》も満《み》たせるのが、いまの仕事《しごと》のやりがいです。

20代女性《だいじょせい》・システムエンジニア

クライアント（顧客《こきゃく》）に合《あ》ったシステムを開発《かいはつ》しています。システムを動《うご》かすソフトウェアは1人《ひとり》ではなく、チームのメンバーと協力《きょうりょく》してつくり上《あ》げます。大《おお》きな仕事《しごと》がかたちになったときの達成感《たっせいかん》が、私《わたし》にとってのやりがいです。女性《じょせい》が少《すく》ない職《しょく》場《ば》ですが、若《わか》い社員《しゃいん》が多《おお》いため意見《いけん》が言《い》いやすいのは気《き》に入《い》っています。

30代男性《だいだんせい》・サイクルショップ経営《けいえい》

父親《ちちおや》が営《いとな》んでいたサイクルショップ（自転車店《じてんしゃてん》）を継《つ》ぎ、自転車《じてんしゃ》の販売《はんばい》や修理《しゅうり》・メンテナンスをしています。お客《きゃく》さんと自転車《じてんしゃ》の話《はなし》ができるのが楽《たの》しいですし、大切《たいせつ》に乗《の》っていた自転車《じてんしゃ》を直《なお》してお客《きゃく》さんによろこばれるのもうれしいですね。いまはこの店《みせ》オリジナルの自転車《じてんしゃ》をつくっていて、それもやりがいにつながっています。

20代女性《だいじょせい》・ウェディングプランナー

ウェディングプランナーは、結婚《けっこん》を考《かんが》えているカップルの要望《ようぼう》を細《こま》かく聞《き》いて、自分《じぶん》のアイデアや提案《ていあん》で結婚式《けっこんしき》をかたちにしていく仕事《しごと》です。結《けっ》婚式《こんしき》は人生《じんせい》の「一大《いちだい》イベント」。新郎《しんろう》・新婦《しんぷ》の晴《は》れの舞台《ぶたい》をお手伝《てつだ》いできるのはもちろん、式《しき》に参《さん》加《か》する親族《しんぞく》や友人《ゆうじん》たちにもよろこんでもらえるのはうれしいですね。

第《だい》3章《しょう》

「本当《ほんとう》にやりたいこと」の見《み》つけ方《かた》

夢《ゆめ》に向《む》かって歩《あゆ》み始《はじ》めよう

やりたいことは「仮決《かりぎ》め」でもいい

あなたの目《め》の前《まえ》には、無限《むげん》の可能性《かのうせい》が広《ひろ》がっています。
前《まえ》に進《すす》んでいれば、「やりたいこと」は見《み》つかるはずです。

まずは「仮決《かりぎ》め」から始《はじ》める

やりたいことを限定《げんてい》しすぎずに、まずは「仮決《かりぎ》め」しておこう。

「夢《ゆめ》」や「やりたいこと」がまだなくてもいい

自分《じぶん》はどのような仕事《しごと》に向《む》いているのか、将来《しょうらい》に向《む》かってどう生《い》きていくべきだろうか、そもそも自分《じぶん》らしい生《い》き方《かた》ってなんなのか――。

真面目《まじめ》に将来《しょうらい》について考《かんが》えても、実感《じっかん》がなく、何《なに》も思《おも》いつかないという人《ひと》も多《おお》いのではないでしょうか。

あなたがもし「自分《じぶん》にはやりたいことがない」「なんとか夢《ゆめ》を見《み》つけなくては」とあせっているのなら、**急《いそ》ぐ必要《ひつよう》はありません**。あせるのは自分《じぶん》の力《ちから》で自分《じぶん》の人生《じんせい》を生《い》きようとしている証拠《しょうこ》。**あせりや悩《なや》みを持《も》つこと自体《じたい》、すばらしいこと**なのです。

自分《じぶん》の将来《しょうらい》について、方向性《ほうこうせい》をで

きるだけ早《はや》く決《き》めてしまいたいと思《おも》う気持《きも》ちはわかります。しかし、周《まわ》りを取《と》り巻《ま》く環境《かんきょう》だって、人《ひと》の気持《きも》ちだって日々《ひび》変《か》わっていくものです。

「仮決《かりぎ》め」と考《かんが》えて一歩《いっぽ》を踏《ふ》み出《だ》そう

あるとき「やりたい」と思《おも》っていたことが、あとになって違《ちが》っていたと思《おも》うことは誰《だれ》にでもあります。だからこそ、方向性《ほうこうせい》を決《き》めすぎずに、**まずは「仮決《かりぎ》め」と考《かんが》えて取《と》り組《く》んでみましょう。**いろいろと試行《しこう》錯誤《さくご》しながら進《すす》むうちに、だんだんと「本当《ほんとう》の決断《けつだん》」に近《ちか》づけていけばいいのです。

その道《みち》の途中《とちゅう》には、挫折《ざせつ》や失敗《しっぱい》もたくさんあるでしょう。でも、自分《じぶん》には「無理《むり》だ」「できない」などと簡単《かんたん》にあきらめずに、自分《じぶん》の力《ちから》を信《しん》じて突《つ》き進《すす》んでいってください。

3-1

「やりたいこと」が見《み》つからないときは？

世《よ》の中《なか》の仕事《しごと》は、「もっと○○だったらいいのに」を解決《かいけつ》するもの。毎日《まいにち》の生活《せいかつ》で、そういう視点《してん》を持《も》ちましょう。

提供《ていきょう》する側《がわ》の立場《たちば》になって考《かんが》える

あなたにもし将来《しょうらい》の夢《ゆめ》や目標《もくひょう》など、「これをやりたい！」と思《おも》うことがまだなくても、無理《むり》に決《き》める必要《ひつよう》はありません。ゲームでも読書《どくしょ》でも、自分《じぶん》がいま面白《おもしろ》い・楽《たの》しいと思《おも》うことに、まずは集中《しゅうちゅう》しましょう。

世《よ》の中《なか》にあるモノやサービスには、それをつくって提供《ていきょう》する側《がわ》と、それを使《つか》う側《がわ》（受《う》け取《と》り手《て》）がいます。あなたはいま使《つか》う側《がわ》ですが、**「仕事《しごと》にする」とは、それを提供《ていきょう》する側《がわ》になるということ**です。それがどのよ

モノ・サービスを提供《ていきょう》する側《がわ》は何《なに》を考《かんが》えている？

使《つか》う側《がわ》
（受《う》け取《と》り手《て》）
ゲームを購入《こうにゅう》してプレイする。自分自身《じぶんじしん》が楽《たの》しめることが重要《じゅうよう》。
面白い！
次は何があるのかな？
もっとやりたいな
提供《ていきょう》する側《がわ》
ゲームを制作《せいさく》して提供《ていきょう》する。どうしたら楽《たの》しんでもらえるかを考《かんが》える。
どんな物語なら楽しんでもらえるかな？
魅力的なキャラクターをつくらないと
飽きさせないためには…

うにつくられていて、自分《じぶん》はどの部分《ぶぶん》を面白《おもしろ》いと感《かん》じるのか、もっと便利《べんり》にするにはどうすればいいのか……。こうしたことを考《かんが》えることが、提供《ていきょう》する側《がわ》になったときの〝引《ひ》き出《だ》し〟となっていきます。

「○○ならいいのに」を叶《かな》えるのが「仕事《しごと》」

あなたは普段《ふだん》の生活《せいかつ》の中《なか》で、**「もっと○○ならいいのに」**と思《おも》うことがあるでしょうか？　世《よ》の中《なか》の仕事《しごと》とは、こうした誰《だれ》かの願《ねが》いを叶《かな》えるためのものです。

もしあなたが「もっと○○ならいいのに」と感《かん》じたなら、**「どうすればもっと良《よ》くなるのか」を考《かんが》えてみましょう。**その発想《はっそう》が、自分《じぶん》の力《ちから》で世《よ》の中《なか》を変《か》えられる大人《おとな》になる足掛《あしが》かりとなるのです。

「もっと○○ならいいのに」で生《う》まれる仕事《しごと》

もっとおいしい
ケーキが食べたいな
パティシエ

もっと掃除が
楽にならないかな？
ピピッ
ロボット掃除機《そうじき》の開発《かいはつ》

ペットがもっと健康で
いられたらいいのに…
獣医師《じゅういし》

3-2 世《よ》の中《なか》のしくみや変化《へんか》に目《め》を向《む》ける

ニュースを見《み》れば、政治《せいじ》や経済《けいざい》、社会《しゃかい》情勢《じょうせい》などがどんどんわかってきます。世界全体《せかいぜんたい》の動《うご》きを追《お》ってみましょう。

いま知《し》っていることだけで将来《しょうらい》は見通《みとお》せない

あなたはまだ成長《せいちょう》の途中《とちゅう》にあり、未完成《みかんせい》な存在《そんざい》です。これからさまざまなことを学《まな》び、経験《けいけん》していずれ大人《おとな》になりますが、いまは未知《みち》なこと、わからないことばかりのはずです。

自分《じぶん》がいま知《し》っていることだけで将来《しょうらい》を見通《みとお》すのは難《むずか》しいでしょうし、外《そと》の世界《せかい》の有《あ》り様《よう》を知《し》らずに自《じ》分《ぶん》の「やりたいこと」を見《み》つけるのは、簡単《かんたん》なことではありません。

だからこそ、毎日《まいにち》の暮《く》らしの中《なか》で大切《たいせつ》にしてほしいのが、**「世《よ》の中《なか》の**

新《あたら》しい技術《ぎじゅつ》・サービスに注目《ちゅうもく》する

人手不足も補えるんだね
食事をお持ちしました
ピポッ

世界《せかい》の課題《かだい》に目《め》を向《む》ける

いろいろ問題があるね
貧困
温暖化
生態系の破壊
感染症
テロや戦争

知《し》っておきたい!

SDGs《エスディージーズ》の視点《してん》で仕事《しごと》を考《かんが》えてみる

世界《せかい》には、気候変動《きこうへんどう》や感染症《かんせんしょう》、貧困《ひんこん》、戦争《せんそう》・紛争《ふんそう》、エネルギー問題《もんだい》など解決《かいけつ》すべき課題《かだい》がたくさんあります。国連《こくれん》（国際連合《こくさいれんごう》）が定《さだ》めたSDGs《エスディージーズ》（持続可《じぞくか》能《のう》な開発目標《かいはつもくひょう》）では、こうした課題《かだい》を解決《かいけつ》するために17の目標《もくひょう》が掲《かか》げられ、国《くに》だけではなく、会社《かいしゃ》や個人《こじん》も目標達《もくひょうたっ》成《せい》のために協力《きょうりょく》して取《と》り組《く》むことになりました。

そんな中《なか》で、積極的《せっきょくてき》にSDGs《エスディージーズ》に取《と》り組《く》む企業《きぎょう》が増《ふ》えています。排気《はいき》ガスを減《へ》らす取《と》り組《く》みをしている会社《かいしゃ》、食品《しょくひん》ロスを減《へ》らそうとしている会社《かいしゃ》など、SDGs《エスディージーズ》の貢献《こうけん》の仕方《しかた》はさまざまです。自分《じぶん》が興味《きょうみ》のあるSDGs《エスディージーズ》の課題《かだい》があったら、その課題《かだい》に取《と》り組《く》んでいる会社《かいしゃ》をインターネットなどで調《しら》べてみるのもいいでしょう。

時代《じだい》の動《うご》きを知《し》る方法《ほうほう》

ニュースを見《み》る
次はウクライナ
情勢に関する
ニュースです
へえ〜
NEWS
気《き》になったことについて保護者《ほごしゃ》と話《はな》す
日本は世界一
高齢化が進んでるってホント?
3割が65歳以上
なんだよ

「しくみ」や「時代《じだい》の変化《へんか》」を敏感《びんかん》に感《かん》じ取《と》ることです。世界《せかい》では何《なに》が起《お》きているのか、どんな課題《かだい》があるのか、どんな新《あたら》しい技術《ぎじゅつ》やサービスが生《う》まれているのか、ということに目《め》を向《む》けるのです。

ニュースを通《とお》して世《よ》の中《なか》のことを知《し》る

あなたは日々《ひび》、新聞《しんぶん》やテレビのニュースなどをチェックしているでしょうか?

学校《がっこう》の勉強《べんきょう》だけではなく、**メディアを通《とお》して世《よ》の中《なか》の流《なが》れを感《かん》じ取《と》る**ことは、「やりたいこと」を見《み》つけるためにとても重要《じゅうよう》です。

世《よ》の中《なか》のしくみや時代《じだい》の変化《へんか》をできるだけ知《し》っておけば、あなたがいずれ**何《なに》かを決《き》めなければいけないとき、自分《じぶん》の道《みち》を選《えら》び取《と》る基準《きじゅん》になる**はずです。

3-3

自分《じぶん》の歩《あゆ》む道《みち》は自分《じぶん》で決《き》めよう

親《おや》はいろいろな助言《じょげん》をしてくれますが、言《い》いなりになる必要《ひつよう》はありません。大《だい》事《じ》なことほど自分《じぶん》で決《き》めましょう。

親《おや》の「言《い》いなり」になる必要《ひつよう》はない

親《おや》はあなたの成長《せいちょう》を温《あたた》かく見守《みまも》ってくれる存在《そんざい》です。あなたが幸《しあわ》せに生《い》きていくために親身《しんみ》になって話《はなし》を聞《き》き、さまざまな助言《じょげん》をしてくれるでしょう。

しかし、**その助言《じょげん》すべてをそのまま受《う》け止《と》める必要《ひつよう》はありません。**

たとえば、進路《しんろ》や仕事《しごと》について「少《すこ》しでもレベルの高《たか》い学校《がっこう》に進学《しんがく》して」「安定《あんてい》した有名《ゆうめい》な会社《かいしゃ》で働《はたら》いたほうがいい」などと言《い》われるかもしれません。あなたが抱《いだ》く将来《しょうらい》の夢《ゆめ》

期待《きたい》に応《こた》えようとすると、「自分《じぶん》の道《みち》」を見失《みうしな》う

安定が
イチバン！
この道を
進めば大丈夫
安定？
安全？
安心？
ホントは
やりたいことが
あるんだけど…
うん…

自分《じぶん》の人生《じんせい》は自分《じぶん》で決《き》める

応援するよ
専門学校で料理の勉強がしたい！
大学に進学して学校の先生になる！

を「できるわけがない」「無理《むり》に決《き》まっている」と否定《ひてい》する親《おや》もいるでしょう。

でも、あなたが歩《あゆ》んでいるのはあなたの人生《じんせい》です。親《おや》の期待《きたい》に応《こた》えるために夢《ゆめ》をあきらめたら、自分《じぶん》の可能性《かのうせい》を自分《じぶん》でつぶしてしまうようなものです。**どの道《みち》を選《えら》ぶか、できるかどうかを決《き》めるのは、あなた自身《じしん》**です。

熱意《ねつい》が伝《つた》われば応援団《おうえんだん》になってくれる

覚《おぼ》えておいてほしいのは、親《おや》は「敵《てき》」ではないということです。進路《しんろ》や仕事《しごと》について親《おや》が口《くち》を出《だ》すのは、あなたの幸《しあわ》せを願《ねが》ってのこと。もし意見《いけん》が合《あ》わないなら、冷静《れいせい》にしっかりと話《はな》し合《あ》いましょう。**自分《じぶん》がどれだけ真剣《しんけん》にチャレンジしたいかという熱意《ねつい》**が伝《つた》われば、きっと納得《なっとく》してあなたの選択《せんたく》を応援《おうえん》してくれるはずです。

きっとなれる

知《し》っておきたい！ 「親《おや》を大切《たいせつ》にすること＝言《い》いなりになる」ではない

「親《おや》の期待《きたい》に応《こた》えなくていい」というのは、親《おや》を無視《むし》したり拒否《きょひ》したりすることではありません。覚《おぼ》えておいてほしいのは、世代《せだい》が違《ちが》えば価値観《かちかん》も違《ちが》うということ。親《おや》は前《まえ》の時代《じだい》に育《そだ》ってきた人《ひと》たちです。昔《むかし》はいま以上《いじょう》に男性中心《だんせいちゅうしん》の社会《しゃかい》で、家事《かじ》・育児《いくじ》を女性《じょせい》が担《にな》うのが一般的《いっぱんてき》でした。また、1つの職業《しょくぎょう》で一生働《いっしょうはたら》くのも当《あ》たり前《まえ》でした。
でも、いまは男性《だんせい》が育児《いくじ》をしたり女性《じょせい》が外《そと》で働《はたら》いたりするのが当《あ》たり前《まえ》の時代《じだい》ですし、働《はたら》き方《かた》も多様《たよう》になっています。あなたは、これから数年後《すうねんご》、10年後《ねんご》に大人《おとな》になる人《ひと》です。あなたはあなたの時代《じだい》の価値観《かちかん》で、やりたいことを考《かんが》えてください。親《おや》を大切《たいせつ》にすることと親《おや》の期待《きたい》に応《こた》えることはイコールではないのです。

「価値観《かちかん》」を調《しら》べれば 自分《じぶん》にとって大切《たいせつ》なことがわかる

「価値観《かちかん》」とは、「何《なに》に対《たい》して価値《かち》を見出《みいだ》すか」ということ。やりたいことを考《かんが》える際《さい》は、自分《じぶん》の好《す》きなことや得意《とくい》なことだけではなく、自分《じぶん》がどんな価値観《かちかん》を持《も》っているかを知《し》っておくことも大切《たいせつ》です。

「価値観《かちかん》」とはどんなもの？

何《なに》かの物事《ものごと》・行動《こうどう》を決《き》めるときに、「自分《じぶん》は何《なに》を重視《じゅうし》して判断《はんだん》（選択《せんたく》）するか」という基準《きじゅん》になるのが「価値観《かちかん》」です。「大切《たいせつ》にしていることは何《なに》？」「こだわっていることは何《なに》？」「貫《つらぬ》き通《とお》したいことは何《なに》？」「人《ひと》にゆずれないことは何《なに》？」というように自分《じぶん》に問《と》いかけ、普段《ふだん》どのようなことを大切《たいせつ》にして物事《ものごと》・行動《こうどう》を決《き》めているかを考《かんが》えてみましょう。価値観《かちかん》を整理《せいり》していけば、自分自身《じぶんじしん》を理解《りかい》したり、自分《じぶん》の将来《しょうらい》を考《かんが》えたりするのに役《やく》に立《た》ちます。

左《ひだり》ページは、価値観《かちかん》を知《し》るための簡単《かんたん》なチェックリストです。鉛筆《えんぴつ》などで書《か》き込《こ》み、自分《じぶん》の価《か》値観《ちかん》を整理《せいり》してみてください。

人《ひと》それぞれ価値観《かちかん》は違《ちが》う

あなたに「自分《じぶん》の価値観《かちかん》」があるように、ほかの人《ひと》にもそれぞれの価値観《かちかん》があります。

人《ひと》は自分《じぶん》の価値観《かちかん》に合《あ》わないことをするとストレスや不満《ふまん》を感《かん》じます。ほかの人《ひと》が自分《じぶん》と違《ちが》う考《かんが》え・行動《こうどう》をしていると、その人《ひと》を受《う》け入《い》れられないと思《おも》ってしまうこともあるでしょう。

しかし、価値観《かちかん》は自分《じぶん》がこれまで生《い》きてきた環境《かんきょう》や経験《けいけん》などによって異《こと》なるもの。どの価値《かち》観《かん》が正《ただ》しくて、どの価値観《かちかん》が間《ま》違《ちが》っているということはありません。自分《じぶん》と異《こと》なる価値観《かちかん》を持《も》った人《ひと》と積極的《せっきょくてき》に関《かか》わって新《あたら》しい考《かんが》え方《かた》に触《ふ》れれば、あなたの世界《せかい》も広《ひろ》がっていくかもしれません。いまの価値観《かちかん》だけにこだわり続《つづ》ける必要《ひつよう》はないのです。

自分《じぶん》の「価値観《かちかん》」を整理《せいり》してみよう

ステップ ①

下《した》の言葉《ことば》の中《なか》から自分《じぶん》の価値観《かちかん》に合《あ》うものを5つ選《えら》んでみましょう。

人《ひと》の心《こころ》を動《うご》かす	自分《じぶん》らしくいられる	お 金《かね》
興味《きょうみ》があることをする	自分《じぶん》の実力《じつりょく》を発揮《はっき》する	自由《じゆう》に使《つか》える時間《じかん》
リーダーシップを発揮《はっき》する	友達《ともだち》や周《まわ》りの人《ひと》たちとの関係《かんけい》	いろいろな人《ひと》と出会《であ》う
自分《じぶん》を成長《せいちょう》させる	親《おや》やきょうだい、親戚《しんせき》を大切《たいせつ》にする	穏《おだ》やかで安定《あんてい》した生活《せいかつ》
新《あたら》しいものを生《う》み出《だ》す	新《あら》たな知識《ちしき》を得《え》る	理想《りそう》を現実《げんじつ》にする
社会《しゃかい》の役《やく》に立《た》つ	困《こま》っている人《ひと》を助《たす》ける	達成感《たっせいかん》を得《え》る
新《あたら》しいことに挑戦《ちょうせん》する	地位《ちい》や名誉《めいよ》	自分《じぶん》で決断《けつだん》する
人《ひと》と違《ちが》うことをする	チームワークで進《すす》める	有名《ゆうめい》になる
時代《じだい》を先取《さきど》りする	平《へい》 和《わ》	その他《た》

ステップ ②

選《えら》んだ言葉《ことば》を優先順位《ゆうせんじゅんい》の高《たか》い順《じゅん》に左《ひだり》の欄《らん》に書《か》き、それぞれ選《えら》んだ理由《りゆう》を右《みぎ》の欄《らん》に書《か》き込《こ》んでみましょう。

	選《えら》んだ言葉《ことば》は何《なに》？	なぜその言葉《ことば》を選《えら》んだ？
高《たか》い ↑		
優先順位《ゆうせんじゅんい》		
↓ 低《ひく》い		

3-4

夢《ゆめ》や目標《もくひょう》を実現《じつげん》する3《スリー》ステップ

夢《ゆめ》に向《む》かってどのように努力《どりょく》すればいいのかわからない人《ひと》は、夢《ゆめ》から〝逆算《ぎゃくさん》〟して3つくらいの目標《もくひょう》を設定《せってい》しましょう。

夢《ゆめ》や目標《もくひょう》から〝逆算《ぎゃくさん》〟して考《かんが》える

夢《ゆめ》や目標《もくひょう》を持《も》つのはすばらしいことですが、せっかく夢《ゆめ》や目標《もくひょう》があっても**何《なに》も行動《こうどう》を起《お》こさなければ、ただのあこがれで終《お》わってしまいます。**

夢《ゆめ》や目標《もくひょう》は、大《おお》きければ大《おお》きいほど具体的《ぐたいてき》に何《なに》をすればいいかイメージしにくいもの。そんなときは、**大《おお》きな目標《もくひょう》（最終的《さいしゅうてき》な夢《ゆめ》）といまの自《じ》分《ぶん》の間《あいだ》にいくつかの目標《もくひょう》を設定《せってい》**しましょう。ポイントは、大《おお》きな目標《もくひょう》から〝逆算《ぎゃくさん》〟して考《かんが》えることです。

大《おお》きな目標《もくひょう》を設定《せってい》したら、それを達成《たっせい》するための中《ちゅう》くらいの目標《もくひょう》を決《き》めます。さらにその中《ちゅう》くらいの目標《もくひょう》を実現《じつげん》するために必要《ひつよう》な小《ちい》さな目標《もくひょう》を設定《せってい》してみましょう。

このように、3つくらいのステップにすれば、今日《きょう》から始《はじ》められることを考《かんが》えられるようになります。

目標《もくひょう》は柔軟《じゅうなん》に変《か》えてもいい

目標《もくひょう》を立《た》てたら、階段《かいだん》を1段《だん》ずつ上《のぼ》っていくように、実現《じつげん》に向《む》けた行《こう》動《どう》を開始《かいし》しましょう。

ただし、ただやみくもに突《つ》き進《すす》む

ステップ③

実現《じつげん》する

夢《ゆめ》や目標《もくひょう》が実現《じつげん》する。ただし、実《じつ》現《げん》したらそこで終《お》わりというわけではない。新《あら》たな夢《ゆめ》や目標《もくひょう》を設定《せってい》しよう（マンガ家《か》を目指《めざ》すなら、賞《しょう》に応募《おうぼ》して賞《しょう》を取《と》るなど）。

ステップ②

努力《どりょく》する

夢《ゆめ》や目標《もくひょう》に向《む》かって努力《どりょく》する。「ちょっと違《ちが》うかな」と思《おも》ったら、立《た》ち止《ど》まって軌道修正《きどうしゅうせい》をすることも大事《だいじ》（マンガ家《か》になりたいなら、ひたすらマンガを描《か》くなど）。

のではなく、**「自分《じぶん》が進《すす》んでいる道《みち》は合《あ》っているか」**を**定期的《ていきてき》にチェックする**ことも重要《じゅうよう》です。

もし「目標《もくひょう》からずれてきたかな？」「このやり方《かた》だと無理《むり》だな」と思《おも》ったら、一度《いちど》立《た》ち止《ど》まって柔軟《じゅうなん》に目標《もくひょう》を見直《みなお》してみましょう。

3《スリー》ステップで目標《もくひょう》を設定《せってい》する

ステップ①

分析《ぶんせき》する

夢《ゆめ》や目標《もくひょう》が自分《じぶん》に向《む》いているか、どうやったら実現《じつげん》できるかを分析《ぶんせき》し、第一歩《だいいっぽ》を踏《ふ》み出《だ》す（マンガ家《か》になりたいのなら、夢《ゆめ》の実現《じつげん》に必要《ひつよう》な画材《がざい》をそろえるなど）。

3-5

「選択《せんたく》」と「決断《けつだん》」を重《かさ》ねて成長《せいちょう》しよう

物事《ものごと》を決《き》めるのが苦手《にがて》な人《ひと》は多《おお》いでしょう。しかし、そんな人《ひと》ほど「選択《せんたく》」と「決断《けつだん》」をたくさん経験《けいけん》しましょう。

自分《じぶん》の意志《いし》で選択《せんたく》し成長《せいちょう》していく

着《き》る洋服《ようふく》を選《えら》んだり、出《で》かける場所《ばしょ》を選《えら》んだり、進学先《しんがくさき》や就職先《しゅうしょくさき》を選《えら》んだり……。人生《じんせい》は、「選択《せんたく》」や「決断《けつだん》」の連続《れんぞく》です。あなたはこれからいくつもの岐路《きろ》に立《た》たされ、そのたびに**自分《じぶん》の進《すす》むべき道《みち》を自《みずか》らの意志《いし》で決《き》めていかなくてはなりません。**

「優柔不断《ゆうじゅうふだん》で物事《ものごと》を決《き》めるのが苦手《にがて》」という人《ひと》もいるでしょう。これを解決《かいけつ》するためには、「**決断《けつだん》する経験《けいけん》を積《つ》む**」しかありません。

人《ひと》は日々《ひび》、決断《けつだん》し行動《こうどう》を起《お》こすこ

人生《じんせい》は「選択《せんたく》」の連続《れんぞく》

かわいい系
かっこいい系
洋服《ようふく》選《えら》び

専門学校
大学
進路《しんろ》選《えら》び

会社A
会社B
会社《かいしゃ》選《えら》び

自分《じぶん》が成長《せいちょう》できる道《みち》を選《えら》ぶ

大変だけど成長できる
ラクだけど成長できない
どっちが成長できるかな

2つの選択肢《せんたくし》があったら、「こっちのほうが楽《らく》だから」という理由《りゆう》で安易《あんい》な選択《せんたく》をせずに、「どちらが自分《じぶん》にとって成長《せいちょう》できるか」を考《かんが》えたほうがいい。

とで成長《せいちょう》していきます。期待《きたい》したのとは違《ちが》う結果《けっか》になったとしても、それはあなたの成長《せいちょう》につながっていきます。とにかく決《き》めてしまえば、あとはやるしかなくなります。

自分《じぶん》が成長《せいちょう》する選択《せんたく》をしよう

目《め》の前《まえ》に2つの問題《もんだい》があったとします。1つは「少《すこ》し考《かんが》えれば解《と》ける簡単《かんたん》な問題《もんだい》」。もう1つは「解《と》けるかどうかわからない難《むずか》しい問題《もんだい》」です。

このうち、どちらを選択《せんたく》したほうが自分《じぶん》は成長《せいちょう》できるでしょうか？　それはもちろん、後者《こうしゃ》です。**「どうやったら乗《の》り越《こ》えられるかな？」とあれこれ考《かんが》えながら挑戦《ちょうせん》する**ことが、あなたを一歩前進《いっぽぜんしん》させるのです。

挑戦《ちょうせん》しなかったことを大人《おとな》になって後悔《こうかい》しないように、選択《せんたく》と決断《けつだん》を繰《く》り返《かえ》していきましょう。

3-6

なりたい職業《しょくぎょう》ではなく「したいこと」を起点《きてん》に

「やりたいこと」を職業《しょくぎょう》で探《さが》しがちですが、「何《なに》をしたいか」を起点《きてん》にしたほうが将来《しょうらい》を考《かんが》える助《たす》けになります。

職業《しょくぎょう》は「手段《しゅだん》」であって「目的《もくてき》」ではない

「やりたいことは何《なに》？」と聞《き》かれたらどのように答《こた》えますか？　医者《いしゃ》や警察官《けいさつかん》、弁護士《べんごし》、アナウンサー、エンジニアなどの「職業名《しょくぎょうめい》」を答《こた》える人《ひと》が多《おお》いのではないでしょうか。

でも、本来《ほんらい》、**職業《しょくぎょう》は自分《じぶん》がやりたいことを実現《じつげん》するための「手段《しゅだん》」であって、「目的《もくてき》」そのものではありません。**

たとえば、医者《いしゃ》になりたい人《ひと》の中《なか》には「安定《あんてい》した収入《しゅうにゅう》がほしい」と思《おも》う人《ひと》もいるでしょうし、「人《ひと》の命《いのち》を救《すく》いたい」と考《かんが》える人《ひと》、両方《りょうほう》を求《もと》める人《ひと》もいるはずです。

もちろん、最終的《さいしゅうてき》には具体的《ぐたいてき》な職業《しょくぎょう》を選《えら》ぶ必要《ひつよう》がありますが、まずは「何《なに》になりたいか」よりも**「何《なに》がしたいのか」「どんな願望《がんぼう》を満《み》たしたいのか」を起点《きてん》にやりたいことを考《かんが》えたほうがいい**でしょう。

お金持《かねも》ちの社長《しゃちょう》
アニメの声優《せいゆう》
ユーチューバー
職業《しょくぎょう》や役職《やくしょく》を夢《ゆめ》にしている
A《エー》さん
「何《なに》がやりたいか」

知《し》っておきたい! なりたい仕事《しごと》が「会社員《かいしゃいん》」という子《こ》どもが多《おお》い!?

第一生命《だいいちせいめい》が小《しょう》・中《ちゅう》・高校生《こうこうせい》を対象《たいしょう》におこなった「大人《おとな》になったらなりたいもの」調査《ちょうさ》(2023年《ねん》)では、すべての世代《せだい》で第《だい》3位《い》までに「会社員《かいしゃいん》」がランクインしました。親《おや》の多《おお》くが会社員《かいしゃいん》であること、身近《みぢか》な職業《しょくぎょう》であるということ、さらにコロナ禍《か》の在宅勤務《ざいたくきんむ》で親《おや》の働《はたら》く姿《すがた》を間近《まぢか》で見《み》る機会《きかい》が増《ふ》えたことなどがその理由《りゆう》だといわれています。しかし、会社員《かいしゃいん》とは文字通《もじどお》り「会社《かいしゃ》に勤《つと》めている人《ひと》」のこと。一口《ひとくち》に会社員《かいしゃいん》といっても、仕事《しごと》の内容《ないよう》は千差万別《せんさばんべつ》です。

会社員《かいしゃいん》として働《はたら》く親《おや》の姿《すがた》が「かっこいいな」と思《おも》うのは悪《わる》いことではありませんが、将来《しょうらい》やりたいことを考《かんが》えるときは、会社員《かいしゃいん》ではなく自分《じぶん》が「何《なに》をやりたいか」を大切《たいせつ》にすべきでしょう。

「これがしたい」を大切《たいせつ》にしよう

時代《じだい》の変化《へんか》が激《はげ》しいいま、努力《どりょく》してなりたい職業《しょくぎょう》についたとしても、その仕事《しごと》の中身《なかみ》が変《か》わってしまったり、職業自体《しょくぎょうじたい》がなくなってしまったりすることがないとはいえません。

だからこそ、どんな職業《しょくぎょう》にあこがれるのかではなく、何《なに》がしたいのかを大切《たいせつ》にしてほしいのです。「これがしたい」と強《つよ》く思《おも》う気持《きも》ちがあれば、**将来《しょうらい》を決《き》める選択《せんたく》に迷《まよ》ったときの助《たす》けにもなる**でしょう。

人《ひと》の命《いのち》を守《まも》りたい
たくさんの人《ひと》を笑顔《えがお》にしたい
大自然《だいしぜん》に囲《かこ》まれて働《はたら》きたい
「やりたいこと」で夢《ゆめ》を考《かんが》えている
B《ビー》さん

大切《たいせつ》なのは職業《しょくぎょう》よりも

3-7 「言《い》い訳《わけ》」ではなく「できる方法《ほうほう》」を考《かんが》える

自分《じぶん》が「できない理由《りゆう》」を考《かんが》えるのは簡単《かんたん》ですが、成長《せいちょう》のためには「できる方法《ほうほう》」を考《かんが》えることのほうが大切《たいせつ》です。

やらない理由《りゆう》を考《かんが》えるのは簡単《かんたん》

何《なに》かをやろうとするときに最大《さいだい》の障害《しょうがい》となるのは、**「自分《じぶん》には無理《むり》に決《き》まっている」という思《おも》い込《こ》み**です。どんな人《ひと》だって学《まな》べば必《かなら》ず成長《せいちょう》しますし、成長《せいちょう》すれば結果《けっか》を出《だ》せます。それなのに、「自分《じぶん》はバカだから」「もう遅《おそ》いから」「家《いえ》がこうだから」……と、いろいろな理由《りゆう》を自《じ》分《ぶん》に当《あ》てはめて、それを言《い》い訳《わけ》にあきらめてしまうことがあります。**やらない理由《りゆう》を考《かんが》えるのは、本当《ほんとう》に簡《かん》単《たん》なこと**なのです。

物事《ものごと》はやってみないとわからないことばかりです。「でもさ……」と問題点《もんだいてん》をあれこれ考《かんが》えるくらいなら、実際《じっさい》に手《て》を動《うご》かし始《はじ》めてしまったほうが早《はや》いことも少《すく》なくありません。

練習通り
やれば
いける!

「どうしたらできるか」を考《かんが》える

A《エー》さん

目《め》の前《まえ》の物事《ものごと》にしっかりと向《む》き合《あ》い、うまくいくための方法《ほうほう》を考《かんが》える。もしもうまくいかなくても、その経験《けいけん》を生《い》かして次《つぎ》の一手《いって》を考《かんが》えればいい。

はぁ…
やったことがない
自分には才能がない
失敗したら恥ずかしい
あの人には勝てない

「できない理由《りゆう》」に縛《しば》られる

B《ビー》さん

「やったことがないから」「自分《じぶん》には才能《さいのう》がないから」など、物事《ものごと》をマイナス方向《ほうこう》に考《かんが》える。うまくいく方法《ほうほう》を考《かんが》えないため、挑戦《ちょうせん》をやめたり、一度《いちど》の失敗《しっぱい》であきらめてしまったりする。

よし跳べた!
両足で踏み込んで…
やっぱりダメだ…

「できない」と決《き》めつけない

「どうしたらできるか」をまず考《かんが》える

自分《じぶん》の思《おも》い込《こ》みをとっぱらい、物事《ものごと》をやり遂《と》げるコツは、**問《もん》題《だい》や課題《かだい》に直面《ちょくめん》したときに「どうしたらできるのか」をまず考《かんが》える**ことです。

たとえば、何《なに》かに挑戦《ちょうせん》して思《おも》い通《どお》りの結果《けっか》が出《で》なかったとします。

このとき、「なんで失敗《しっぱい》しちゃったんだ」「やっぱり才《さい》能《のう》がないのか」などと考《かんが》えると、言《い》い訳《わけ》ばかりが出《で》てきて、自分《じぶん》がやらない理由《りゆう》にすり替《か》わってしまいます。

それよりも、「この失敗《しっぱい》を、どうしたら次《つぎ》に生《い》かせるか」と**「できる方法《ほうほう》」を考《かんが》えたほうが弱点《じゃくてん》を把握《はあく》できますし、成長《せいちょう》にもつながる**はずです。

3-8

"心《こころ》の師《し》匠《しょう》"となる人《ひと》を見《み》つけよう

方向性《ほうこうせい》を決《き》めずにやりたいことを始《はじ》めても、なかなか成果《せいか》は上《あ》がりません。まずは"心《こころ》の師匠《ししょう》"を探《さが》してみましょう。

「あこがれの力《ちから》」を推進力《すいしんりょく》に

卓球《たっきゅう》が強《つよ》くなりたい
A《エー》さん
なんで あんなに 強いんだろう
部活《ぶかつ》の先輩《せんぱい》

ステップ①　"心《こころ》の師匠《ししょう》"になる人《ひと》を探《さが》す

英語《えいご》を使《つか》った仕事《しごと》をしたい
B《ビー》さん
カッコイイな 私も ああなりたい!!
It's a pleasure to meet you
親戚《しんせき》のお姉《ねえ》さん

「あこがれの力《ちから》」を自分《じぶん》の意欲《いよく》に変《か》える

やりたいことを見《み》つけたら、とにかく「やり続《つづ》けること」が大事《だいじ》です。ただし、**方向性《ほうこうせい》を決《き》めずにただやみくもにやっても、うまくいかないことが多《おお》い**でしょう。

正《ただ》しい方向《ほうこう》に努力《どりょく》するための1つの方法《ほうほう》が、**「師匠《ししょう》」となる人《ひと》を見《み》つけること**です。あなたの周《まわ》りに、「こんな人《ひと》になりたい」「こういうふうに生《い》きてみたい」と思《おも》う人《ひと》はいませんか？　そういう人《ひと》を"心《こころ》の師匠《ししょう》"と勝手《かって》に決《き》めて、「あこがれの力《ちから》」

知《し》っておきたい!

あなたのあこがれの人は?

第一生命《だいいちせいめい》の「大人《おとな》になったらなりたいもの」調査《ちょうさ》(2023年《ねん》)によると、小学《しょうがっ》校《こう》〜高校《こうこう》の男女《だんじょ》の多《おお》くが、あこがれの人《ひと》に「お父《とう》さん・お母《かあ》さん」を選《えら》びました。「学校《がっこう》の友達《ともだち》・先輩《せんぱい》」にあこがれている人《ひと》は、普段《ふだん》の振《ふ》る舞《ま》いや部《ぶ》活《かつ》・勉強《べんきょう》への取《と》り組《く》み姿勢《しせい》などをその理由《りゆう》に挙《あ》げています。あなたの「あこがれの人《ひと》」は、どんな人《ひと》ですか?

あこがれの人《ひと》は誰《だれ》?

	小学生男子《しょうがくせいだんし》	小学生女子《しょうがくせいじょし》
1位《い》	お父《とう》さん・お母《かあ》さん	お父《とう》さん・お母《かあ》さん
2位《い》	プロスポーツ選手《せんしゅ》	学校《がっこう》の友達《ともだち》・先輩《せんぱい》
3位《い》	インフルエンサー・ユーチューバー	学校《がっこう》の先生《せんせい》
4位《い》	塾《じゅく》や習《なら》い事《ごと》の先生《せんせい》・コーチ	芸能人《げいのうじん》・著名人《ちょめいじん》
5位《い》	学校《がっこう》の友達《ともだち》・先輩《せんぱい》	塾《じゅく》や習《なら》い事《ごと》の先生《せんせい》・コーチ

出典《しゅってん》:第一生命《だいいちせいめい》 第《だい》34回《かい》「大人《おとな》になったらなりたいもの」調査《ちょうさ》

ジーッ
・ラケットの持ち方は…
・フォームは…
・練習方法は…

すみずみまでチェックして真似《まね》をする

ステップ② 分析《ぶんせき》して真似《まね》をする

それはね…
・どうやって勉強しましたか?
・どんな参考書を使いましたか

直接話《ちょくせつはなし》を聞《き》いて、同《おな》じ方法《ほうほう》を試《ため》す

を自分《じぶん》の意欲《いよく》に変《か》えていくのです。

生活習慣《せいかつしゅうかん》や行動《こうどう》を徹底的《てっていてき》に真似《まね》る

師匠《ししょう》となる人《ひと》を定《さだ》めたら、その人《ひと》を真似《まね》してみましょう。ポイントは考《かんが》え方《かた》や言葉《ことば》だけではなく**生活習慣《せいかつしゅうかん》や行動《こうどう》も徹底的《てっていてき》に真似《まね》ること**です。

できる人《ひと》の行動《こうどう》を真似《まね》れば、能力《のうりょく》を磨《みが》くために必要《ひつよう》な基礎《きそ》ができあがります。そうすれば、自分《じぶん》なりのやり方《かた》がいずれ見《み》つかり、それが個性《こせい》となっていくはずです。

もし自分《じぶん》の周《まわ》りに尊敬《そんけい》できる人《ひと》がいないなら、**「外《そと》の世界《せかい》」で探《さが》してみる**のもいいでしょう。歴史上《れきしじょう》の偉《い》人《じん》やあこがれのスポーツ選手《せんしゅ》の生《い》き方《かた》に触《ふ》れるのもいいですし、いまならSNS《エスエヌエス》などの便利《べんり》なメディアもあるので、手軽《てがる》に一流《いちりゅう》の人《ひと》の考《かんが》え方《かた》を学《まな》ぶことができます。

3-9

行《い》き詰《づ》まったら寄《よ》り道《みち》してもいい

zzz

やっていることが目標《もくひょう》に向《む》けて一直線《いっちょくせん》に進《すす》んでいるように思《おも》えなくても大丈夫《だいじょうぶ》。寄《よ》り道《みち》だって、ときには必要《ひつよう》です。

一直線《いっちょくせん》に進《すす》むのが最短《さいたん》コースとは限《かぎ》らない

「まっすぐ目的地《もくてきち》に向《む》かって頑張《がんば》りなさい」「地《ち》に足《あし》をつけて考《かんが》えなさい」――。日本《にほん》で生《い》きる私《わたし》たちは、そんな言葉《ことば》をよくかけられます。

たしかにこれは、一見正《いっけんただ》しいように思《おも》えます。多《おお》くの人《ひと》は、**一直線《いっちょくせん》に進《すす》めば目標《もくひょう》や夢《ゆめ》、成功《せいこう》にたどり着《つ》ける**と思《おも》っていて、その道《みち》から少《すこ》しでもそれると非効率《ひこうりつ》と考《かんが》えてしまうからです。

しかし、じつは〝**寄《よ》り道《みち》**〟**することこそが、その人《ひと》にとっての最短《さいたん》コース**だったりすることもありま

次に生かそう！
後悔
経験

❶失敗《しっぱい》を経験《けいけん》に変《か》える

過去《かこ》の失敗《しっぱい》を後悔《こうかい》して落《お》ち込《こ》むのではなく、失敗《しっぱい》を反省《はんせい》し、経験《けいけん》として次《つぎ》に生《い》かす。

この方向でいいかな？
ちゃんと前進してるかな？

❷立《た》ち止《ど》まって考《かんが》える

「なりたい自分《じぶん》」に向《む》かって進《すす》んでいるか、方向性《ほうこうせい》が間違《まちが》っていないかなど、立《た》ち止《ど》まって考《かんが》えてみる。もし違《ちが》うと感《かん》じたら、軌道修正《きどうしゅうせい》すればいい。

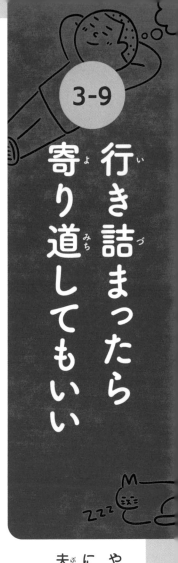

す。いつも目的地《もくてきち》に向《む》かってまっすぐ歩《ある》かなくてはならないわけではないのです。

ときには立《た》ち止《ど》まって考《かんが》えてみよう

だからこそ、もし「行《い》き詰《づ》まったな」と感《かん》じたら、いったん立《た》ち止《ど》まってみてほしいのです。

過去《かこ》を振《ふ》り返《かえ》って反省《はんせい》し、次《つぎ》に生《い》かそうとふたたび歩《あゆ》み始《はじ》めてもいいでしょう。**後悔《こうかい》して落《お》ち込《こ》むのではなく、失敗《しっぱい》を成長《せいちょう》するための反省材《はんせいざい》料《りょう》にする**のです。

「疲《つか》れたな」「休《やす》みたいな」と思《おも》ったら、しっかりと休《やす》むことも大切《たいせつ》。心《こころ》も体《からだ》もリフレッシュして、歩《ある》き続《つづ》けるエネルギーを復活《ふっかつ》させましょう。

「じゃあ、どうすればいいかな」と考《かんが》えながら道草《みちくさ》をしてもいいのです。**寄《よ》り道《みち》をすることで、自分《じぶん》の知《し》らなかった世界《せかい》や新《あたら》しい自分《じぶん》を発見《はっけん》できる**かもしれません。

前向《まえむ》きな気持《きも》ちになる4つの方法《ほうほう》

❸ひと休《やす》みする

目標《もくひょう》に向《む》けて一直線《いっちょくせん》に突《つ》っ走《ぱし》るのではなく、ときには心《こころ》と体《からだ》を休《やす》める時間《じかん》をつくろう。

❹行《い》き詰《づ》まったら寄《よ》り道《みち》してみる

自分《じぶん》が進《すす》む道《みち》に行《い》き詰《づ》まったら、立《た》ち止《ど》まるのではなく「寄《よ》り道《みち》」してみるのもいい。そこから思《おも》わぬ道《みち》が開《ひら》けるかもしれない。

3-10

やりたいことは「とことん」やろう

経験《けいけん》すれば経験《けいけん》しただけ、経験値《けいけんち》は増《ふ》えていきます。継続《けいぞく》することが、必《かなら》ずあなたをゴールに近《ちか》づけます。

うまくできるかより「続《つづ》けること」を大切《たいせつ》に

どんな人《ひと》でも、何《なに》かを始《はじ》めてそれを継続《けいぞく》していけば、やったぶんだけ成長《せいちょう》してきます。反対《はんたい》に、**どれだけ優秀《ゆうしゅう》な人《ひと》であっても、継続《けいぞく》して努力《どりょく》ができなかったら成長《せいちょう》はしません。**

何《なに》かがうまくできるようになるには、たくさん時間《じかん》がかかります。だからこそ、**「うまくできるか」よりも「続《つづ》けること」を大切《たいせつ》に**してください。一歩前《いっぽまえ》に足《あし》を進《すす》めれば、一歩《いっぽ》ぶんだけゴールに近《ちか》づきます。工夫《くふう》しながら、悩《なや》みながら前《まえ》に進《すす》んでい

努力《どりょく》なくして夢《ゆめ》は実現《じつげん》しない

突然《とつぜん》、才能《さいのう》が開花《かいか》

一発逆転《いっぱつぎゃくてん》

努力《どりょく》していないのに、突然《とつぜん》魔法《まほう》のように自分《じぶん》の才能《さいのう》が開花《かいか》したり、人生《じんせい》が180度《ど》変《か》わったりすることはない。地道《じみち》な努力《どりょく》こそが、夢《ゆめ》に近《ちか》づく一歩《いっぽ》となる。

けば、いずれゴールにたどり着《つ》けます。問題《もんだい》は「前《まえ》に進《すす》み続《つづ》けられるかどうか」なのです。

よく言《い》われるように、「継続《けいぞく》は力《ちから》なり」です。人《ひと》になんと言《い》われようとコツコツと努力《どりょく》を積《つ》み重《かさ》ね、しっかりと結果《けっか》を出《だ》す。そういう人《ひと》が、「できる人《ひと》」「才能《さいのう》がある人《ひと》」と言《い》われるようになります。

いまに満足《まんぞく》せず「もう一歩《いっぽ》」にこだわる

プロ棋士《きし》や研究者《けんきゅうしゃ》、プロダンサーや漫画家《まんがか》など、**世《よ》の中《なか》の「すごいな」「うまいな」**と思《おも》われる**人《ひと》たちみんなに共通《きょうつう》するのは、「とことんやってきた」ということ**です。

その時点《じてん》の自分《じぶん》に満足《まんぞく》せず、「さらにもう一歩《いっぽ》」にこだわったからこそ、それが当然《とうぜん》になり、どんどんレベルが上《あ》がっていくのです。

「とことんやる」を追求《ついきゅう》した人《ひと》がプロになる

A《エー》さん（プロ棋士《きし》）

祖父《そふ》に教《おそ》わったことをきっかけに、将棋《しょうぎ》にのめりこむ。将棋教室《しょうぎきょうしつ》に通《かよ》い詰《つ》め、対局《たいきょく》を重《かさ》ねてプロ棋士《きし》に。

B《ビー》さん（古生物学者《こせいぶつがくしゃ》）

小《ちい》さな頃《ころ》から恐竜《きょうりゅう》が好《す》き。図鑑《ずかん》はもちろん、博物館《はくぶつかん》で骨格標本《こっかくひょうほん》を見《み》るなどして知識《ちしき》を深《ふか》める。古生物学《こせいぶつがく》を学《まな》べる大学《だいがく》、大学院《だいがくいん》に進《すす》み、恐竜《きょうりゅう》の研究者《けんきゅうしゃ》に。

C《シー》さん（プロダンサー）

小学生《しょうがくせい》のときにダンスの楽《たの》しさを知《し》る。中学校《ちゅうがっこう》でジャズダンスを始《はじ》め、専《せん》門学校《もんがっこう》を経《へ》てプロダンサーの道《みち》へ。

3-11 努力《どりょく》が必《かなら》ず報《むく》われるとは限《かぎ》らない

人生《じんせい》は思《おも》い通《どお》りにはいかないもの。努《ど》力《りょく》が報《むく》われなくても、夢《ゆめ》が叶《かな》わなくても、その道《みち》のりはムダではありません。

努力《どりょく》が実《みの》ることもあれば、頑張《がんば》ったのに成果《せいか》が出《で》ないこともあります。能《のう》力《りょく》が認《みと》められることもあれば、認《みと》めてもらえないこともあります。**なんでも自分《じぶん》の思《おも》い通《どお》りになるわけではない**のです。

なんでも自分《じぶん》の思《おも》い通《どお》りにはいかない

「努力《どりょく》は報《むく》われる」「夢《ゆめ》は絶対《ぜったい》に叶《かな》う」という言葉《ことば》をよく耳《みみ》にします。たしかに、努力《どりょく》は夢《ゆめ》に近《ちか》づくために欠《か》かせませんし、「絶対《ぜったい》に叶《かな》う」と信《しん》じてやり続《つづ》けることが夢《ゆめ》を実現《じつげん》させてくれます。

それでも、**努力《どりょく》が必《かなら》ず報《むく》われるとは限《かぎ》りませんし、叶《かな》わない夢《ゆめ》もあります**。残酷《ざんこく》に思《おも》えるかもしれませんが、これが現実《げんじつ》です。

あなたが生《い》きていく中《なか》で、自分《じぶん》の欲求《よっきゅう》がすべて叶《かな》うことはありません。

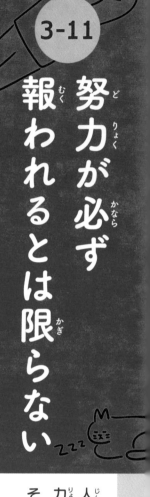

夢《ゆめ》に向《む》かって努力《どりょく》する道《みち》のりが成長《せいちょう》につながる

もし夢《ゆめ》が叶《かな》わなくても、その夢《ゆめ》に向《む》かって努力《どりょく》することはけっしてムダにならない。

努力《どりょく》すること自体《じたい》に意味《いみ》がある

こうした現実《げんじつ》を知《し》ってしまったからといって、「努力《どりょく》しても意味《いみ》がない」などと思《おも》わないでください。あなたにとって大切《たいせつ》なのは、**思《おも》い通《どお》りにならない人生《じんせい》をしぶとく生《い》きていく力《ちから》を身《み》につける**ことです。夢《ゆめ》が叶《かな》わなくても、努力《どりょく》が報《むく》われなくても、夢《ゆめ》を見《み》つけてそれに向《む》かって努力《どりょく》すること自体《じたい》に意味《いみ》があります。

ムダな努力《どりょく》なんてありません。**その道《みち》のりがあなたを成長《せいちょう》させ、人生《じんせい》をより豊《ゆた》かにしてくれる**はずです。

知《し》っておきたい!

「夢《ゆめ》を叶《かな》えたら終《お》わり」ではない

もし自分《じぶん》の夢《ゆめ》を叶《かな》えたら、達成《たっせい》したことに大《おお》きな幸《しあわ》せを感《かん》じるでしょう。でも、夢《ゆめ》の実現《じつげん》は「新《あら》たな夢《ゆめ》の始《はじ》まり」でもあります。夢《ゆめ》を実現《じつげん》した人《ひと》の多《おお》くは、自分《じぶん》の設定《せってい》したゴールをクリアした幸《しあわ》せを噛《か》み締《し》めたら、すぐに次《つぎ》の夢《ゆめ》を設定《せってい》して突《つ》き進《すす》んでいくものです。「夢《ゆめ》を叶《かな》えたらそこで終《お》わり」ではないのです。

1つの夢《ゆめ》をあきらめてしまった人《ひと》も同様《どうよう》です。夢《ゆめ》の終《お》わりは、新《あら》たな夢《ゆめ》の始《はじ》まりです。「あきらめる」と聞《き》くとマイナスなイメージがつきまといますが、「これは無理《むり》だな」と思《おも》っていさぎよくあきらめて、次《つぎ》の目標《もくひょう》を決《き》めることは、決《けっ》して後退《こうたい》ではありません。

3-12

近《ちか》い未来《みらい》ではなく遠《とお》い先《さき》の未来《みらい》を見《み》る

あなたはまだ人生《じんせい》を長《なが》い目《め》で見《み》るのは難《むずか》しいかもしれません。でも、近《ちか》い未来《みらい》ではなく遠《とお》い先《さき》の未来《みらい》を考《かんが》えましょう。

「人生《じんせい》」という長《なが》い視点《してん》で考《かんが》える

「やりたいこと」を考《かんが》えるときは、現在《げんざい》の自分《じぶん》や現在《げんざい》の環境《かんきょう》を起点《きてん》に考《かんが》えてしまいがちですが、「いま」ばかりに目《め》を向《む》けるのではなく、**人生《じんせい》という長《なが》い視点《してん》で考《かんが》えるのも重要《じゅうよう》**です。

「自分《じぶん》がこれからどう生《い》きたいのか」を考《かんが》えることは、近《ちか》い未来《みらい》だけではなく、10年後《ねんご》、20年後《ねんご》、もっと先《さき》の未来《みらい》の**なりたい自分《じぶん》をイメージし、それに向《む》かってどう行動《こうどう》したらいいかを考《かんが》える**ことです。

たとえば、「いい大学《だいがく》に入《はい》る」の

長期的《ちょうきてき》な視点《してん》を持《も》とう

20代《だい》
大学《だいがく》に進学《しんがく》して機械工学《きかいこうがく》を学《まな》び、大学院《だいがくいん》でロケットエンジンの研究《けんきゅう》を進《すす》める。
A《エー》さん
近《ちか》い未来《みらい》
現《げん》在《ざい》
5年後《ねんご》、10年後《ねんご》など、すぐ近《ちか》くにある未来《みらい》ではなく、もっと先《さき》の未来《みらい》を想像《そうぞう》することが大切《たいせつ》。

宇宙開発《うちゅうかいはつ》にたずさわる夢《ゆめ》を持《も》つA《エー》さんの未来想像図《みらいそうぞうず》は…

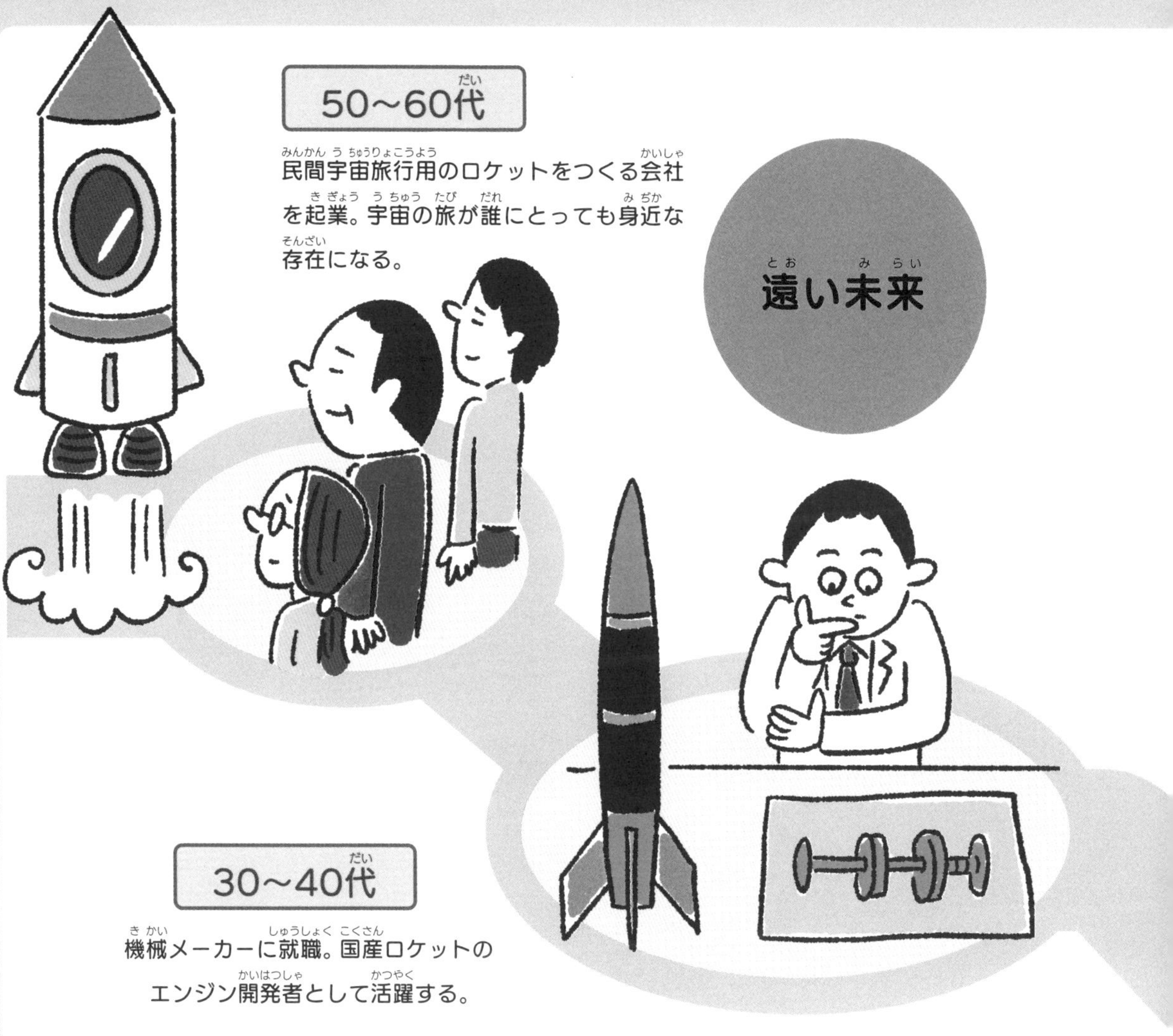
50~60代《だい》
民間《みんかん》宇《う》宙旅行用《ちゅうりょこうよう》のロケットをつくる会社《かいしゃ》を起業《きぎょう》。宇宙《うちゅう》の旅《たび》が誰《だれ》にとっても身近《みぢか》な存在《そんざい》になる。
遠《とお》い未来《みらい》
30~40代《だい》
機械《きかい》メーカーに就職《しゅうしょく》。国産《こくさん》ロケットのエンジン開発者《かいはつしゃ》として活躍《かつやく》する。

が最終的《さいしゅうてき》な夢《ゆめ》だったら、大学《だいがく》に合格《ごうかく》した時点《じてん》で夢《ゆめ》は終《お》わってしまいます。それで必《かなら》ず幸《しあわ》せになるとも限《かぎ》りません。もう少《すこ》し長期的《ちょうきてき》な視点《してん》で人生《じんせい》を考《かんが》えてみましょう。

自分《じぶん》の将来《しょうらい》を具体的《ぐたいてき》に思《おも》い描《えが》こう

あなたの生《い》きているこの世界《せかい》は、めまぐるしく移《うつ》り変《か》わっています。いまの常識《じょうしき》や当《あ》たり前《まえ》が、10年後《ねんご》、20年後《ねんご》にどうなっているかを正確《せいかく》に言《い》い当《あ》てることは誰《だれ》にもできません。それでも、未来《みらい》を起点《きてん》にいまを考《かんが》える想像力《そうぞうりょく》は、**自分《じぶん》の人生《じんせい》をよりよくしていくために必要《ひつよう》な力《ちから》**です。

未来《みらい》の自分《じぶん》といまの自分《じぶん》の間《あいだ》で足《た》りないものは何《なに》か、どうすれば夢《ゆめ》に近《ちか》づけるか。試行錯誤《しこうさくご》しながら歩《あゆ》んでいけば、夢《ゆめ》と現実《げんじつ》の距離《きょり》は少《すこ》しずつ近《ちか》づいていくはずです。

3-13

何《なに》を大切《たいせつ》にして生《い》きていきたい？

自分《じぶん》はどう生《い》きていきたいか、何《なに》が幸《しあわ》せかを知《し》っておくことが、「やりたいこと」を考《かんが》えるきっかけになります。

幸《しあわ》せのかたちは人《ひと》それぞれ違《ちが》う

あなたが「幸《しあわ》せだな」と思《おも》うのはどんなときでしょうか？

幸《しあわ》せは自分自身《じぶんじしん》の心《こころ》が決《き》めるものです。**幸《しあわ》せのかたちは一人《ひとり》ひとり違《ちが》います**し、1人《ひとり》に1つだけというわけでもありません。共通《きょうつう》しているとすれば、自分《じぶん》で決《き》めた「人生《じんせい》でいちばん大切《たいせつ》なこと」ができることだといえるでしょう。

あなたが将来《しょうらい》やりたいことを考《かんが》えるときにも、**「自分《じぶん》にとっての幸《しあわ》せとは何《なに》か」「何《なに》を大切《たいせつ》にして生《い》きて**

挑戦《ちょうせん》し続《つづ》ける
世界《せかい》で活躍《かつやく》する
豊《ゆた》かな生活《せいかつ》を送《おく》る

ボクにとって
大切なことは…

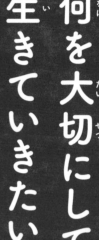

いきたいか」**を意識《いしき》する**ようにしましょう。

社会的《しゃかいてき》な地位《ちい》が高《たか》い、財産《ざいさん》がある、成功《せいこう》している……。こうしたことはあくまで一過性《いっかせい》のもので、時間《じかん》が経《た》てばなくなってしまうかもしれません。人生《じんせい》の大《おお》きな価値《かち》は、「自分《じぶん》が生《い》きていることが楽《たの》しい」と思《おも》えるかどうかなのです。

「自分《じぶん》の軸《じく》」を持《も》てば乗《の》り越《こ》えていける

あなたは、これからの人生《じんせい》で「どのように生《い》きるのか」を自分《じぶん》に問《と》い続《つづ》けなくてはなりません。大切《たいせつ》なのは、**他人《たにん》と比較《ひかく》せずに自分《じぶん》の気持《きも》ちだけに集中《しゅうちゅう》する**ことです。「自分《じぶん》はこうなったら幸《しあわ》せ」という軸《じく》を持《も》っていれば、たとえ嫌《いや》なこと・苦《くる》しいことがあっても、心《こころ》から楽《たの》しいと思《おも》える人生《じんせい》を歩《あゆ》むために乗《の》り越《こ》えていけるはずです。

人《ひと》の役《やく》に立《た》つ
チームワークでやり遂《と》げる
趣味《しゅみ》を楽《たの》しむ
家族《かぞく》や友達《ともだち》との時間《じかん》

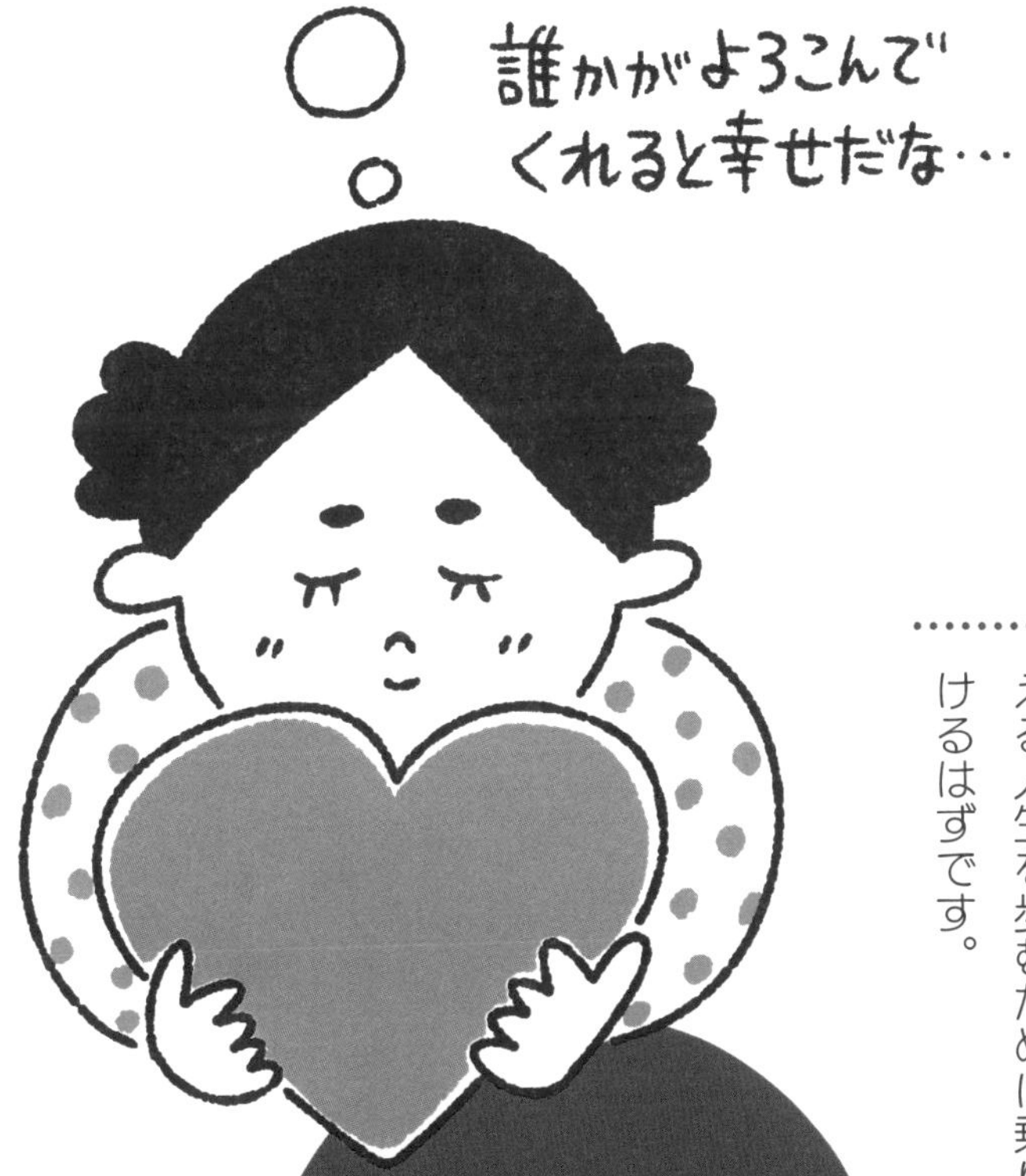
誰かがよろこんでくれると幸せだな…

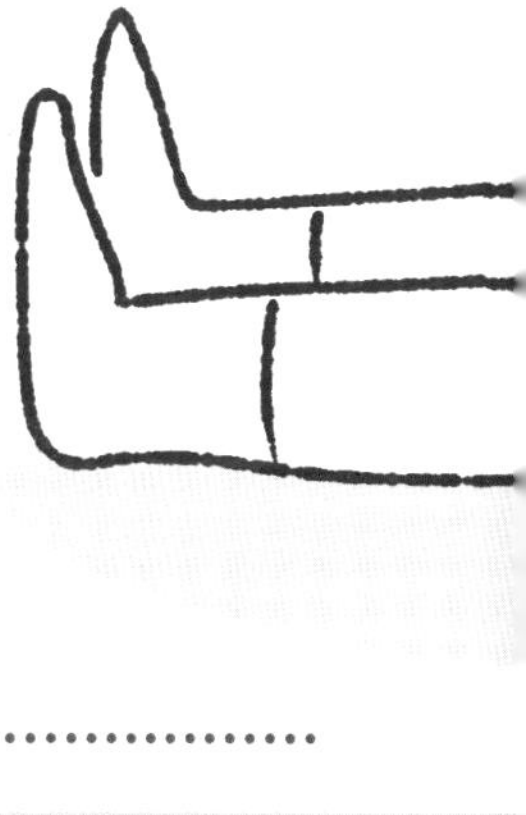

心《こころ》の中《なか》の「幸《しあわ》せ」を考《かんが》える

男女格差《だんじょかくさ》のない社会《しゃかい》にするために

日本《にほん》では、男性《だんせい》と女性《じょせい》の賃金格差《ちんぎんかくさ》が大《おお》きく開《ひら》いています。ジェンダー平等《びょうどう》が叫《さけ》ばれる中《なか》、日本《にほん》は格差解消《かくさかいしょう》に向《む》けて変《か》わっていかなくてはいけません。

日本《にほん》の女性《じょせい》の賃金《ちんぎん》はなぜ男性《だんせい》より少《すく》ないの？

日本《にほん》は、世界《せかい》の中《なか》でも「男女《だんじょ》の格差《かくさ》」が大《おお》きい国《くに》として知《し》られています。

OECD《オーイーシーディー》（経済協力開発機構《けいざいきょうりょくかいはつきこう》）によると、日本《にほん》の女性《じょせい》の賃金《ちんぎん》は、男性《だんせい》と比《くら》べて21.3％も低《ひく》くなっています（2022年《ねん》）。これはG7《ジーセブン》（先進主要《せんしんしゅよう》7か国《こく》）の中《なか》で最《もっと》も低《ひく》く、OECD《オーイーシーディー》加盟国《かめいこく》の平均《へいきん》（11.9％）と比較《ひかく》しても大《おお》きな開《ひら》きがあります。なぜ日本《にほん》にはこれほど男女《だんじょ》の賃金格差《ちんぎんかくさ》があるのでしょうか？

日本《にほん》では、1985（昭和《しょうわ》60）年《ねん》の男女《だんじょ》雇用機会均等法《こようきかいきんとうほう》以降《いこう》、法律上《ほうりつじょう》では男女《だんじょ》でつける職業《しょくぎょう》に差《さ》はなくなりましたが、実際《じっさい》は男性《だんせい》がリーダー的《てき》な役割《やくわり》を担《にな》い、女性《じょせい》がそれをサポートする仕事《しごと》に従事《じゅうじ》してきました。

「男性《だんせい》は仕事《しごと》、女性《じょせい》は家事《かじ》と育児《いくじ》」という役割意識《やくわりいしき》も根強《ねづよ》く残《のこ》っています。ハーバード大学《だいがく》のブリンストン教授《きょうじゅ》によると、家事《かじ》・育児《いくじ》を男性《だんせい》が担《にな》う割合《わりあい》は、スウェーデンが43.7％、アメリカが37.9％なのに対《たい》し、日本《にほん》は15.4％と半分以下《はんぶんいか》です。女性《じょせい》は結婚《けっこん》や出産《しゅっさん》によって休職《きゅうしょく》・退職《たいしょく》する割合《わりあい》が高《たか》く、一度退職《いちどたいしょく》してしまうと、正社員《せいしゃいん》での再就職《さいしゅうしょく》が難《むずか》しいことも問題《もんだい》となっています。

このように、性別《せいべつ》によって仕事《しごと》や役割《やくわり》が決《き》められてしまい、それが男女《だんじょ》の賃金《ちんぎん》格差《かくさ》を生《う》み出《だ》してしまっているのです。

社会《しゃかい》や文化《ぶんか》で生《う》まれた「らしさ」の思《おも》い込《こ》み

あなたは、「ジェンダー」という言葉《ことば》を聞《き》いたことがありますか？　これは「男性《だんせい》はこうあるべき」「女性《じょせい》はこうするべき」といった、社会《しゃかい》や文化《ぶんか》の中《なか》で生《う》まれた男女《だんじょ》の役割分担《やくわりぶんたん》、男《おとこ》らしさや女《おんな》らしさを意味《いみ》する言葉《ことば》です。しかし、こうした「役割《やくわり》」や「らしさ」は、勝手《かって》につくり出《だ》された思《おも》い込《こ》みにすぎません。

いま世界《せかい》では、男性《だんせい》も女性《じょせい》も同《おな》じように活躍《かつやく》できる社会《しゃかい》にすることが求《もと》められています。仕事《しごと》だけではなく、家庭《かてい》も含《ふく》めた性別《せいべつ》による役割意識《やくわりいしき》が解消《かいしょう》されない限《かぎ》り、日本《にほん》の男女格差《だんじょかくさ》は縮《ちぢ》まりません。男女格差《だんじょかくさ》のない社会《しゃかい》をつくる役割《やくわり》は、あなたにもあります。どうすればそれを解《かい》決《けつ》できるのかを考《かんが》えてみましょう。

第《だい》4章《しょう》

「学《まな》び」が君《きみ》の可能性《かのうせい》を広《ひろ》げる

勉強《べんきょう》は学校《がっこう》だけで終《お》わらない

自分《じぶん》が成長《せいちょう》できる「学《まな》び」を続《つづ》けよう

第《だい》4章《しょう》

あなたが通《かよ》っている学校《がっこう》での勉強《べんきょう》は、家《いえ》を建《た》てるときの基礎《きそ》や土台《どだい》のようなものです。

勉強《べんきょう》は定期《ていき》テストや受験《じゅけん》のためのもの？

あなたは「勉強《べんきょう》」が好《す》きですか？東京大学社会科学研究所《とうきょうだいがくしゃかいかがくけんきゅうじょ》・ベネッセ教育総合研究所《きょういくそうごうけんきゅうしょ》の「子《こ》どもの生活《せいかつ》と学《まな》びに関《かん》する親子調査《おやこちょうさ》2020」によると、勉強《べんきょう》が好《す》きな小学生《しょうがくせい》（4～6年生《ねんせい》）は60・2％、中学生《ちゅうがくせい》は43・5％、高校生《こうこうせい》は39・0％。小学生《しょうがくせい》の約《やく》6割《わり》が勉強《べんきょう》を好《す》きなのに、**中学《ちゅうがく》、高校《こうこう》と進《すす》むにつれ、好《す》きな人《ひと》より好《す》きではない人《ひと》のほうが多《おお》くなってしまう**ようです。

難易度《なんいど》が高《たか》くなり、定期《ていき》テストや受験《じゅけん》を考《かんが》えて勉強《べんきょう》する中《なか》で、勉強《べんきょう》が「知識《ちしき》が得《え》られて楽《たの》しいもの」から

選択肢《せんたくし》を増《ふ》やし、可能性《かのうせい》を広《ひろ》げる

「苦《くる》しくてもやらなければいけないもの」に変《か》わってしまうのでしょう。

勉強《べんきょう》は、たしかにテストでいい点《てん》を取《と》ったり、進学《しんがく》したりするために必要《ひつよう》なものです。しかし、**勉強《べんきょう》をする意味《いみ》は、それだけではありません。**

学校《がっこう》の学《まな》びは一生涯《いっしょうがい》の「糧《かて》」になる

いま、学校《がっこう》に通《かよ》っているあなたが実感《じっかん》するのは難《むずか》しいかもしれませんが、あなたが**学校《がっこう》で学《まな》んでいることは、これから生《い》きていくうえで大《たい》切《せつ》な「糧《かて》」になります。**やりたいことと直接関係《ちょくせつかんけい》ないと思《おも》われる勉強《べんきょう》だって、ムダではないのです。

「生《い》きる」ということは、「学《まな》び続《つづ》けること」でもあります。一生涯役《いっしょうがいやく》に立《た》つ「学《まな》ぶ力《ちから》」を養《やしな》っていきましょう。

「学《まな》び」で得《え》られること

学校《がっこう》で身《み》につけられる力《ちから》はたくさんある

あと5分で
テスト終ろか
効率的《こうりつてき》な時間《じかん》の使《つか》い方《かた》を計画《けいかく》し、
実行《じっこう》する力《ちから》
先生
おはよう
ございます
社会性《しゃかいせい》や
コミュニ
ケーション力《りょく》

4-1

学《がっ》校《こう》に行《い》くのはなんのため？

学校《がっこう》は、あなたがいずれ踏《ふ》み出《だ》していく社会《しゃかい》の「縮図《しゅくず》」。勉強《べんきょう》だけでなく、さまざまな力《ちから》も身《み》につけましょう。

学校《がっこう》で学《まな》べるのは勉強《べんきょう》だけではない

あなたは、なんのために学校《がっこう》に通《かよ》っていますか？「将来《しょうらい》に備《そな》えて勉強《べんきょう》をするため」というのはもちろん正解《せいかい》の1つです。

しかし、勉強《べんきょう》をするだけなら塾《じゅく》でも家《いえ》でもできます。それでも学校《がっこう》に行《い》くべきなのは、他者《たしゃ》との関《かか》わり方《かた》を学《まな》び、**社会《しゃかい》の中《なか》で生《い》きていく力《ちから》を身《み》につけられる**からです。

学校《がっこう》でも、大人《おとな》になってからの社《しゃ》会《かい》でも、自分《じぶん》1人《ひとり》だけでは生《い》きていけません。誰《だれ》かに頼《たよ》り、頼《たよ》られなが

これ
わかる人!
生《い》きていくうえで必要《ひつよう》な基礎学力《きそがくりょく》
ナイスレシーブ!
人《ひと》と協力《きょうりょく》して物事《ものごと》を
やり抜《ぬ》く力《ちから》

ら仕事《しごと》をしたり、日々《ひび》の生活《せいかつ》を送《おく》ったりしています。

学校《がっこう》で仲間《なかま》と協力《きょうりょく》しながら活動《かつどう》したり、役割《やくわり》を決《き》めて物事《ものごと》に取《と》り組《く》んだりすることは、**将来社会《しょうらいしゃかい》に出《で》て自《じ》立《りつ》していくための〝疑似体験《ぎじたいけん》〟**といえるでしょう。

学校での辛い経験も将来に生かされる

学校《がっこう》の役割《やくわり》としてもう1つ大事《だいじ》なのは、**社会《しゃかい》の厳《きび》しさが学《まな》べる**点《てん》です。

学校《がっこう》では、ルールを守《まも》って行動《こうどう》することが求《もと》められます。学校生活《がっこうせいかつ》を送《おく》る中《なか》で、自分《じぶん》の思《おも》い通《どお》りにいかないこと、十分《じゅうぶん》に力《ちから》を発揮《はっき》できないこともたくさんあるでしょう。こうした経験《けいけん》を積《つ》み重《かさ》ねていくことで、これからの人生《じんせい》で必要《ひつよう》となる**忍耐力《にんたいりょく》や精神力《せいしんりょく》、苦手《にがて》なことを克服《こくふく》する力《ちから》が養《やしな》われていく**のです。

4-2 一生《いっしょう》必要《ひつよう》な「学《まな》ぶ力《ちから》」を養《やしな》おう

「学《まな》び」は、学校《がっこう》を卒業《そつぎょう》して社会《しゃかい》に出《で》てからも続《つづ》きます。一生学《いっしょうまな》び続《つづ》ける力《ちから》を、いまから身《み》につけていきましょう。

人生《じんせい》の「学《まな》び」は学校《がっこう》だけでは終《お》わらない

あなたは、学校《がっこう》を卒業《そつぎょう》して社会《しゃかい》に出《で》たら、「勉強《べんきょう》から解放《かいほう》される」と思《おも》っているかもしれません。しかし、**生《い》きている限《かぎ》り学《まな》びは続《つづ》きます。**学《まな》びを終《お》えてしまったら、そこであなたの成長《せいちょう》は止《と》まってしまいます。

勉強《べんきょう》は「強《し》いて勉《つと》める」と書《か》くように、「努力《どりょく》して何《なに》かをする」という意味合《いみあ》いの言葉《ことば》です。そう考《かんが》えると、**人生《じんせい》とは勉強《べんきょう》＝学《まな》びの連続《れんぞく》**です。

たとえば、学生《がくせい》なら進学《しんがく》や就職《しゅうしょく》のために勉強《べんきょう》することがあるでしょう。社会《しゃかい》に出《で》てからも、仕事《しごと》をおぼえたり、資格《しかく》を取《と》ったりするために勉強《べんきょう》することもあるはずですし、仕事《しごと》を退職《たいしょく》してからもう一度《いちど》学《まな》び直《なお》そうとする人《ひと》もいるかもしれません。

生《い》きる楽《たの》しみのための学《まな》び
How are you?
ハウアーユー?
○○社
仕事《しごと》の中《なか》での学《まな》び
「学《まな》ぶ力《ちから》」を身《み》につける

あなたはなんのために勉強《べんきょう》がしたい？

東京大学社会科学研究所《とうきょうだいがくしゃかいかがくけんきゅうじょ》・ベネッセ教育総合《きょういくそうごう》研究所《けんきゅうしょ》の「子《こ》どもの生活《せいかつ》と学《まな》びに関《かん》する親子《おやこ》調査《ちょうさ》2022」によると、小学校中《しょうがっこうちゅう》・高学年《こうがくねん》が勉《べん》強《きょう》する理由《りゆう》の第《だい》1位《い》は「新《あたら》しいことを知《し》るのがうれしいから」、中学生《ちゅうがくせい》の第《だい》1位《い》は「自分《じぶん》の希望《きぼう》する高校《こうこう》や大学《だいがく》に進《すす》みたいから」でした。小《ちい》さい頃《ころ》は純粋《じゅんすい》に「勉強《べんきょう》が楽《たの》しい」と思《おも》っているのに、年齢《ねんれい》とともに勉強《べんきょう》が「進学《しんがく》のためにするもの」に変《か》わっていっているのです。

あなたが勉強《べんきょう》する理由《りゆう》は？

	小学《しょうがく》4～6年生《ねんせい》	中学生《ちゅうがくせい》
新《あたら》しいことを知《し》るのがうれしいから	68.9	58.0
将来《しょうらい》なりたい職業《しょくぎょう》につきたいから	58.2	66.3
自分《じぶん》の希望《きぼう》する高校《こうこう》や大学《だいがく》に進《すす》みたいから	48.7	75.6
先生《せんせい》や親《おや》に叱《しか》られたくないから	57.0	58.7

単位《たんい》：%

出典《しゅってん》：東京大学社会科学研究所《とうきょうだいがくしゃかいかがくけんきゅうじょ》・ベネッセ教育総合研究所《きょういくそうごうけんきゅうしょ》「子《こ》どもの生活《せいかつ》と学《まな》びに関《かん》する親子調査《おやこちょうさ》2022」

「学《まな》び」は一生続《いっしょうつづ》く

合格
○○○○
資格取得《しかくしゅとく》のための学《まな》び
進学《しんがく》のための学《まな》び
○○高校

小学校《しょうがっこう》と中学校《ちゅうがっこう》で学《まな》ぶ力《ちから》の土台《どだい》をつくる

学《まな》びを始《はじ》める原動力《げんどうりょく》は「なんでだろう？」という好奇心《こうきしん》、学《まな》び続《つづ》ける推進力《すいしんりょく》は「もっと知《し》りたい」と思《おも》い続《つづ》ける探究心《たんきゅうしん》です。日々《ひび》勉強《べんきょう》を重《かさ》ねて知《し》らないことがわかるようになると、世界《せかい》にはいかに知《し》らないことがたくさんあるかに気《き》づくのです。

義務教育《ぎむきょういく》である小学校《しょうがっこう》や中学校《ちゅうがっこう》は、長《なが》く続《つづ》く人生《じんせい》で必要《ひつよう》な「学《まな》ぶ力《ちから》」の土台《どだい》をつくる場所《ばしょ》。手《て》を抜《ぬ》かず、一生懸命勉強《いっしょうけんめいべんきょう》に取《と》り組《く》みましょう。

4-3 ムダな勉《べん》強《きょう》なんて1つも存《そん》在《ざい》しない

いまあなたが学校《がっこう》で学《まな》んでいることは、すぐ役《やく》に立《た》たないかもしれません。でも、どんな勉強《べんきょう》もムダではないのです。

すべての教科《きょうか》には学《まな》ぶべき理由《りゆう》がある

学校《がっこう》では国語《こくご》や算数《さんすう》（数学《すうがく》）、理《り》科《か》、社会《しゃかい》、英語《えいご》など、いろいろな教《きょう》科《か》を学《まな》びます。覚《おぼ》えなければいけないことがたくさんあるので、「こんなことを勉強《べんきょう》して将来《しょうらい》なんの役《やく》に立《た》つの？」「この方程式《ほうていしき》、実生活《じっせいかつ》では使《つか》わないでしょ」などと疑問《ぎもん》を持《も》つ人《ひと》もいるかもしれません。

しかし、**学校《がっこう》の勉強《べんきょう》はすべてに学《まな》ぶ意味《いみ》があります。**

たとえば国語《こくご》を学《まな》べば、**読《よ》む力《ちから》や書《か》く力《ちから》、話《はな》す力《ちから》**が養《やしな》われます。これ

国語《こくご》

会話力《かいわりょく》や読《よ》み書《か》きする力《ちから》、文章《ぶんしょう》の内容《ないよう》を理解《りかい》する読解力《どっかいりょく》が身《み》につく。すべての学《がく》力《りょく》の土台《どだい》となる。

理科《りか》

身《み》の回《まわ》りで起《お》きる多《おお》くのことに関《かか》わる学《がく》問《もん》。「なぜ？」という疑問《ぎもん》を解決《かいけつ》する力《ちから》が身《み》につく。

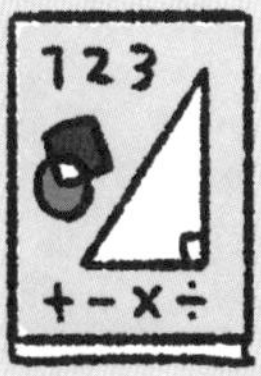

算《さん》数《すう》（数《すう》学《がく》）

単《たん》なる「計算《けいさん》する力《ちから》」だけではなく、論理的思考力《ろんりてきしこうりょく》（考《かんが》える力《ちから》）が身《み》につく。

は、大人《おとな》になってもあらゆる場面《ばめん》で求《もと》められる力《ちから》です。算数《さんすう》を学《まな》べば、計算《けいさん》する力《ちから》だけではなく、**物事《ものごと》を論理的《ろんりてき》に考《かんが》える力《ちから》、問題《もんだい》を解決《かいけつ》する力《ちから》**が身《み》につきます。理科《りか》は身《み》の回《まわ》りにあるさまざまな事象《じしょう》に結《むす》びつき、社会《しゃかい》は過去《かこ》から現在《げんざい》、未来《みらい》にいたる世《よ》の中《なか》のしくみを知《し》ることができます。

勉強《べんきょう》は必《かなら》ずや人生《じんせい》を豊《ゆた》かにしてくれる

学校《がっこう》、とくに小中学校《しょうちゅうがっこう》の義務教育《ぎむきょういく》で学《まな》ぶことは、**あなたが生《い》きていくための大事《だいじ》な土台《どだい》**となります。すべての教科《きょうか》に真剣《しんけん》に取《と》り組《く》み、しっかりと自分《じぶん》のものにしてください。できれば、高校《こうこう》までに習《なら》う内容《ないよう》を一通《ひととお》り勉強《べんきょう》しておくといいでしょう。

勉強《べんきょう》にムダなことは1つもありません。すぐ役《やく》に立《た》たなくても、必《かなら》ずあなたの人生《じんせい》を豊《ゆた》かにしてくれます。

知《し》っておきたい！

大人《おとな》になって役《やく》に立《た》った勉強《べんきょう》は？

大人《おとな》は学校《がっこう》で学《まな》んだ勉強《べんきょう》のうち、どの科目《かもく》が最《もっと》も役《やく》に立《た》ったと考《かんが》えているのでしょうか。ニュースサイトの「Sirabee《しらべぇ》」が全国《ぜんこく》の18歳以上《さいいじょう》の男女《だんじょ》に実施《じっし》した調査《ちょうさ》によると、第《だい》1位《い》は国語《こくご》、第《だい》2位《い》は英語《えいご》、第《だい》3位《い》は数学《すうがく》でした。これら上位《じょうい》の科目《かもく》が、役《やく》に立《た》っていると実感《じっかん》しやすいのでしょう。

大人《おとな》になって最《もっと》も役《やく》に立《た》ったと思《おも》う科目《かもく》

国語《こくご》	22.4
英語《えいご》	20.1
数学《すうがく》	15.9
技術・家庭《ぎじゅつ・かてい》	8.3
社会《しゃかい》	7.7
理科《りか》	5.5
音楽《おんがく》	2.9
体育《たいいく》	2.1
美術《びじゅつ》	1.8

単位《たんい》：%

出典《しゅってん》：「Sirabee《しらべぇ》」調《しら》べ（2020年《ねん》）

勉強《べんきょう》で身《み》につく力《ちから》

社会《しゃかい》

物事《ものごと》を覚《おぼ》える練習《れんしゅう》になる。いまにつながる世《よ》の中《なか》のしくみを学《まな》べば、コミュニケーションにも生《い》かせる。

英語《えいご》

外国人《がいこくじん》とのコミュニケーションだけでなく、視野《しや》を広《ひろ》げたり、仕事《しごと》の幅《はば》を広《ひろ》げたりするきっかけにもなる。

4-4 「やりたいこと」から逆算《ぎゃくさん》して考《かんが》えよう

中学校《ちゅうがっこう》を卒業《そつぎょう》したあとの進路《しんろ》は、やはり自分自身《じぶんじしん》で決《き》めるべきです。夢《ゆめ》に近《ちか》づくための道《みち》を切《き》り開《ひら》きましょう。

義務教育《ぎむきょういく》
小学校《しょうがっこう》（6年《ねん》）
中学校《ちゅうがっこう》（3年《ねん》）
高等学校《こうとうがっこう》
（通信制《つうしんせい》・定時制《ていじせい》・全日制《ぜんにちせい》）
高等専修学校《こうとうせんしゅうがっこう》
（おもに1～3年《ねん》）
高校を卒業したら
パティシエの
専門学校が
いいかな

進路《しんろ》の選択肢《せんたくし》は無数《むすう》にある

もしあなたの「やりたいこと」が決《き》まっているのなら、そこから逆算《ぎゃくさん》して進路《しんろ》を考《かんが》えることが大切《たいせつ》です。小中学校《しょうちゅうがっこう》の計《けい》9年《ねん》は義務教育《ぎむきょういく》ですが、**中学校《ちゅうがっこう》を卒業《そつぎょう》してからはそれぞれ自分《じぶん》の希望《きぼう》する道《みち》を歩《あゆ》んでいく**ことになります。

高校《こうこう》から大学《だいがく》に進《すす》んで、興味《きょうみ》のある分野《ぶんや》を深《ふか》く学《まな》んで就職《しゅうしょく》するのか。それとも、専門学校《せんもんがっこう》などで仕事《しごと》に直結《ちょっけつ》する知識《ちしき》・技術《ぎじゅつ》を身《み》につけるのか……。選択肢《せんたくし》は無数《むすう》にあります。

義務教育後《ぎむきょういくご》のおもな進路《しんろ》

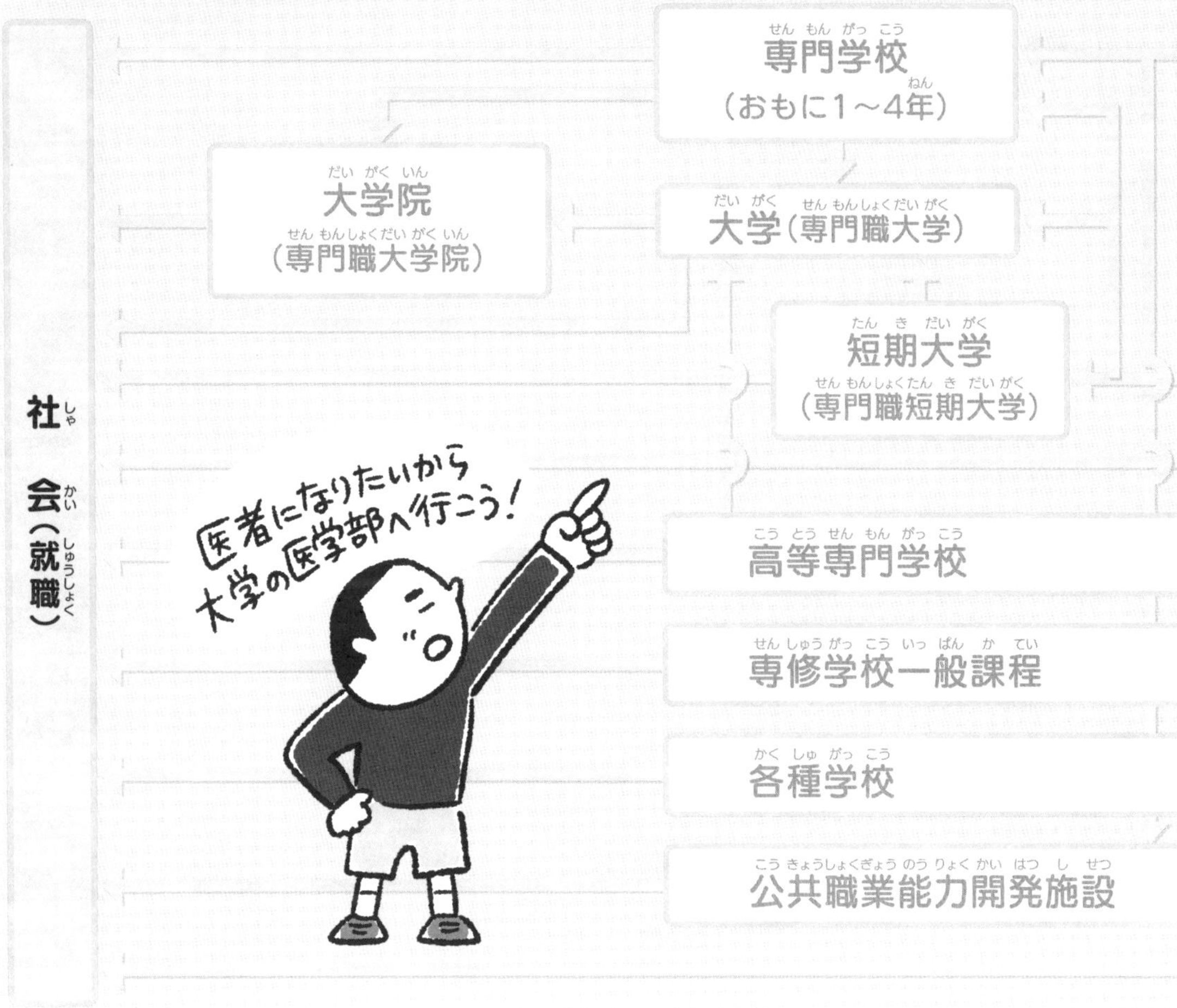
社《しゃ》会《かい》（就職《しゅうしょく》）
専門学校《せんもんがっこう》
（おもに1～4年《ねん》）
大学院《だいがくいん》
（専門職大学院《せんもんしょくだいがくいん》）
大学《だいがく》（専門職大学《せんもんしょくだいがく》）
短期大学《たんきだいがく》
（専門職短期大学《せんもんしょくたんきだいがく》）
医者になりたいから大学の医学部へ行こう！
高等専門学校《こうとうせんもんがっこう》
専修学校一般課程《せんしゅうがっこういっぱんかてい》
各種学校《かくしゅがっこう》
公共職業能力開発施設《こうきょうしょくぎょうのうりょくかいはつしせつ》

みずから情報を集めておこう

もちろん、小中学生《しょうちゅうがくせい》の段階《だんかい》で「やりたいこと」がはっきり決《き》まっている人《ひと》は少数派《しょうすうは》でしょう。自分《じぶん》の得《と》意《い》・不得意《ふとくい》がわかっていても、**それを進路《しんろ》に結《むす》びつけられる人《ひと》はほとんどいないはず**です。

では、何《なに》もせずに学《まな》びたいことが空《そら》から降《ふ》ってくるのを待《ま》っていればいいかというと、それは違《ちが》います。

なりたい自分《じぶん》に近《ちか》づくためには何《なに》が必要《ひつよう》なのか、世界《せかい》にはどのような学問《がくもん》や仕事《しごと》があるのか、自分自身《じぶんじしん》と向《む》き合《あ》い、みずから情報《じょうほう》を集《あつ》めておきましょう。情報《じょうほう》を集《あつ》めるうちに、きっと「これが面白《おもしろ》そう」「もっと学《まな》びたい」と思《おも》えるものが出《で》てきます。それが、**自分《じぶん》の進路《しんろ》を選《えら》ぶ際《さい》のヒントになる**はずです。

4-5

偏《へん》差《さ》値《ち》の高《たか》い学《がっ》校《こう》に入《はい》るのが夢《ゆめ》への近《ちか》道《みち》？

どの学校《がっこう》に進学《しんがく》するか迷《まよ》ったら、自分《じぶん》が後悔《こうかい》しない選択《せんたく》はどれか、自分《じぶん》が頑《がん》張《ば》れるのはどの道《みち》かを考《かんが》えましょう。

進路《しんろ》に迷《まよ》ったら自分《じぶん》に問《と》いかけてみる

進学《しんがく》するなら、あなたはどのような学校《がっこう》に進《すす》みたいですか？　親《おや》や先《せん》生《せい》が勧《すす》める「偏差値《へんさち》や就職率《しゅうしょくりつ》の高《たか》い学校《がっこう》」でしょうか。それとも、「自《じ》分《ぶん》の夢《ゆめ》に結《むす》びつく学校《がっこう》」でしょうか。「就職《しゅうしょく》に有利《ゆうり》だから」と安全《あんぜん》な橋《はし》を渡《わた》るのも立派《りっぱ》な選択《せんたく》です。でも、**やりたいことが見《み》えているのに興味《きょうみ》のない道《みち》に進《すす》んだら、あとで後悔《こうかい》してしまうかもしれません。**

進路《しんろ》に悩《なや》んだときは、自分自身《じぶんじしん》に**「一度《いちど》きりの人生《じんせい》、どちらの道《みち》に進《すす》みたい？」**と問《と》いかけてみましょう。そうすれば、おのずと答《こた》えが見《み》えてくるはずです。

やりたいことがないなら「とりあえず進学《しんがく》」もあり

とくに勉強《べんきょう》したいことがないから、夢《ゆめ》や目標《もくひょう》がないから進学《しんがく》しなくてもいい、と考《かんが》える人《ひと》もいるでしょう。しかし、そういう人《ひと》こそ進学《しんがく》し

たほうがいいかもしれません。もちろん、「学歴《がくれき》がすべて」ではありませんが、**学歴《がくれき》が高《たか》ければ高《たか》いほど収《しゅう》入《にゅう》が増《ふ》える**とのデータもあります。学歴《がくれき》は、〝偉《えら》くなるため〟や〝かせぐため〟に得《え》るものではなく、人《じん》生《せい》の選択肢《せんたくし》を増《ふ》やすために必要《ひつよう》なものです。進学先《しんがくさき》で自分《じぶん》のやりたいことを見《み》つけられる人《ひと》もいるかもしれませんし、いろいろな経験《けいけん》を通《とお》して**自分《じぶん》の力《ちから》を磨《みが》いておけば、社会《しゃかい》に出《で》たときの助《たす》けになる**はずです。

学歴別《がくれきべつ》の平均賃金《へいきんちんぎん》

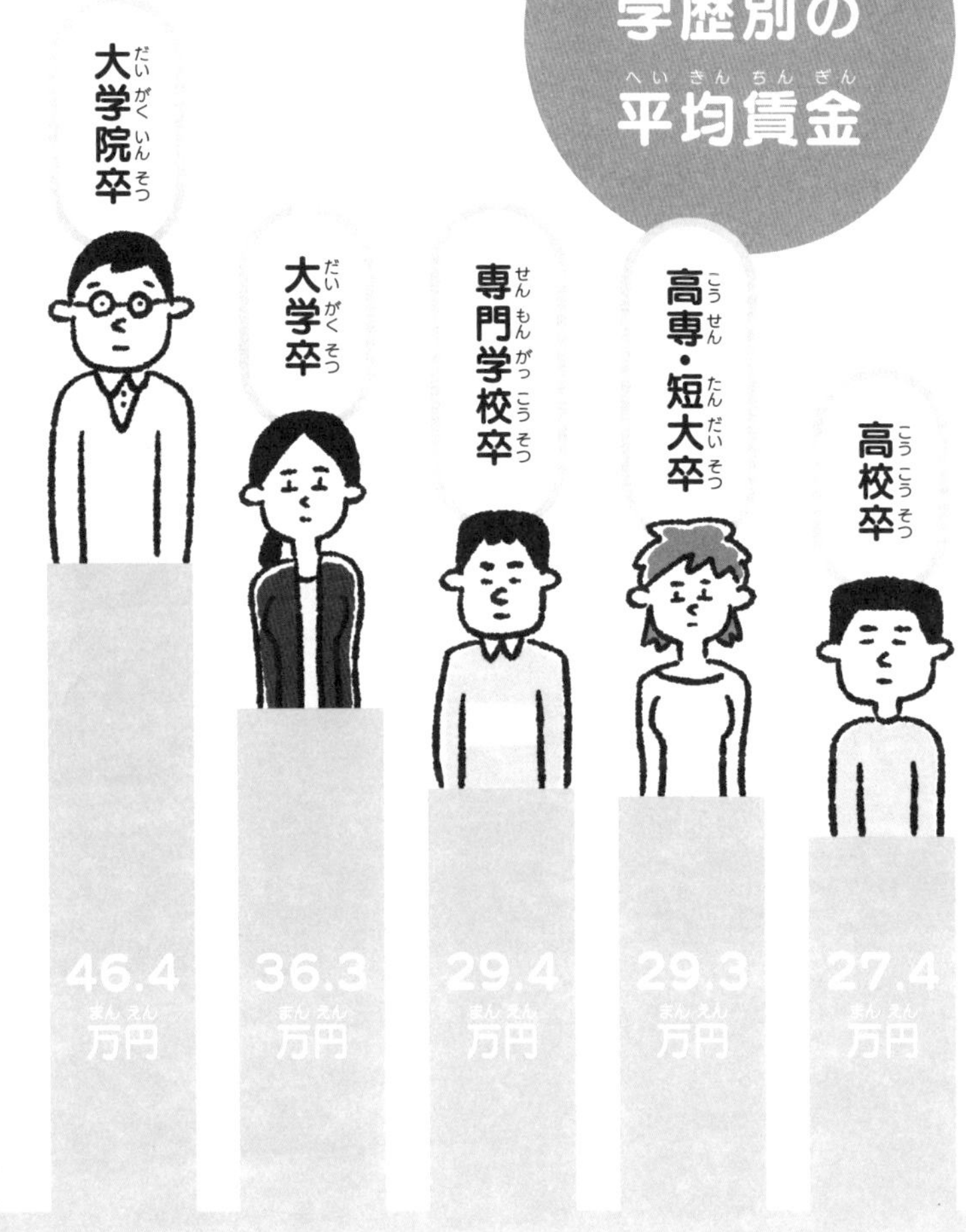
大学院卒《だいがくいんそつ》
大学卒《だいがくそつ》
専門学校卒《せんもんがっこうそつ》
高専《こうせん》・短大卒《たんだいそつ》
高校卒《こうこうそつ》
46.4万円《まんえん》
36.3万円《まんえん》
29.4万円《まんえん》
29.3万円《まんえん》
27.4万円《まんえん》

出典《しゅってん》：厚生労働省《こうせいろうどうしょう》「令和《れいわ》4年賃金構造基本統計調査《ねんちんぎんこうぞうきほんとうけいちょうさ》」

知《し》っておきたい!

学歴《がくれき》と生涯賃金《しょうがいちんぎん》

学歴《がくれき》は、生涯賃金《しょうがいちんぎん》の違《ちが》いにも表《あらわ》れています。独立行政法《どくりつぎょうせいほう》人労働政策研究《じんろうどうせいさくけんきゅう》・研修機構《けんしゅうきこう》「ユースフル労働統計《ろうどうとうけい》2022」によると、学校《がっこう》を卒業《そつぎょう》したあとにフルタイムの正社員《せいしゃいん》を60歳《さい》まで続《つづ》けた場合《ばあい》の生涯賃金《しょうがいちんぎん》は、男性《だんせい》が高卒《こうそつ》で約《やく》2億《おく》1000万円《まんえん》なのに対《たい》して、大卒《だいそつ》・大学院卒《だいがくいんそつ》は約《やく》2億《おく》6000万円《まんえん》、女性《じょせい》が高卒《こうそつ》で約《やく》1億《おく》5000万円《まんえん》なのに対《たい》して、大《だい》卒《そつ》・大学院卒《だいがくいんそつ》は約《やく》2億《おく》1000万円《まんえん》。大卒《だいそつ》と高卒《こうそつ》では6000万円近《まんえんちか》くの差《さ》が出《で》ていることがわかります。

学歴別《がくれきべつ》の生涯賃金《しょうがいちんぎん》（退職金《たいしょくきん》を除《のぞ》く）

単位《たんい》：億円《おくえん》
男性《だんせい》
女性《じょせい》
2.62
2.1
2.05
1.94
2.12
1.73
1.5
1.46
大学《だいがく》・大学院卒《だいがくいんそつ》
高専《こうせん》・短大卒《たんだいそつ》
高校卒《こうこうそつ》
中学卒《ちゅうがくそつ》

出典《しゅってん》：独立行政法人労働政策研究《どくりつぎょうせいほうじんろうどうせいさくけんきゅう》・研修機構《けんしゅうきこう》
「ユースフル労働統計《ろうどうとうけい》2022」

4-6

語学《がく》を身《み》につけるメリットとは？

外国語学習《がいこくごがくしゅう》は、若《わか》いうちに始《はじ》めたほうがいいといわれます。興味《きょうみ》があるなら、その世界《せかい》に飛《と》び込《こ》んでみましょう。

語学《ごがく》を学《まな》ぶことで広《ひろ》がる可能性《かのうせい》

外国人《がいこくじん》とのコミュニケーション

海外《かいがい》と関《かか》わる仕事《しごと》ができる

コミュニケーションを取《と》れる人《ひと》が10倍《ばい》以上《いじょう》に!?

地球《ちきゅう》で暮《く》らす人々《ひとびと》は80億人《おくにん》以上《いじょう》いて、そのうち日本語《にほんご》を話《はな》す人《ひと》は約《やく》1億《おく》2300万人《まんにん》（ほぼ日本国《にほんこく》内《ない》のみ）。一方《いっぽう》、英語《えいご》を話《はな》す人《ひと》は約《やく》14億《おく》6000万人《まんにん》いるといわれています。

つまり、英語《えいご》を話《はな》せるようになれば、**日本語《にほんご》だけを話《はな》すよりも10倍《ばい》以上《いじょう》の人《ひと》とコミュニケーションがとれる可能性《かのうせい》が広《ひろ》がる**ということです。

外国語《がいこくご》を身《み》につけるメリットは、海外《かいがい》を舞台《ぶたい》に仕事《しごと》ができる（178ページ）だけではありません。

たとえば、**インターネット上《じょう》で使《つか》われている言語《げんご》の25・3%**（**約《やく》4分《ぶん》の1**）**は英語《えいご》**といわれています（日本《にほん》語《ご》は3%）。ネット情報《じょうほう》だけではなく、外国語《がいこくご》の新聞《しんぶん》や本《ほん》などからも情報《じょうほう》を得《え》ることができますし、習得《しゅうとく》した言《げん》語《ご》を使《つか》ってみずから「発信《はっしん》」もできるようになります。

外国語《がいこくご》で情報収集《じょうほうしゅうしゅう》・発信《はっしん》ができる

技術《ぎじゅつ》が進化《しんか》しても言語《げんご》の重要性《じゅうようせい》は薄《うす》れない

AI《エーアイ》（人工知能《じんこうちのう》）などのテクノロジーの進化《しんか》によって、外国語《がいこくご》の記事《きじ》を日本語《にほんご》に一瞬《いっしゅん》で翻訳《ほんやく》したり、会話《かいわ》をリアルタイムで自動翻訳《じどうほんやく》したりしてくれる時代《じだい》が、すぐそこまでやってきています。しかし、だからといって**外国語《がいこくご》を学《まな》ぶ重要性《じゅうようせい》が薄《うす》れることはありません。**

世界《せかい》では英語《えいご》のほかにも、中国語《ちゅうごくご》や韓国語《かんこくご》、スペイン語《ご》やフランス語《ご》など、さまざまな言語《げんご》が使《つか》われています。できるだけ早《はや》く、言語《げんご》の世界《せかい》に飛《と》び込んでみてください。

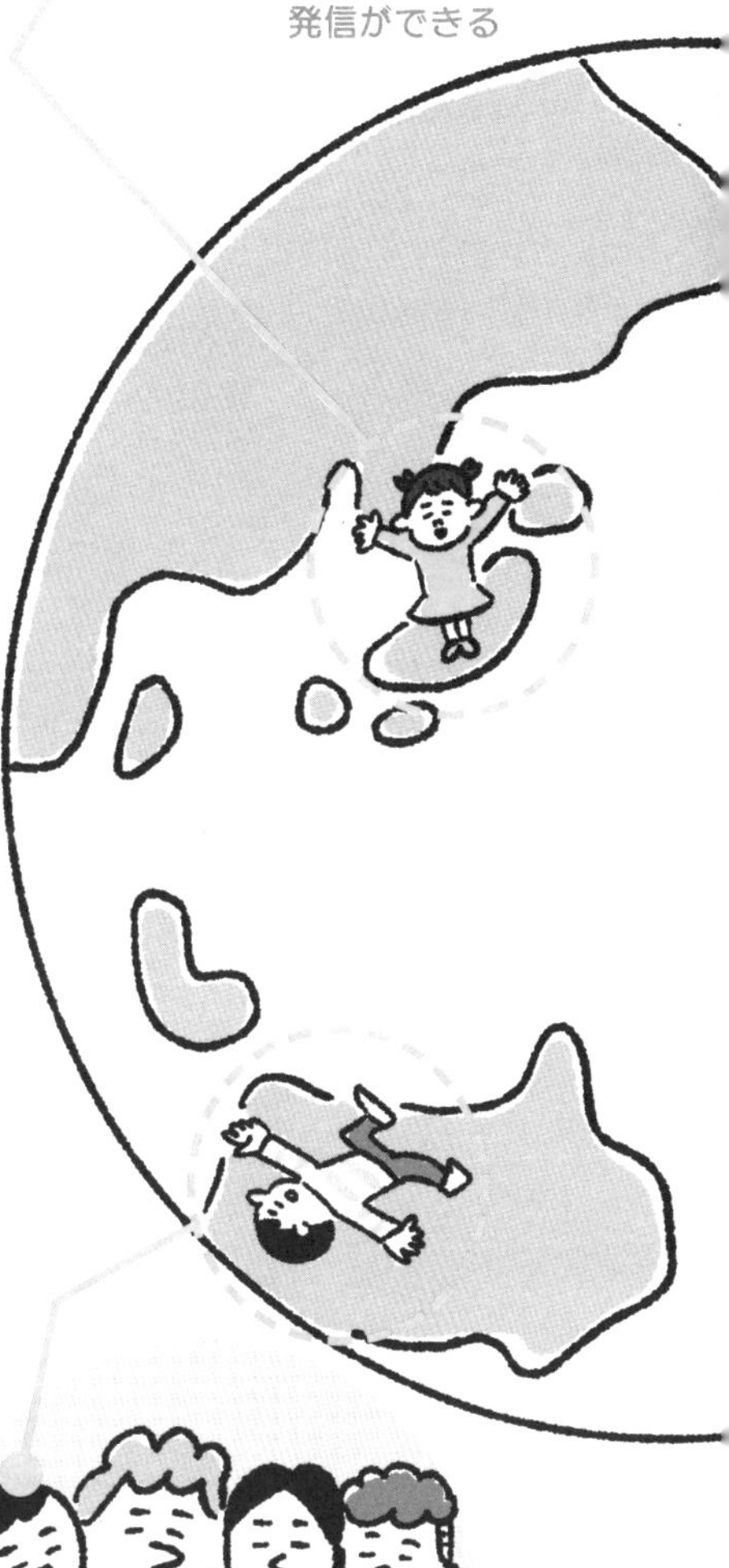

多様《たよう》な価値観《かちかん》に触《ふ》れて視野《しや》が広《ひろ》がる

知《し》っておきたい！

世界《せかい》でたくさん話《はな》されている言語《げんご》は？

世界《せかい》には、約《やく》7000の言語《げんご》があるといわれています。その中《なか》で最《もっと》も話《はな》されているのは英語《えいご》で、これに中国語《ちゅうごくご》、ヒンディー語《ご》が続《つづ》いています。日本《にほん》の義務教育《ぎむきょういく》で学《まな》べるのはおもに英語《えいご》ですが、一部《いちぶ》の高校《こうこう》や大学《だいがく》では英語以外《えいごいがい》の外国語《がいこくご》も学《まな》ぶことができます。外国語学習《がいこくごがくしゅう》は英語《えいご》だけではありません。自分《じぶん》が身《み》につけたい言語《げんご》を学《まな》びましょう。

世界《せかい》の言語《げんご》ランキング

1位	英語《えいご》	14.6
2位	中国語《ちゅうごくご》	11.4
3位	ヒンディー語《ご》	6.1
4位	スペイン語《ご》	5.6
5位	フランス語《ご》	3.1
6位	アラビア語《ご》	2.7
7位	ベンガル語《ご》	2.7
8位	ポルトガル語《ご》	2.6
9位	ロシア語《ご》	2.6
10位	ウルドゥー語《ご》	2.3
13位	日本語《にほんご》	1.2

単位《たんい》：億人《おくにん》

出典《しゅってん》：Ethnologue《エスノローグ》「The《ザ》 Ethnologue《エスノローグ》 200」

4-7

学校《がっこう》"以外《いがい》"にも学《まな》びの場《ば》はある

いま通《かよ》っている学校《がっこう》が自分《じぶん》に合《あ》わなければ、自分《じぶん》が輝《かがや》ける「別《べつ》の場所《ばしょ》」を探《さが》すという選択肢《せんたくし》もあります。

自分《じぶん》が輝《かがや》ける場所《ばしょ》を見《み》つける

いまの学校《がっこう》は…
なんだか自分に合わないな…
○○中学校
進学《しんがく》したら…
ここなら自分らしくいられる!
○○高等学校
新《あたら》しい環境《かんきょう》

いまの学校《がっこう》に馴染《なじ》めなかったとしても大丈夫《だいじょうぶ》。進学《しんがく》すれば新《あたら》しい環境《かんきょう》、新《あたら》しい人間関係《にんげんかんけい》がある。自分《じぶん》らしく輝《かがや》ける場所《ばしょ》は先《さき》にあるかもしれない。

学校《がっこう》が変《か》われば環境《かんきょう》・価値観《かちかん》も変《か》わる

毎日《まいにち》が家《いえ》と学校《がっこう》の往復《おうふく》ばかりで、「それ以外《いがい》の世界《せかい》」を知《し》らなかったら、いま通《かよ》っている学校《がっこう》が自分《じぶん》に合《あ》わなかったときに、「自分《じぶん》はダメだ」と自分自身《じぶんじしん》を追《お》い詰《つ》めてしまうことがあるかもしれません。

でも、**あなたが生《い》きる世界《せかい》は学校《がっこう》やクラスの中《なか》だけではありません。**もしいまの環境《かんきょう》が辛《つら》いのなら、自分《じぶん》が輝《かがや》ける別《べつ》の世界《せかい》を探《さが》してみましょう。

たとえば、いま通《かよ》っている中学校《ちゅうがっこう》

で悩《なや》んでいる人《ひと》は、高校《こうこう》に進学《しんがく》すれば人間関係《にんげんかんけい》が新《あたら》しくなり、**いまとは違《ちが》う環境《かんきょう》・価値観《かちかん》の中《なか》で学《まな》べます。**塾《じゅく》や習《なら》い事《ごと》で自分《じぶん》の力《ちから》を伸《の》ばすことだってできます。

「学校《がっこう》に行《い》かない」という選択肢《せんたくし》もある

さまざまな理由《りゆう》でいまの学校《がっこう》に「行《い》きたくない」「行《い》けない」という人《ひと》もいるでしょう。学校《がっこう》に行《い》くのがどうしても辛《つら》いなら、**無理《むり》をしてまで行《い》く必要《ひつよう》はありません。**ただし、そこで学《まな》びをやめてしまうのはおすすめしません。現在《げんざい》はそういう子《こ》どもを受《う》け入《い》れる「学《まな》びの場《ば》」はたくさんあります。

たとえば、**不登校《ふとうこう》の子《こ》どもなどが通《かよ》うフリースクール**や、**独自《どくじ》の理念《りねん》と教育方針《きょういくほうしん》で運営《うんえい》されるオルタナティブスクール（もう1つの学校《がっこう》）**が各地《かくち》に設置《せっち》されています。高校《こうこう》なら通信制《つうしんせい》という選択肢《せんたくし》もあります。自分《じぶん》にどのような場所《ばしょ》が合《あ》っているか、親《おや》などに相談《そうだん》してみましょう。

学校《がっこう》“以外《いがい》”の学《まな》び場《ば》の例《れい》

学習塾《がくしゅうじゅく》

子《こ》どもたちに個別指導《こべつしどう》などをおこなう。

オルタナティブスクール

法律《ほうりつ》で定《さだ》められた学校《がっこう》の枠《わく》にはまらない、認可外《にんかがい》の学《まな》び場《ば》。

フリースクール

おもに不登校《ふとうこう》の子《こ》どもたちの学《まな》びや交流《こうりゅう》の場《ば》。

4-8 答《こた》えのない問《と》いに向《む》き合《あ》う力《ちから》をつける

学校《がっこう》の勉強《べんきょう》には「答《こた》え」が用意《ようい》されていますが、社会《しゃかい》に出《で》ると、答《こた》えのない問《と》いに向《む》き合《あ》わなくてはいけません。

学生《がくせい》と社会人《しゃかいじん》に求《もと》められるものは違《ちが》う

「頭《あたま》のいい人《ひと》」と聞《き》いて、どのような人《ひと》をイメージしますか？　学生《がくせい》時代《じだい》は、計算《けいさん》が速《はや》い、問題《もんだい》がたくさん解《と》ける、テストの点数《てんすう》が高《たか》いなど、いわゆる「勉強《べんきょう》ができる人《ひと》」が頭《あたま》のいい人《ひと》だと考《かんが》えられがちです。学生《がくせい》のときはそれでもいいかもしれませんが、**大人《おとな》になって社会《しゃかい》に出《で》ると、「勉強《べんきょう》ができること」が評価《ひょうか》**

評価《ひょうか》されるのは…

テストの点数《てんすう》
中間《ちゅうかん》・期末《きまつ》テストや入試《にゅうし》でいかに高《たか》い点数《てんすう》を取《と》るか。

学校《がっこう》での生活態度《せいかつたいど》
校則《こうそく》などのルールを守《まも》ること。

通知表《つうちひょう》の点数《てんすう》
学校《がっこう》の通知表《つうちひょう》や受験時《じゅけんじ》の内申書《ないしんしょ》の点数《てんすう》。

社会《しゃかい》に出《で》て求《もと》められるのは「学力《がくりょく》」ではない

の基準《きじゅん》になることはありません。

仕事《しごと》をするうえで求《もと》められるのは「点《てん》を取《と》る力《ちから》」ではなく、問題《もんだい》や課題《かだい》を解決《かいけつ》する力《ちから》、みずから動《うご》いて物事《ものごと》に取《と》り組《く》む主体性《しゅたいせい》、チームの中《なか》で協力《きょうりょく》しながら自分《じぶん》の役割《やくわり》・責任《せきにん》を果《は》たすチームワーク力《りょく》などです。

人生《じんせい》には答《こた》えのない問《と》いのほうが多《おお》い

小学校《しょうがっこう》から高校《こうこう》までに向《む》き合《あ》う問題《もんだい》には、必《かなら》ず「正解《せいかい》」があります。

しかし、社会《しゃかい》に出《で》てからの人生《じんせい》には正解《せいかい》が1つのことなんてありません。むしろ、**「答《こた》えのない問《と》い」のほうが多《おお》い**のです。

「どれが正《ただ》しい答《こた》えか」を楽《らく》な方法《ほう》で探《さが》して飛《と》びつこうとすると、何事《なにごと》にも答《こた》えがあると思《おも》い込《こ》んでしまい、「ほかにもさまざまな可能性《かのうせい》がある」という想像力《そうぞうりょく》が生《う》まれません。

答《こた》えのない問《と》いに向《む》き合《あ》い、試行《しこう》錯誤《さくご》しながら自分《じぶん》なりの結論《けつろん》を導《みちび》き出《だ》す。これを繰《く》り返《かえ》すことで、大人《おとな》になってからも通用《つうよう》する「頭《あたま》の良《よ》さ」が養《やしな》われていくのです。

求《もと》められる力《ちから》は…

問題《もんだい》解決力

さまざまな課題《かだい》・問題《もんだい》に向《む》き合《あ》い、それを解決《かいけつ》する力《ちから》。

主体性《しゅたいせい》

積極的《せっきょくてき》に物事《ものごと》に取《と》り組《く》む姿勢《しせい》や、継続《けいぞく》して学《まな》ぼうとする力《ちから》。

チームワーク力

チームの中《なか》で協力《きょうりょく》しながら自分《じぶん》の役割《やくわり》・責任《せきにん》を果《は》たす力《ちから》。

4-9 本《ほん》や新聞《しんぶん》を読《よ》んで「読解力《どっかいりょく》」を上《あ》げる

「読解力《どっかいりょく》」は文章《ぶんしょう》を読《よ》み解《と》くためだけのものではなく、人《ひと》とコミュニケーションを取《と》る際《さい》にも必要不可欠《ひつようふかけつ》な力《ちから》です。

なぜ新聞《しんぶん》や本《ほん》を読《よ》むべきなの？

毎日《まいにち》の勉強以外《べんきょういがい》にやっておいてほしいのが、新聞《しんぶん》や本《ほん》を読《よ》むことです。新聞《しんぶん》は、**世《よ》の中《なか》の〝いま〟をまとめた一覧表《いちらんひょう》**のようなもの。芸能《げいのう》やスポーツだけではなく、日本《にほん》や世界《せかい》の政治《せいじ》や経済《けいざい》、社会《しゃかい》がどうなっているかがわかりやすく説明《せつめい》されています。最初《さいしょ》は「ちょっと難《むずか》しいかな？」と感《かん》じるかもしれませんが、まずは気《き》になったニュースを読《よ》むことから習慣《しゅうかん》にしていくといいでしょう。本《ほん》も、できるだけたくさん読《よ》んで

読《よ》んだあとにやってみる

読《よ》む

その情報《じょうほう》は確《たし》かか、筆者《ひっしゃ》はなぜこの情報《じょうほう》を伝《つた》えているのか、自分《じぶん》はどう受《う》け止《と》めたのか、どう考《かんが》えるのかといった視点《してん》を持《も》つ。

要約《ようやく》する

書《か》かれていることを短《みじか》い文章《ぶんしょう》にまとめてみる。

説明《せつめい》する

書《か》かれていたことを説明《せつめい》し、自分《じぶん》はどう思《おも》うかを口《くち》に出《だ》して言《い》ってみる。

ください。

本《ほん》には、著者《ちょしゃ》が経験《けいけん》してきたことや学《まな》んだこと、伝《つた》えたいことなどがぎゅっと一冊《いっさつ》に凝縮《ぎょうしゅく》されています。

いろいろな人《ひと》の生《い》き方《かた》を疑似体験《ぎじたいけん》し、さまざまな人《ひと》の意見《いけん》を知《し》ることで、あなたの世界《せかい》や価値観《かちかん》はどんどん広《ひろ》がっていくはずです。

コミュニケーションにも読解力《どっかいりょく》は必須《ひっす》の力《ちから》

新聞《しんぶん》や本《ほん》を読《よ》んだらそれで終《お》わりではなく、読《よ》んだ内容《ないよう》について人《ひと》と話《はな》したり、内容《ないよう》を要約《ようやく》してみたりすることをおすすめします。

国語《こくご》をしっかり学《まな》び、新聞《しんぶん》・本《ほん》を読《よ》むことを習慣《しゅうかん》にすれば、**さまざまな文章《ぶんしょう》を読《よ》み解《と》く「読解《どっかい》力《りょく》」**が身《み》につきます。

読解力《どっかいりょく》は話《はな》す相手《あいて》の意図《いと》を読《よ》み取《と》ったり、自分《じぶん》の考《かんが》えを正《ただ》しく伝《つた》えたりと、**人《ひと》とのコミュニケーションにおいても必要《ひつよう》となる力《ちから》**です。

「読解力《どっかいりょく》」はコミュニケーションの前提《ぜんてい》

読解力《どっかいりょく》がないと…

聞《き》く
話《はな》す
○○○なんだって
○○××なんだって
どういうこと？
相手《あいて》が伝《つた》えたいことを正《ただ》しく理《り》解《かい》できない。
言《い》いたいことを正《ただ》しく相手《あいて》に伝《つた》えられない。
A《エー》さん
自分《じぶん》
B《ビー》さん

読解力《どっかいりょく》があれば…

聞《き》く
話《はな》す
○○○なんだって
○○○なんだって
なるほど
ウンウン
要点《ようてん》が正《ただ》しく理解《りかい》できる。
誤解《ごかい》を与《あた》えずに伝《つた》えられる。
A《エー》さん
自分《じぶん》
B《ビー》さん

4-10

「教養《きょうよう》」が人生《じんせい》を豊《ゆた》かに支《ささ》えてくれる

「教養《きょうよう》」というものは、人生《じんせい》で何《なに》かの困《こん》難《なん》にぶつかったとき、助《たす》けてくれる情《じょう》報《ほう》や人《ひと》にたどり着《つ》く道標《みちしるべ》になります。

「教養《きょうよう》がある人《ひと》」と「物知《ものし》り」は同《おな》じではない

どのような時代《じだい》になっても幸《しあわ》せに生《い》きるために、あなたに身《み》につけていってほしいのが「教養《きょうよう》」です。

子《こ》どもは学校《がっこう》で勉強《べんきょう》したり本《ほん》を読《よ》んだりすることで、日々《ひび》いろいろな知識《ちしき》を吸収《きゅうしゅう》していきます。しかし、この知識《ちしき》はまだ教養《きょうよう》とはいえません。

吸収《きゅうしゅう》した知識《ちしき》を日々《ひび》の暮《く》らしに生《い》かし、つなぎ合《あ》わせることでよりよい行動《こうどう》につなげていく。これが教養《きょうよう》と呼《よ》

「教養《きょうよう》」は知識《ちしき》を掘《ほ》り下《さ》げた先《さき》にある

もっと掘らないと教養にならないぞ
知識
学校《がっこう》での勉強《べんきょう》や読書《どくしょ》などで得《え》られる学《まな》び。教養《きょうよう》の土台《どだい》となる。
教養
知識《ちしき》を暮《く》らしに生《い》かし、つなぎ合《あ》わせてよりよい行動《こうどう》につなげる。

ばれるものです。**知識《ちしき》を土台《どだい》として、さらに掘《ほ》り下《さ》げていった先《さき》に「教養《きょうよう》」がある**といえるでしょう。

クイズ番組《ばんぐみ》で全問正解《ぜんもんせいかい》したからといって、その人《ひと》に教養《きょうよう》があるとは限《かぎ》りません。知識《ちしき》があっても、**それを行動《こうどう》に結《むす》びつけられなければ、ただの「物知《ものし》り」**です。

「教養《きょうよう》」を学《まな》ぶ２つの意味《いみ》

日々《ひび》のニュースや出来事《できごと》をとらえ直《なお》す

ニュースの洪水《こうずい》の前《まえ》にいったん立《た》ち止《ど》まり、知識《ちしき》を駆使《くし》してそれをとらえ直《なお》す。

古《ふる》びることのない普遍的《ふへんてき》な考《かんが》え方《かた》を身《み》につける

いますぐ使《つか》える知識《ちしき》ではなく、どんなに時代《じだい》が変《か》わっても通用《つうよう》する考《かんが》え方《かた》を持《も》つ。

すぐ役立《やくだ》つ知識《ちしき》ではなく古《ふる》びない教養《きょうよう》を身《み》につける

教養《きょうよう》を身《み》につけるには、定期《ていき》テストや受験《じゅけん》など目先《めさき》の目標《もくひょう》のためだけに勉強《べんきょう》するのではなく、生涯《しょうがい》の「糧《かて》」になるように深《ふか》く考《かんが》えながら学《まな》びを続《つづ》けていくことが大切《たいせつ》です。

たとえば、「いまこれが最先端《さいせんたん》だ」といわれている科学《かがく》の知識《ちしき》を身《み》につけても、5年《ねん》、10年後《ねんご》には役《やく》に立《た》たなくなってしまうかもしれません。**「すぐ役《やく》に立《た》つことは、すぐ役《やく》に立《た》たなくなる」**ということです。

時代《じだい》が変《か》わっても古《ふる》びることのない考《かんが》え方《かた》を身《み》につけ、歴史《れきし》や経済《けいざい》、政治《せいじ》、宗教《しゅうきょう》などさまざまな知識《ちしき》を駆使《くし》して、**日々《ひび》のニュースや出来事《できごと》をとらえ直《なお》す力《ちから》**を養《やしな》っていってください。

働《はたら》く人《ひと》に聞《き》いてみた③

学生時代《がくせいじだい》に熱中《ねっちゅう》したことは？

働《はたら》いている人《ひと》たちは、学生時代《がくせいじだい》にどのようなことに打《う》ち込《こ》んだのでしょうか。
熱中《ねっちゅう》する対象《たいしょう》は、もちろん勉強《べんきょう》だけではありません。

20代女性《だいじょせい》・食品《しょくひん》メーカー勤務《きんむ》

高校時代《こうこうじだい》に海外留学《かいがいりゅうがく》しました。ホームステイ先《さき》も学校《がっこう》の授業《じゅぎょう》もすべて英語《えいご》という英語漬《えいごづ》けの生活《せいかつ》。勉強《べんきょう》に没頭《ぼっとう》したおかげで語学力《ごがくりょく》は確実《かくじつ》に伸《の》びたと思《おも》います。大学卒業後《だいがくそつぎょうご》は英語圏《えいごけん》の企業《きぎょう》で働《はたら》きたかったのですが、コロナ禍《か》もあり英語《えいご》を生《い》かせる日本《にほん》のメーカーに就職《しゅうしょく》しました。でも、海外《かいがい》で働《はたら》く夢《ゆめ》はあきらめていませんよ。

20代男性《だいだんせい》・飲食店勤務《いんしょくてんきんむ》

実家《じっか》は農家《のうか》でしたが、農業《のうぎょう》をやる気《き》はありませんでした。小学生《しょうがくせい》のときから調理《ちょうり》が好《す》きで、いろいろな料理《りょうり》のレシピを本《ほん》やテレビで覚《おぼ》えてつくっていました。高校卒業後《こうこうそつぎょうご》に進《すす》んだのは、調理師《ちょうりし》の専門学校《せんもんがっこう》。東京《とうきょう》のちゃんこ店《てん》で修業《しゅぎょう》したあと地元《じもと》に戻《もど》り、居酒屋《いざかや》で働《はたら》いていますが、あと数年働《すうねんはたら》いたら自分《じぶん》の店《みせ》を持《も》ちたいです。

30代男性《だいだんせい》・イラストレーター

学生時代《がくせいじだい》にのめり込《こ》んだのは、読書《どくしょ》と映画《えいが》。大学生《だいがくせい》になると毎週《まいしゅう》のように映画館《えいがかん》に通《かよ》い、映画好《えいがず》きの友人《ゆうじん》と自主制作映画《じしゅせいさくえいが》をつくり、その映画《えいが》は学園祭《がくえんさい》でも上映《じょうえい》されました。映画《えいが》のポスターやチラシを自分《じぶん》で制作《せいさく》し、イラストも自分《じぶん》で描《か》いていました。その経験《けいけん》が、イラストレーターといういまの仕事《しごと》の入《い》り口《ぐち》になったと思《おも》います。

30代女性《だいじょせい》・NPO《エヌピーオー》勤務《きんむ》

飼《か》い主《ぬし》のいない猫《ねこ》の保護《ほご》や飼《か》い主《ぬし》を探《さが》すNPO《エヌピーオー》法人《ほうじん》で働《はたら》いています。数万頭《すうまんとう》もの犬猫《いぬねこ》が毎年殺処分《まいとしさつしょぶん》されている事実《じじつ》を知《し》り、高校時代《こうこうじだい》には保護猫《ほごねこ》・保護犬《ほごけん》のお世話《せわ》をするボランティアに参加《さんか》して、イベントのお手伝《てつだ》いもしました。殺処分《さつしょぶん》をゼロにするための活動《かつどう》は、学生時代《がくせいじだい》から続《つづ》く私《わたし》のライフワークです。

30代男性《だいだんせい》・証券会社勤務《しょうけんがいしゃきんむ》

小学校《しょうがっこう》のとき通《かよ》っていた塾《じゅく》で算数《さんすう》の問題《もんだい》を解《と》く楽《たの》しさに夢中《むちゅう》に。中学《ちゅうがく》・高校《こうこう》の数学部《すうがくぶ》では数学検定《すうがくけんてい》のために勉強《べんきょう》をしたり、自作《じさく》の問題《もんだい》を解《と》き合《あ》ったりしました。数学《すうがく》の能力《のうりょく》を競《きそ》う「数学甲子園《すうがくこうしえん》」で決勝《けっしょう》まで進《すす》んだのはいい思《おも》い出《で》です。いまの仕事《しごと》ではデータ分析《ぶんせき》をおこなっているので、数学《すうがく》の知識《ちしき》も生《い》かされています。

30代女性《だいじょせい》・調剤薬局勤務《ちょうざいやっきょくきんむ》

医師《いし》の処方《しょほう》せんをもとに患者《かんじゃ》さんの薬《くすり》を調剤《ちょうざい》する薬剤師《やくざいし》をしています。この仕事《しごと》には薬《くすり》の知識《ちしき》だけではなく、コミュニケーション力《りょく》も重要《じゅうよう》。薬科大学時代《やっかだいがくじだい》は薬局《やっきょく》・病院《びょういん》での実習《じっしゅう》はもちろん、接客業《せっきゃくぎょう》のアルバイトなどでも相手《あいて》の言葉《ことば》にしっかりと耳《みみ》を傾《かたむ》け、わかりやすい説明《せつめい》をするように心掛《こころが》けていました。

第《だい》5章《しょう》

そもそも「仕《し》事《ごと》」ってなんだろう？

支《ささ》え合《あ》うのが人間《にんげん》の社会《しゃかい》

「仕《し》事《ごと》」はいったいなんのためにある？

私《わたし》たちは社会《しゃかい》の中《なか》で、それぞれが役割《やくわり》を担《にな》いながら生《い》きています。仕事《しごと》は「誰《だれ》かの役《やく》に立《た》つ」ことなのです。

社会《しゃかい》の中《なか》で自分《じぶん》の役割《やくわり》を持《も》つ

「仕事《しごと》」とは、わかりやすくいえば「**社会《しゃかい》の中《なか》の役割《やくわり》**」といえるでしょう。学校《がっこう》に給食係《きゅうしょくがかり》や生《い》き物係《ものがかり》などがあるように、社会《しゃかい》の中《なか》でさまざまな役割《やくわり》＝仕事《しごと》があって、世《よ》の中《なか》は成《な》り立《た》っています。

労働政策研究《ろうどうせいさくけんきゅう》・研修機構《けんしゅうきこう》の調査《ちょうさ》によると、**日本《にほん》には1万《まん》8000種類《しゅるい》以上《いじょう》もの職業《しょくぎょう》があります。**あなたが食《た》べているものや着《き》ている服《ふく》、遊《あそ》んでいるゲームなど、**身《み》の回《まわ》りのあらゆるモノやサービスが、誰《だれ》かの仕事《しごと》によってつくられています。**あなたが生活《せいかつ》できているのは、親《おや》が家族《かぞく》のために働《はたら》いているからだけではなく、さまざまな人《ひと》が社会《しゃかい》の中《なか》で仕事《しごと》をしているからなのです。

お金《かね》をかせぐだけが幸《しあわ》せな人生《じんせい》ではない

「働《はたら》く」とは、言《い》い換《か》えれば「**誰《だれ》かの役《やく》に立《た》つ**」ということです。世《よ》の中《なか》にあるほとんどの仕事《しごと》は、自分《じぶん》のためだけではなく、ほかの人《ひと》のためのものでもあるということです。

たくさんお金《かね》をかせいだり、周《まわ》りがうらやましがったりするような仕《し》事《ごと》をするのが、幸《しあわ》せな人生《じんせい》を送《おく》るための条件《じょうけん》ではありません。自分《じぶん》の得《とく》意《い》なことを生《い》かして仕事《しごと》をし、たくさんの人《ひと》に「ありがとう」と思《おも》ってもらえたら、しかもそれが自分《じぶん》の好《す》きなことだったとしたら、それは幸《こう》福《ふく》なことだと思《おも》いませんか？

あなたもぜひ、そういう仕事《しごと》を見《み》つけていってください。

働《はたら》くことで社会《しゃかい》の中《なか》で役割《やくわり》を持《も》つ

住民《じゅうみん》の暮《く》らしを守《まも》る
誰《だれ》かの「欲《ほ》しい」をかたちに

5-1

人《ひと》が働《はたら》く理《り》由《ゆう》とは？

働《はたら》く理由《りゆう》は人《ひと》それぞれ。もちろん、「食《た》べていくため」にお金《かね》をかせぐのは重《じゅう》要《よう》ですが、それだけではありません。

お金《かね》はもちろん大事《だいじ》だけれど…

人《ひと》はなぜ働《はたら》くのでしょうか。**「お金《かね》をかせぐため」というのが、大人《おとな》が働《はたら》いているいちばんの理由《りゆう》**です。

子《こ》どものときは、住《す》むところや食《た》べるもの、着《き》るものなどのお金《かね》を家族《かぞく》に払《はら》ってもらっていると思《おも》います。しかし、大人《おとな》になるとこれらをすべて、自分《じぶん》のお金《かね》から支払《しはら》わなければいけません。どんなに仕事《しごと》が大変《たいへん》でも、**働《はたら》いてお金《かね》をかせがないと現代社会《げんだいしゃかい》では生《い》きてはいけない**のです。

ただし、**お金《かね》を得《え》ることだけが働《はたら》**

知《し》っておきたい！

「働《はたら》かない」という選択《せんたく》はあり？

人《ひと》の役《やく》に立《た》ちたい
社会《しゃかい》の一員《いちいん》としての役割《やくわり》を果《は》たすため

内閣府《ないかくふ》「子供《こども》・若者白書《わかものはくしょ》」によると、15～39歳《さい》の若年無業者《じゃくねんむぎょうしゃ》は75万人《まんにん》（人口《じんこう》に占《し》める割合《わりあい》は2.3%）にのぼり、その数《かず》は年々増《ねんねんふ》えています。若年無業者《じゃくねんむぎょうしゃ》とは、ニートや引《ひ》きこもりを含《ふく》めた仕事《しごと》につけない独身者《どくしんしゃ》のことです。働《はたら》かない理由《りゆう》の上位《じょうい》3つは、「病気《びょうき》・けがのため」(33.5%)、「知識《ちしき》・能力《のうりょく》に自信《じしん》がない」(11.8%)、「急《いそ》いで仕事《しごと》につく必要《ひつよう》がない」(7.3%)。病気《びょうき》やけがで働《はたら》けない人《ひと》などを除《のぞ》けば、働《はたら》けるのに働《はたら》いていない人《ひと》も多《おお》いことがわかりました。社会《しゃかい》の中《なか》で自立《じりつ》して生《い》きていくためには、仕事《しごと》をすることが欠《か》かせません。「大変《たいへん》そうだから働《はたら》きたくない」などと思《おも》わずに、自分《じぶん》が活躍《かつやく》できそうな場所《ばしょ》をいまからどんどん探《さが》していってください。

く理由《りゆう》ではありません。もしお金《かね》だけが大切《たいせつ》なら、お金《かね》をじゅうぶんに持《も》っている人《ひと》は、もう「働《はたら》こう」とは思《おも》わないはずです。

誰《だれ》かの「ありがとう」がお金《かね》に変《か》わる

人《ひと》は、誰《だれ》かの役《やく》に立《た》つことで、自分《じぶん》の価値《かち》を感《かん》じる生《い》き物《もの》です。**「自分《じぶん》の仕事《しごと》で誰《だれ》かがよろこび、感謝《かんしゃ》する気持《きも》ちがお金《かね》になる」**。そう考《かんが》えたら、どんなに辛《つら》い仕事《しごと》だって、あなたにとって「やりがい」になり、人生《じんせい》も充実《じゅうじつ》したものになります。

もちろん、自分《じぶん》のやりたいことを実現《じつげん》するため、自分《じぶん》の得意《とくい》なこと、好《す》きなことを極《きわ》めるために働《はたら》いている人《ひと》もいます。

「お金《かね》のため」だけではなく、自分《じぶん》なりの働《はたら》く理由《りゆう》を持《も》つことが大切《たいせつ》なのです。

5-2

世《よ》の中《なか》の仕《し》事《ごと》を探《さぐ》ってみよう

あなたの周《まわ》りには、いたるところに「仕《し》事《ごと》」があります。世《よ》の中《なか》にどんな仕《し》事《ごと》があるのかを探《さぐ》ってみましょう。

身《み》の回《まわ》りのほとんどは仕事《しごと》によって生《う》まれる

家《いえ》の中《なか》でも外《そと》でも学校《がっこう》でもいいので、あなたの身《み》の回《まわ》りにあるものを思《おも》い浮《う》かべてみてください。

文房具《ぶんぼうぐ》やテレビ、車《くるま》や信号機《しんごうき》、スマホやペットなど、**あなたを取《と》り巻《ま》くほとんどのものは、「仕事《しごと》」によって生《う》み出《だ》されています**。目《め》に見《み》えるものだけではありません。電気《でんき》やガス、インターネット、レストランなどで提供《ていきょう》されるサービスにも、仕事《しごと》が関《かか》わっています。

たとえば、テレビならテレビメー

テレビ
電機《でんき》メーカー、番組《ばんぐみ》制作会社《せいさくがいしゃ》、芸能事務《げいのうじむ》所《しょ》、俳優《はいゆう》、芸人《げいにん》など
髪《かみ》・メイク
美容室《びようしつ》、理容室《りようしつ》、化粧品《けしょうひん》メーカーなど
家《か》具《ぐ》
家具《かぐ》メーカー、家具職人《かぐしょくにん》など
洋《よう》服《ふく》
衣料品店《いりょうひんてん》、アパレル会社《がいしゃ》、繊維《せんい》メーカーなど
ガス・水道《すいどう》・電気《でんき》
ガス会社《がいしゃ》、水道会社《すいどうがいしゃ》、電気会社《でんきがいしゃ》、工事会社《こうじがいしゃ》など
家《いえ》の中《なか》

カーがテレビを製造《せいぞう》し、電気屋《でんきや》さんが売《う》って家庭《かてい》に届《とど》きます。あなたが見《み》ているテレビ番組《ばんぐみ》はテレビ局《きょく》や制《せい》作会社《さくがいしゃ》がつくり、俳優《はいゆう》や芸人《げいにん》などの芸能人《げいのうじん》が番組《ばんぐみ》を盛《も》り上《あ》げてくれます。

世《よ》の中《なか》の仕事《しごと》は、誰《だれ》かの「もっと○○だったらいいな」をかたちにしたもの（100ページ）で、モノやサービスは提供《ていきょう》する側《がわ》と受《う》け取《と》り手《て》がいてはじめて成《な》り立《た》っているのです。

自分《じぶん》の生活《せいかつ》を支《ささ》えているのは誰《だれ》？

普段《ふだん》ほとんど意識《いしき》することはないと思《おも》いますが、あなたの周《まわ》りにはさまざまな仕事《しごと》があふれています。**自分《じぶん》の生活《せいかつ》を誰《だれ》が支《ささ》えているのか、世《よ》の中《なか》にはどんな仕事《しごと》があるのか**に目《め》を向《む》ければ、将来《しょうらい》の仕事《しごと》を見《み》つけるヒントが見《み》つかるはずです。

身《み》の回《まわ》りのほとんどのものに「仕事《しごと》」が関《かか》わっている

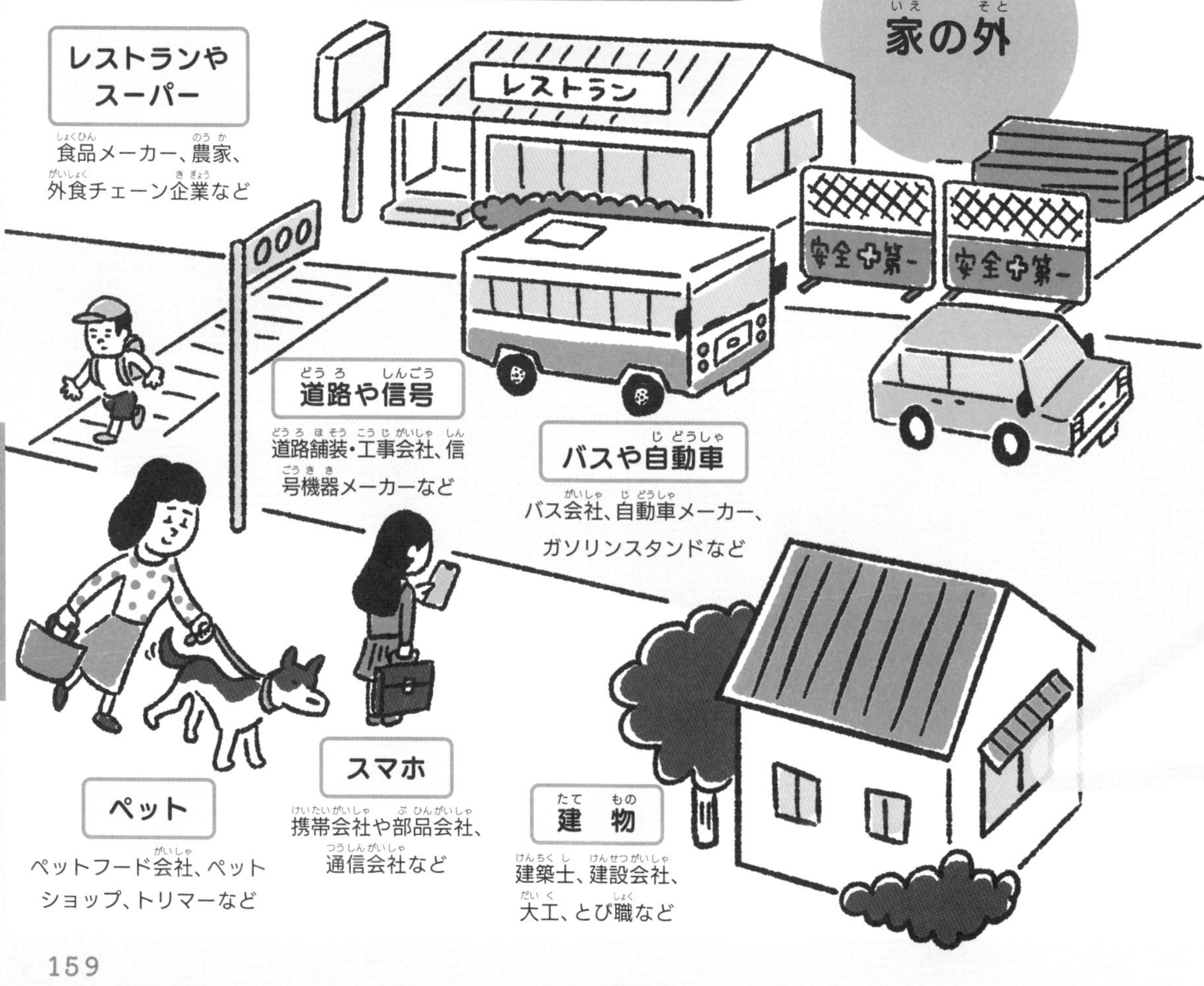

家《いえ》の外《そと》
レストランやスーパー
食品《しょくひん》メーカー、農家《のうか》、外食《がいしょく》チェーン企業《きぎょう》など
レストラン
○○○
安全第一
安全第一
道路《どうろ》や信号《しんごう》
道路舗装《どうろほそう》・工事会社《こうじがいしゃ》、信《しん》号機器《ごうきき》メーカーなど
バスや自動車《じどうしゃ》
バス会社《がいしゃ》、自動車《じどうしゃ》メーカー、ガソリンスタンドなど
ペット
ペットフード会社《がいしゃ》、ペットショップ、トリマーなど
スマホ
携帯会社《けいたいがいしゃ》や部品会社《ぶひんがいしゃ》、通信会社《つうしんがいしゃ》など
建物《たてもの》
建築士《けんちくし》、建設会社《けんせつがいしゃ》、大工《だいく》、とび職《しょく》など

5-3

「業界《ぎょうかい》」ってなんだろう？

日本《にほん》にはいくつもの「業界《ぎょうかい》」があります。業界《ぎょうかい》は、それぞれが密接《みっせつ》な関《かか》わりを持《も》って活動《かつどう》しています。

8つに分類《ぶんるい》される

モノ

メーカー

原材料《げんざいりょう》などを加工《かこう》することで製品《せいひん》を開発《かいはつ》・生産《せいさん》する。

小売《こうり》

さまざまなモノを消《しょう》費者《ひしゃ》に流通《りゅうつう》させる。

商社《しょうしゃ》

モノを「売《う》りたい人《ひと》」と「買《か》いたい人《ひと》」の間《あいだ》をつなぎ、取引《とりひき》をおこなう。

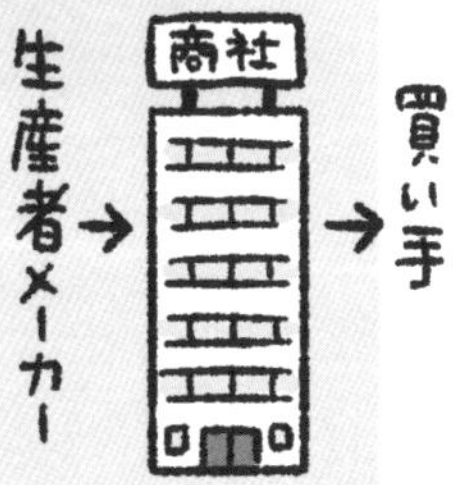

お金《かね》

金融《きんゆう》

お金《かね》を介《かい》して企業《きぎょう》や人《ひと》の活動《かつどう》をサポートする。

国民《こくみん》の生活《せいかつ》を支《ささ》える

官公庁《かんこうちょう》・公社《こうしゃ》・団体《だんたい》

民間《みんかん》ではできない公的《こうてき》な事業《じぎょう》をおこなう。

「業界《ぎょうかい》」は大《おお》きく8つに分類《ぶんるい》できる

あなたは、「業界《ぎょうかい》」という言葉《ことば》を聞《き》いたことがあるでしょうか？　これは簡単《かんたん》にいうと、**企業《きぎょう》を事業《じぎょう》やサービスで分類《ぶんるい》したもの**で、大《おお》きく次《つぎ》の8つに分《わ》けられます。

「**メーカー**」は、原材料《げんざいりょう》などを加工《かこう》して、製品《せいひん》を開発《かいはつ》・生産《せいさん》する業界《ぎょうかい》。「**小売《こうり》**」は、メーカーや卸売業者《おろしうりぎょうしゃ》から仕入《しい》れた商品《しょうひん》を消費者《しょうひしゃ》に販売《はんばい》しています。「**商社《しょうしゃ》**」は、貿易《ぼうえき》でメーカーから仕入《しい》れた商品《しょうひん》を小売店《こうりてん》などに販《はん》売《ばい》していて、仲介料《ちゅうかいりょう》がもうけになり

かたちのないもの

サービス

個人《こじん》や企業《きぎょう》に娯楽《ごらく》や食事《しょくじ》などの「サービス」を提供《ていきょう》する。

IT《アイ ティー》

情報《じょうほう》の伝達《でんたつ》や処理《しょり》・加工《かこう》に関《かか》わるサービスを提供《ていきょう》する。

マスコミ

あらゆる情報《じょうほう》を、それを求《もと》める人々《ひとびと》に伝《つた》える。

ます。これら3つは、**かたちのあるものを扱《あつか》う業界《ぎょうかい》**といえるでしょう。

「**金融《きんゆう》**」は、「**お金《かね》**」**を扱《あつか》う業界《ぎょうかい》**で、銀行《ぎんこう》や証券《しょうけん》、保険《ほけん》などさまざまな業《ぎょう》界《かい》と密接《みっせつ》に関《かか》わりながら経済《けいざい》を支《ささ》えています。

「**サービス**」は、個人《こじん》・企業《きぎょう》が求《もと》めるサービスを提供《ていきょう》し、その対価《たいか》を得《え》ることで利益《りえき》を得《え》ています。「**マスコミ**」は、放送《ほうそう》や出版《しゅっぱん》、新聞《しんぶん》、広《こう》告《こく》などで、世《よ》の中《なか》にあるさまざまな情報《じょうほう》を多《おお》くの人《ひと》に伝《つた》えるのが役割《やくわり》です。「**IT**《アイティー》」は、インターネットや通信《つうしん》、システムを開発《かいはつ》するソフトウェアなどで、情報《じょうほう》の伝達《でんたつ》や処理《しょり》・加工《かこう》に関《かか》わるサービスを提供《ていきょう》します。これら3つは、**かたちのないものを扱《あつか》う業界《ぎょうかい》**です。

営利《えいり》を目的《もくてき》としない業界《ぎょうかい》もある

「**官公庁《かんこうちょう》・公社《こうしゃ》・団体《だんたい》**」は、民間《みんかん》ではできない公的《こうてき》な事業《じぎょう》をおこなうことで社会《しゃかい》に貢献《こうけん》する業界《ぎょうかい》です。ほかの7つの業界《ぎょうかい》と異《こと》なるのは、**営利《えいり》（利益《りえき》の獲得《かくとく》）を目的《もくてき》として存在《そんざい》しているわけではない**という点《てん》です。

官公庁《かんこうちょう》は、国《くに》と地方公共団体《ちほうこうきょうだんたい》の役《やく》所《しょ》を指《さ》し、中央省庁《ちゅうおうしょうちょう》や裁判所《さいばんしょ》、国《こっ》会《かい》、日本銀行《にっぽんぎんこう》などを含《ふく》みます。公《こう》社《しゃ》・団体《だんたい》は地方公共団体《ちほうこうきょうだんたい》や学校《がっこう》、病《びょう》院《いん》など社会《しゃかい》の中《なか》で民間《みんかん》ではできない公的《こうてき》な事業《じぎょう》をおこなう団体《だんたい》です。

業界《ぎょうかい》についてくわしく調《しら》べておけば、「学校《がっこう》で学《まな》んだことを生《い》かせるのはどの業界《ぎょうかい》か」「自分《じぶん》がやりたい仕事《しごと》があるのはどの業界《ぎょうかい》か」と、将《しょう》来《らい》仕事《しごと》を選《えら》ぶ際《さい》のヒントが得《え》られるでしょう。

5-4

会《かい》社《しゃ》の中《なか》には多《た》様《よう》な仕《し》事《ごと》がある

世《よ》の中《なか》の多《おお》くの大人《おとな》は「会社《かいしゃ》」で働《はたら》いています。そもそも会社《かいしゃ》とは、どのような組織《そしき》なのでしょうか?

会社《かいしゃ》の99%以上《いじょう》は小《ちい》さな規模《きぼ》の会社《かいしゃ》

日本全国《にほんぜんこく》には、350万《まん》を超《こ》える会社《かいしゃ》(企業《きぎょう》)があるといわれていて、そのうち**99%以上《いじょう》を規模《きぼ》の小《ちい》さい「中小企業《ちゅうしょうきぎょう》」が占《し》めています。**

会社《かいしゃ》とは、**同《おな》じ目標《もくひょう》・目的《もくてき》を持《も》った人《ひと》たちが集《あつ》まって、それぞれが役割《やくわり》を持《も》って働《はたら》いている場所《ばしょ》**です。

1人《ひとり》でできることは限《かぎ》られますが、みんなの力《ちから》を合《あ》わせれば合《あ》わせるほど、できることは広《ひろ》がっていきます。

では、会社《かいしゃ》の〝中身《なかみ》〟はどうなっているのでしょうか。世《よ》の中《なか》の多《おお》く

会社《かいしゃ》の役割分担《やくわりぶんたん》の例《れい》

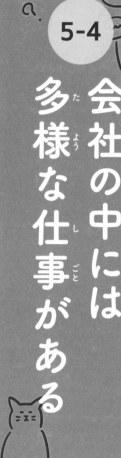

の大人《おとな》は会社《かいしゃ》の中《なか》で会社員《かいしゃいん》として働《はたら》いていますが、同《おな》じ会社《かいしゃ》の中《なか》でも仕《し》事内容《ことないよう》は大《おお》きく違《ちが》います。

会社《かいしゃ》の中《なか》には どんな仕事《しごと》がある？

会社《かいしゃ》は下《した》の図《ず》のように、**さまざまな「部署《ぶしょ》」に分《わ》かれています。**新《あたら》しい商品《しょうひん》や事業《じぎょう》を考《かんが》えるのは「企画《きかく》」の役割《やくわり》です。工場《こうじょう》などで商品《しょうひん》をつくるのは「製造《せいぞう》」で、会社《かいしゃ》や商品《しょうひん》を外《がい》部《ぶ》に向《む》けてアピールするのは「広《こう》報《ほう》」や「宣伝《せんでん》」。商品《しょうひん》を売《う》り込《こ》み、ときに売《う》り方《かた》も考《かんが》えるのが「営業《えいぎょう》」「販売《はんばい》」です。「総務《そうむ》」や「人事《じんじ》」は会社《かいしゃ》の業務《ぎょうむ》をスムーズにする環境《かんきょう》づくりをしています。「経理《けいり》」「会計《かいけい》」「財務《ざいむ》」の役割《やくわり》は、会社《かいしゃ》のお金《かね》を管《かん》理《り》・運用《うんよう》することです。

こうした会社組織《かいしゃそしき》を運営《うんえい》し、とりまとめているのが「経営者《けいえいしゃ》」です。

広報《こうほう》・宣伝《せんでん》
会社《かいしゃ》や商品《しょうひん》をアピールする。
新商品発表会
総務《そうむ》・人事《じんじ》
会社内《かいしゃない》の事務《じむ》を担当《たんとう》する。
○×株式会社
経理《けいり》・会計《かいけい》・財務《ざいむ》
お金《かね》を管理《かんり》・運用《うんよう》する。
営業《えいぎょう》・販売《はんばい》
商品《しょうひん》を売《う》る。

アニメ制作《せいさく》に関《かか》わる
おもな職業《しょくぎょう》
企画《きかく》
プロット
シナリオ
設定《せってい》
デザイン
絵《え》コンテ
演出家《えんしゅつか》
デザイナー
クリエイター
アニメーター
プリプロダクション
作品《さくひん》の大枠《おおわく》を決《き》め、指揮《しき》をとる
監督《かんとく》・ディレクター
脚本家《きゃくほんか》・シナリオライター
プロデューサー

5-5

仕事《しごと》にはいろいろな人《ひと》が関《かか》わっている

モノやサービスが世《よ》に出《で》るまでにはたくさんの人《ひと》が関《かか》わっています。自分《じぶん》の好《す》きなものは誰《だれ》がつくっていますか？

モノやサービスは力《ちから》を合《あ》わせて生《う》み出《だ》される

1冊《さつ》の本《ほん》が読者《どくしゃ》の手元《てもと》に届《とど》くまでに多《おお》くの人《ひと》が関《かか》わっているように（42ページ）、**世《よ》の中《なか》にあるモノやサービスは、さまざまな職種《しょくしゅ》の人《ひと》が力《ちから》を合《あ》わせて生《う》み出《だ》しています。**

海外《かいがい》でも人気《にんき》のアニメの制作現場《せいさくげんば》を例《れい》に見《み》てみましょう。アニメ制作《せいさく》は大《おお》きく3パートに分《わ》かれています。

「プリプロダクション」は、作品《さくひん》の大枠《おおわく》を決《き》めて指揮《しき》する仕事《しごと》。プロデューサーや監督《かんとく》・ディレクター、脚本家《きゃくほんか》、デザイナーが企画《きかく》から絵《え》コ

ンテ制作《せいさく》までの工程《こうてい》を担当《たんとう》します。

次《つぎ》の「プロダクション」は、絵《え》を描《か》いて動《うご》かす仕事《しごと》。アニメーターが作画《さくが》して色《いろ》をつけ、音《おと》のないアニメをつくるまでの工程《こうてい》を担当《たんとう》します。

最後《さいご》の「ポストプロダクション」は、動画《どうが》に音声《おんせい》を収録《しゅうろく》し、編集《へんしゅう》する仕事《しごと》です。編集《へんしゅう》クリエイターや声《せい》優《ゆう》、音響《おんきょう》エンジニアなどが最終的《さいしゅうてき》にアニメを仕上《しあ》げます。

「好《す》き」を実現《じつげん》する仕事《しごと》はたくさんある

このように、完成《かんせい》までの道《みち》のりは長《なが》いのですが、好《す》きなアニメの制作《せいさく》に関《かか》わりたい人《ひと》には**これだけたくさんの選択肢《せんたくし》がある**ということです。

自分《じぶん》が好《す》きなモノ・サービスがどのように生《う》まれているか。それを知《し》っておくことが、進学先《しんがくさき》や仕事《しごと》を選《えら》ぶ際《さい》のヒントになります。

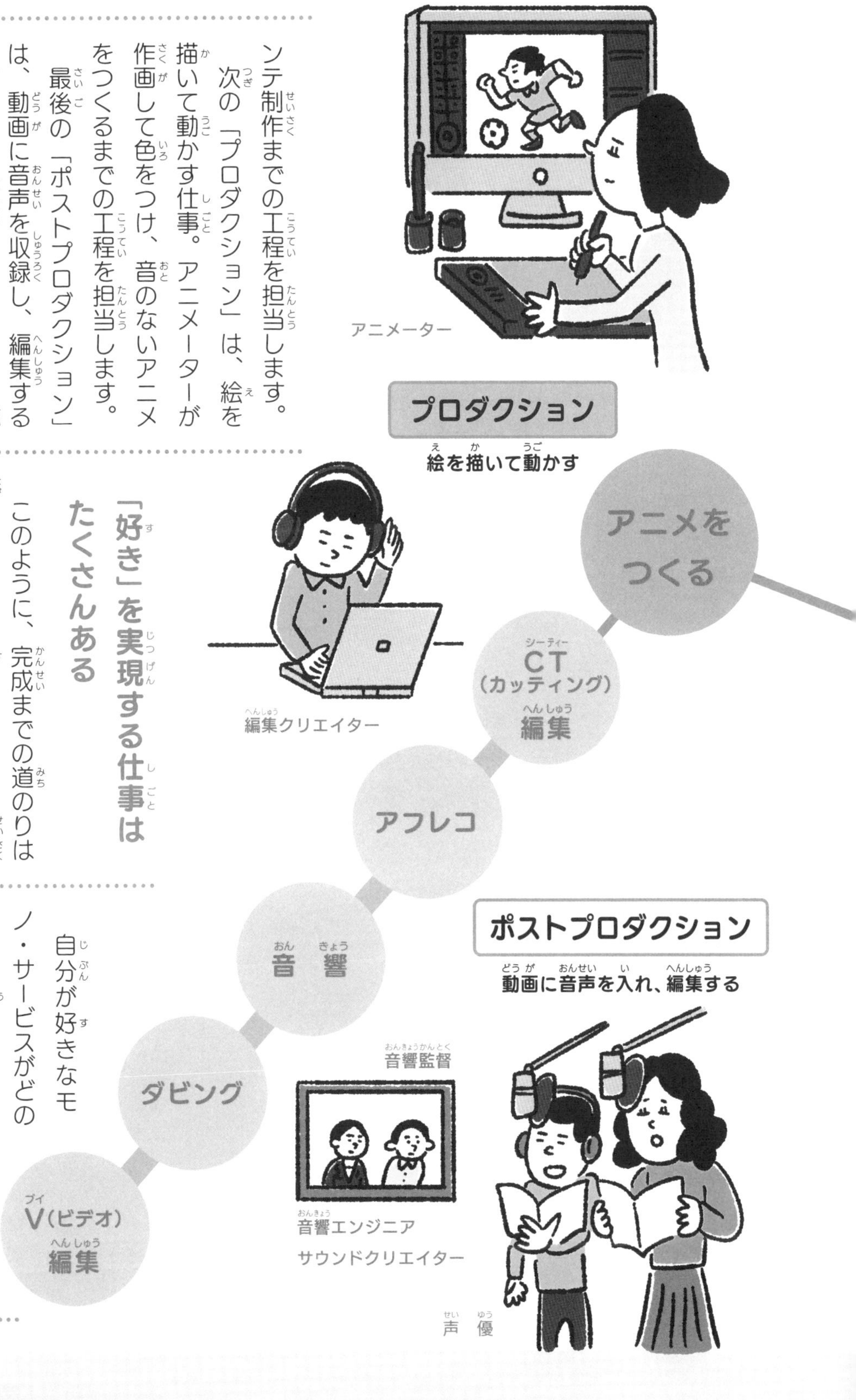
アニメーター
プロダクション
絵《え》を描《か》いて動《うご》かす
アニメをつくる
CT《シーティー》
（カッティング）
編集《へんしゅう》
編集《へんしゅう》クリエイター
アフレコ
ポストプロダクション
動画《どうが》に音声《おんせい》を入《い》れ、編集《へんしゅう》する
音《おん》響《きょう》
音響監督《おんきょうかんとく》
ダビング
音響《おんきょう》エンジニア
サウンドクリエイター
V《ブイ》（ビデオ）
編集《へんしゅう》
声《せい》優《ゆう》

会社《かいしゃ》からもらう「給与明細《きゅうよめいさい》」を見《み》てみると…

「給与明細《きゅうよめいさい》」は、勤《つと》めている会社《かいしゃ》から毎月《まいつき》もらう支払《しはら》い明細《めいさい》。出勤状況《しゅっきんじょうきょう》だけではなく、手当《てあて》や税金《ぜいきん》、社会保障《しゃかいほしょう》など、お金《かね》に関《かか》わることが記載《きさい》されています。

氏名《しめい》		令和《れいわ》6年《ねん》　4月分《がつぶん》
山田太郎《やまだたろう》		○○○株式会社《かぶしきがいしゃ》
遅刻早退《ちこくそうたい》	有給休暇《ゆうきゅうきゅうか》	
0	1	
休日深夜《きゅうじつしんや》		
0		
出張手当《しゅっちょうてあて》		
10,000		
		総支給額《そうしきゅうがく》
		253,000
介護保険《かいごほけん》	社会保険合計《しゃかいほけんごうけい》	
0	34,719	
		控除合計《こうじょごうけい》
		46,129
		総支給額《そうしきゅうがく》
		206,871

「有給休暇《ゆうきゅうきゅうか》」って何《なに》？

一定期間勤《いっていきかんつと》めた人《ひと》に対《たい》して、心身《しんしん》の疲労《ひろう》を回復《かいふく》してゆとりある生活《せいかつ》を保障《ほしょう》するために与《あた》えられる休暇《きゅうか》のこと。賃金《ちんぎん》が減額《げんがく》されない(有給《ゆうきゅう》)で休《やす》める休暇《きゅうか》です。有給休暇《ゆうきゅうきゅうか》は法律《ほうりつ》で決《き》められた権利《けんり》なので、企業側《きぎょうがわ》がその権利《けんり》を使《つか》わせないのは違法《いほう》です。

最終的《さいしゅうてき》に手元《てもと》に残《のこ》るお金《かね》は？

毎月《まいつき》の給料《きゅうりょう》では、「基本給《きほんきゅう》」にさまざまな「手当《てあて》」をプラスしてから「控除《こうじょ》」を差《さ》し引《ひ》いた金額《きんがく》を受《う》け取《と》ります。

「給与明細《きゅうよめいさい》」の内容《ないよう》は大《おお》きく3つに分《わ》けられる

勤《きん》　怠《たい》

出勤日数《しゅっきんにっすう》や欠勤日数《けっきんにっすう》、勤務時間《きんむじかん》、残業時間《ざんぎょうじかん》など、「実際《じっさい》に勤務《きんむ》した日数《にっすう》・時間《じかん》」のこと。

支《し》　給《きゅう》

基本給《きほんきゅう》や残業手当《ざんぎょうてあて》、役職手当《やくしょくてあて》など、「勤務先《きんむさき》から支払《しはら》われる金額《きんがく》」のこと。

控《こう》　除《じょ》

社会保険《しゃかいほけん》（健康保険《けんこうほけん》）や所得税《しょとくぜい》など、「給与《きゅうよ》から天引《てんび》きで支払《しはら》われる金額《きんがく》」のこと。

「社会保険《しゃかいほけん》」って何《なに》？

社会保険《しゃかいほけん》は、私《わたし》たちの生活《せいかつ》を保障《ほしょう》することを目的《もくてき》としたもので、万《まん》が一《いち》の事故《じこ》に備《そな》えるための公的《こうてき》な保険制度《ほけんせいど》のこと。日々《ひび》の生活《せいかつ》の中《なか》には、けがや病気《びょうき》、介護《かいご》、失業《しつぎょう》などさまざまなリスクがひそんでいます。こうした事態《じたい》が起《お》きたときのために、国民《こくみん》がお金《かね》を出《だ》し合《あ》って助《たす》け合《あ》うしくみです。

	社員番号《しゃいんばんごう》	所《しょ》　属《ぞく》	
	S12345	営業部《えいぎょうぶ》	
勤《きん》怠《たい》	出勤日数《しゅっきんにっすう》	休日出勤《きゅうじつしゅっきん》	欠勤日数《けっきんにっすう》
	20	0	0
	勤務時間《きんむじかん》	普通残業《ふつうざんぎょう》	深夜残業《しんやざんぎょう》
	160	8	0
支《し》給《きゅう》	基本給《きほんきゅう》	役職手当《やくしょくてあて》	家族手当《かぞくてあて》
	210,000	0	0
	残業手当《ざんぎょうてあて》	住宅手当《じゅうたくてあて》	
	18,000	15,000	
控《こう》除《じょ》	健康保険《けんこうほけん》	厚生年金《こうせいねんきん》	雇用保険《こようほけん》
	12,000	21,960	759
	所得税《しょとくぜい》	住民税《じゅうみんぜい》	税額合計《ぜいがくごうけい》
	5,410	6,000	11,410

みんなが安心《あんしん》して暮《く》らすための「税《ぜい》」

私《わたし》たちが納《おさ》めた税金《ぜいきん》は、国《くに》や自治体《じちたい》が警察《けいさつ》や消防《しょうぼう》、道路《どうろ》・水道《すいどう》の整備《せいび》といった「みんなのために役立《やくだ》つ活動《かつどう》」、年金《ねんきん》・医療《いりょう》・福祉《ふくし》・教育《きょういく》といった「社会《しゃかい》での助《たす》け合《あ》いのための活動《かつどう》」などに使《つか》います。みんなが安心《あんしん》して暮《く》らせるよう、「会費《かいひ》」を出《だ》し合《あ》って社会《しゃかい》を支《ささ》えているといえるでしょう。

5-6 仕《し》事《ごと》はお金《かね》のため？ やりがいのため？

「仕事《しごと》に何《なに》を求《もと》めるか」は人《ひと》によって違《ちが》います。やりがいを持《も》って働《はたら》くには、仕事《しごと》を「天職《てんしょく》」だと思《おも》うことです。

「仕事観《しごとかん》」を表《あらわ》す 3つのタイプ

働《はたら》いている人《ひと》は、自分《じぶん》の仕事《しごと》に対《たい》してそれぞれの価値観《かちかん》を持《も》っています。その「仕事観《しごとかん》」をアメリカの社《しゃ》会学者《かいがくしゃ》、ロバート・ベラー博士《はかせ》らが次《つぎ》の3つのタイプに分類《ぶんるい》しました。

1つ目《め》は「**ジョブ**」です。このタイプの人《ひと》は、仕事《しごと》を「**お金《かね》と生活《せいかつ》のための労働《ろうどう》**」と考《かんが》えます。仕事自体《しごとじたい》に楽《たの》しさを求《もと》めていないため、仕事《しごと》のやりがいや何《なに》かを達成《たっせい》したときの満足感《まんぞくかん》は、あまり高《たか》くありません。

2つ目《め》は「**キャリア**」です。このタイプは、仕事《しごと》を「**地位《ちい》と名誉《めいよ》のためにするもの**」と割《わ》り切《き》って働《はたら》いています。目標《もくひょう》を達成《たっせい》すると満足《まんぞく》し、すぐに次《つぎ》の目標《もくひょう》を立《た》てようとするのが特徴《とくちょう》です。

仕事《しごと》に対《たい》する 3つの価値観《かちかん》

コーリング

天職《てんしょく》としての労働《ろうどう》。仕事《しごと》そのものに意味《いみ》と意義《いぎ》を感《かん》じ、それをモチベーションの原動《げんどう》力《りょく》にしている。

ジョブ

お金《かね》のための労働《ろうどう》。仕事《しごと》に対《たい》するやりがいや成長《せいちょう》はあまり感《かん》じられず、仕方《しかた》ないからやるという気持《きも》ちで働《はたら》く。

3つ目《め》は「**コーリング**」（「天《てん》から呼《よ》ばれる」という意味《いみ》）です。このタイプの人《ひと》は「**意義《いぎ》とやりがい**」を仕《し》事《ごと》のおもな目的《もくてき》にしていて、自分《じぶん》の仕事《しごと》を「天職《てんしょく》」と考《かん》えています。

自分《じぶん》らしく 生《い》き生《い》きと働《はたら》くために

これらのうち「どれが良《よ》くてどれが悪《わる》いか」というわけではありませんが、仕事《しごと》の「やりがい」は、ジョブよりもキャリア、キャリアよりもコーリングが高《たか》いのは明《あき》らかです。人《ひと》は、社会的《しゃかいてき》な意義《いぎ》を感《かん》じながら働《はたら》いているときに最《もっと》も自分《じぶん》らしく、生《い》き生《い》きと輝《かがや》けます。コーリングになれる仕事《しごと》をぜひ見《み》つけてください。

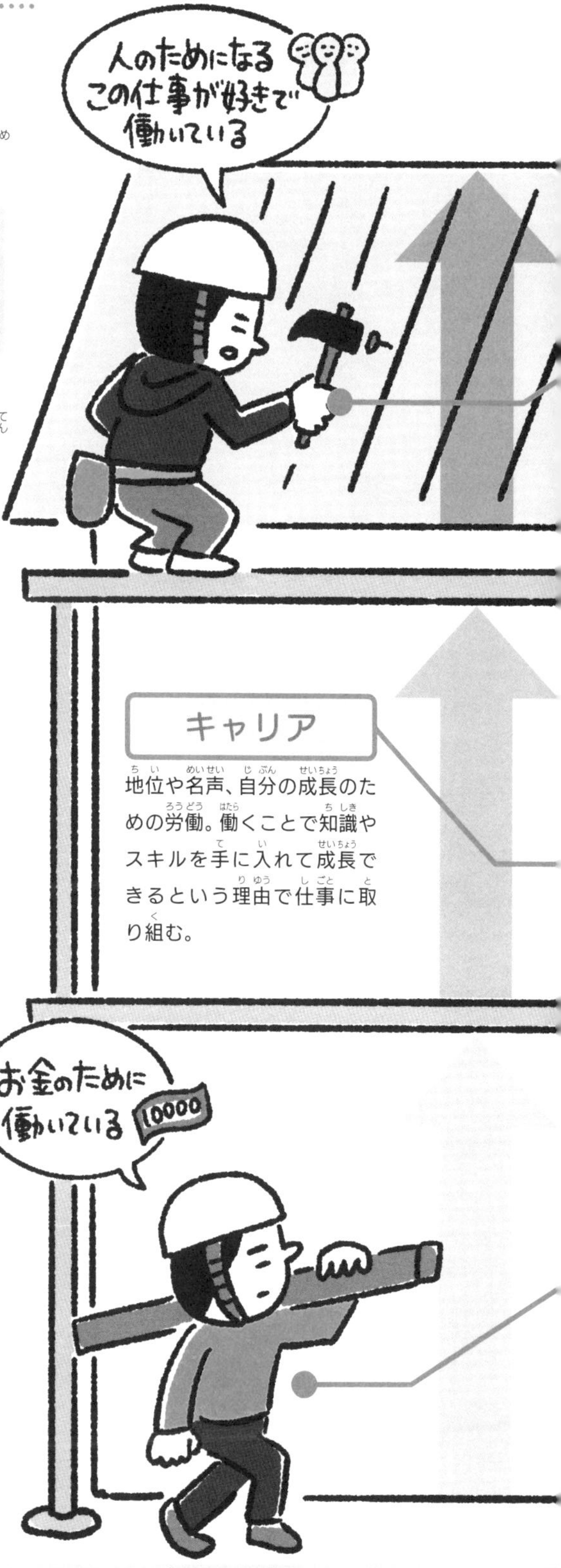

知《し》っておきたい！

お金《かね》がたくさん あれば幸《しあわ》せなの？

仕事《しごと》でたくさんお金《かね》を稼《かせ》げるようになるのは、すごいことです。お金《かね》は、仕事《しごと》を頑張《がんば》った証《あかし》でもあるからです。では、お金《かね》をたくさん稼《かせ》げば必《かなら》ず幸《しあわ》せになれるのでしょうか？　給料《きゅうりょう》が高《たか》くても仕事《しごと》が大変《たいへん》すぎて体《からだ》を壊《こわ》してしまう人《ひと》もいますし、お金《かね》があっても、ごうまんでつねに人《ひと》を見下《みくだ》しているような人《ひと》は、豊《ゆた》かな人生《じんせい》を送《おく》っているとは言《い》い難《がた》いでしょう。生《い》きていくうえでお金《かね》は必要《ひつよう》ですし、お金《かね》はなるべくあったほうがいいのは確《たし》かです。しかし、幸《しあわ》せな人生《じんせい》を送《おく》るために大切《たいせつ》なことはほかにもたくさんあります。人生《じんせい》は「お金《かね》がすべてではない」のです。

5-7

正社員《せいしゃいん》、アルバイト…いろいろな「働《はたら》き方《かた》」

あなたは将来《しょうらい》、どのように働《はたら》きたいですか？　「働《はたら》き方《かた》」は、会社《かいしゃ》に雇《やと》われて働《はたら》くだけではありません。

さまざまな「働《はたら》き方《かた》」

派遣会社
正社員《せいしゃいん》
働《はたら》く時間《じかん》・場所《ばしょ》など、会社《かいしゃ》の決《き》まりに従《したが》って働《はたら》く。正社員《せいしゃいん》とは別《べつ》に、働《はたら》く期間《きかん》を決《き》めて会社《かいしゃ》に雇《やと》われる「契約社員《けいやくしゃいん》」もいる。
派遣会社《はけんがいしゃ》から派遣《はけん》されて、限《かぎ》られた期間《きかん》だけ働《はたら》く。
派遣社員《はけんしゃいん》
会社《かいしゃ》で働《はたら》く
アルバイト（パート）
働《はたら》く日《ひ》や働《はたら》く時間《じかん》を選《えら》んで働《はたら》く。家事《かじ》が忙《いそが》しい人《ひと》、学生《がくせい》などでも働《はたら》きやすい。
経営者《けいえいしゃ》
会社《かいしゃ》を運営《うんえい》するために働《はたら》く責任者《せきにんしゃ》。

会社《かいしゃ》での働《はたら》き方《かた》は1つだけではない

「仕事《しごと》」と聞《き》くと、就職活動《しゅうしょくかつどう》をして会社《かいしゃ》に就職《しゅうしょく》するのが一般的《いっぱんてき》なイメージだと思《おも》います。しかし、**働《はたら》き方《かた》にはいろいろな形態《けいたい》があります。**

会社員《かいしゃいん》には、会社《かいしゃ》から正式《せいしき》に雇《やと》われた「正社員《せいしゃいん》」と、ほかの会社《かいしゃ》から貸《か》し出《だ》されるかたちで派遣《はけん》され、限《かぎ》られた期間働《きかんはたら》く「派遣社員《はけんしゃいん》」などがいます。会社《かいしゃ》とパートタイム契約《けいやく》を結《むす》んで働《はたら》くのは「アルバイト（パート）」です。「経営者《けいえいしゃ》」は、責任者《せきにんしゃ》として会社《かいしゃ》を維持《いじ》・運営《うんえい》します。

国《くに》や自治体《じちたい》で働《はたら》く

国家公務員《こっかこうむいん》

国家公務員《こっかこうむいん》は中央省庁《ちゅうおうしょうちょう》、国会《こっかい》、裁判所《さいばんしょ》などの国家機関《こっかきかん》で国《くに》の運営《うんえい》に関《かか》わる仕事《しごと》をする。地方公務員《ちほうこうむいん》は県庁《けんちょう》や都道府県《とどうふけん》の役所《やくしょ》などの自治体組織《じちたいそしき》で地域住民《ちいきじゅうみん》の生活《せいかつ》に密着《みっちゃく》した業務《ぎょうむ》をおこなう。

地方公務員《ちほうこうむいん》

団体《だんたい》やNPO《エヌピーオー》で働《はたら》く

NPO《エヌピーオー》（非営利団体《ひえいりだんたい》）は、お金《かね》をかせぐためではなく、人《ひと》や動物《どうぶつ》の役《やく》に立《た》つことを目的《もくてき》とする。

個人《こじん》で働《はたら》く

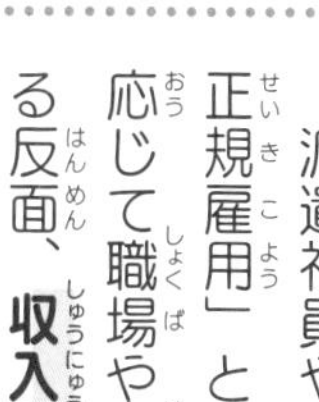

会社《かいしゃ》に属《ぞく》さず、個人《こじん》や自分《じぶん》の店《みせ》で仕事《しごと》をする。専門的《せんもんてき》な知識《ちしき》や技術《ぎじゅつ》を持《も》つ職種《しょくしゅ》が多《おお》い。

フリーランス・自営業《じえいぎょう》

派遣社員《はけんしゃいん》やアルバイトなどは「非正規雇用《ひせいきこよう》」と呼《よ》ばれ、自分《じぶん》の都合《つごう》に応《おう》じて職場《しょくば》や働《はたら》く時間《じかん》・内容《ないよう》を選《えら》べる反面《はんめん》、**収入《しゅうにゅう》が不安定《ふあんてい》で、会社《かいしゃ》の都合《つごう》で仕事《しごと》がなくなることもあります。**

公務員《こうむいん》は、国《くに》や自治体《じちたい》（都道府県《とどうふけん》・市町村《しちょうそん》など）に雇《やと》われて、そこに住《す》む人々《ひとびと》のために働《はたら》きます。

雇《やと》われない働《はたら》き方《かた》「フリーランス」

個人《こじん》で働《はたら》く「フリーランス」や自分《じぶん》の店《みせ》で商売《しょうばい》をする「自営業《じえいぎょう》」は、会社《かいしゃ》に雇《やと》われない働《はたら》き方《かた》です。

フリーランスは**専門的《せんもんてき》な知識《ちしき》や技術《ぎじゅつ》を武器《ぶき》に働《はたら》きます。**仕事《しごと》のやり方《かた》は自分次第《じぶんしだい》ですが、依頼主《いらいぬし》の都合《つごう》に合《あ》わせることも少《すく》なくありません。どの働《はたら》き方《かた》にも、長所《ちょうしょ》と短所《たんしょ》があります。自分《じぶん》が大切《たいせつ》にすることはなんなのかを考《かんが》えて選《えら》ぶのです。

5-8

1つの会《かい》社《しゃ》で一生《いっしょう》働《はたら》かなくてもいい

就職《しゅうしょく》したら同《おな》じ会社《かいしゃ》でずっと働《はたら》く必要《ひつよう》はありません。自分《じぶん》のやりたいことを求《もと》め、働《はたら》く会社《かいしゃ》を変《か》えてもいいのです。

柔軟《じゅうなん》に働《はたら》ける時代《じだい》に あなたは生《い》きている

一昔前《ひとむかしまえ》の日本《にほん》では、「終身雇用《しゅうしんこよう》」といって、1つの会社《かいしゃ》に就職《しゅうしょく》したら定年《ていねん》までずっとそこで働《はたら》き続《つづ》けるのが一般的《いっぱんてき》でした。そのため、「いい大学《だいがく》に入《い》り、有名《ゆうめい》な大企業《だいきぎょう》に就職《しゅうしょく》すれば一生安泰《いっしょうあんたい》」などと思《おも》う人《ひと》も少《すく》なくなかったのです。

しかし現在《げんざい》は、**「働《はたら》く＝1つの会社《かいしゃ》で定年《ていねん》まで勤《つと》め上《あ》げる」という時代《じだい》ではなくなってきています。**言《い》い換《か》えれば、あなたは昔《むかし》よりも柔軟《じゅうなん》に働《はたら》ける時代《じだい》に生《い》きているのです。

A《エー》さんの場合《ばあい》

就《しゅう》職《しょく》

旅行会社《りょこうがいしゃ》に就職《しゅうしょく》。国内外《こくないがい》のパッケージツアー（パック旅行《りょこう》）の企画《きかく》・販売《はんばい》をおこなう。

転《てん》職《しょく》

スマホのアプリをつくる会社《かいしゃ》に転職《てんしょく》。アプリの企画《きかく》・開発《かいはつ》に携《たずさ》わる。

働《はたら》き方《かた》も“多様性《たようせい》”の時代《じだい》に

たとえば「転職《てんしょく》」です。就職《しゅうしょく》した会社《かいしゃ》で自分《じぶん》の能力《のうりょく》・スキルを磨《みが》き、**さらに良《よ》い待遇《たいぐう》、もっと自分《じぶん》が輝《かがや》ける場所《ばしょ》を求《もと》めて次《つぎ》の会社《かいしゃ》に転職《てんしょく》**する人《ひと》はたくさんいます。もちろん、転《てん》職《しょく》の理由《りゆう》は人《ひと》それぞれ。「ほかにやりたいことができた」「頑張《がんば》ってみたけれどうまくいかない」という理《り》由《ゆう》で仕事《しごと》を変《か》えてもいいのです。

好《す》きなことを副業《ふくぎょう》にしてもいい

最近《さいきん》では、**「副業《ふくぎょう》」を認《みと》める会社《かいしゃ》も増加《ぞうか》**しています。本業《ほんぎょう》を持《も》ちながら、本業《ほんぎょう》で働《はたら》く以外《いがい》の時間《じかん》を使《つか》って自分《じぶん》の好《す》きなことを副業《ふくぎょう》にしてかせぐことができるのです。

すでにある会社《かいしゃ》に就職《しゅうしょく》するのではなく、新《あたら》しく事業《じぎょう》を起《お》こすことを「起業《きぎょう》」といい、**近年《きんねん》は学生《がくせい》のうちに起業《きぎょう》する人《ひと》も増《ふ》えています。**

知《し》っておきたい！

「資格《しかく》」が必要《ひつよう》な職業《しょくぎょう》もある

「資格《しかく》」とは、あることをおこなうために必要《ひつよう》な条件《じょうけん》のことです。資格《しかく》には「国家資格《こっかしかく》」「公的資格《こうてきしかく》」「民間資格《みんかんしかく》」の3つがあります。国家資格《こっかしかく》は法律《ほうりつ》によって社会的地位《しゃかいてきちい》が保証《ほしょう》されるもので、社《しゃ》会《かい》での信頼性《しんらいせい》が高《たか》い資格《しかく》です。公的資《こうてきし》格《かく》は地方自治体《ちほうじちたい》や大臣《だいじん》などが認定《にんてい》している資格《しかく》で、民間資格《みんかんしかく》は民間《みんかん》の事業者《じぎょうしゃ》・団体《だんたい》などが審査《しんさ》し、認定《にんてい》する資格《しかく》です。資格《しかく》には、医師《いし》や看護師《かんごし》、弁護士《べんごし》、調理《ちょうり》師、美容師《びようし》、保育士《ほいくし》（いずれも国家資格《こっかしかく》）などのような職業《しょくぎょう》につくための資格《しかく》もあれば、漢字検定《かんじけんてい》や英語検定《えいごけんてい》のように能力《のうりょく》を証明《しょうめい》するものもあります。
あなたがつきたい職業《しょくぎょう》に資格《しかく》が必須《ひっす》なら、資格取得《しかくしゅとく》に必要《ひつよう》な勉強《べんきょう》や進路《しんろ》についてチェックしておきましょう。

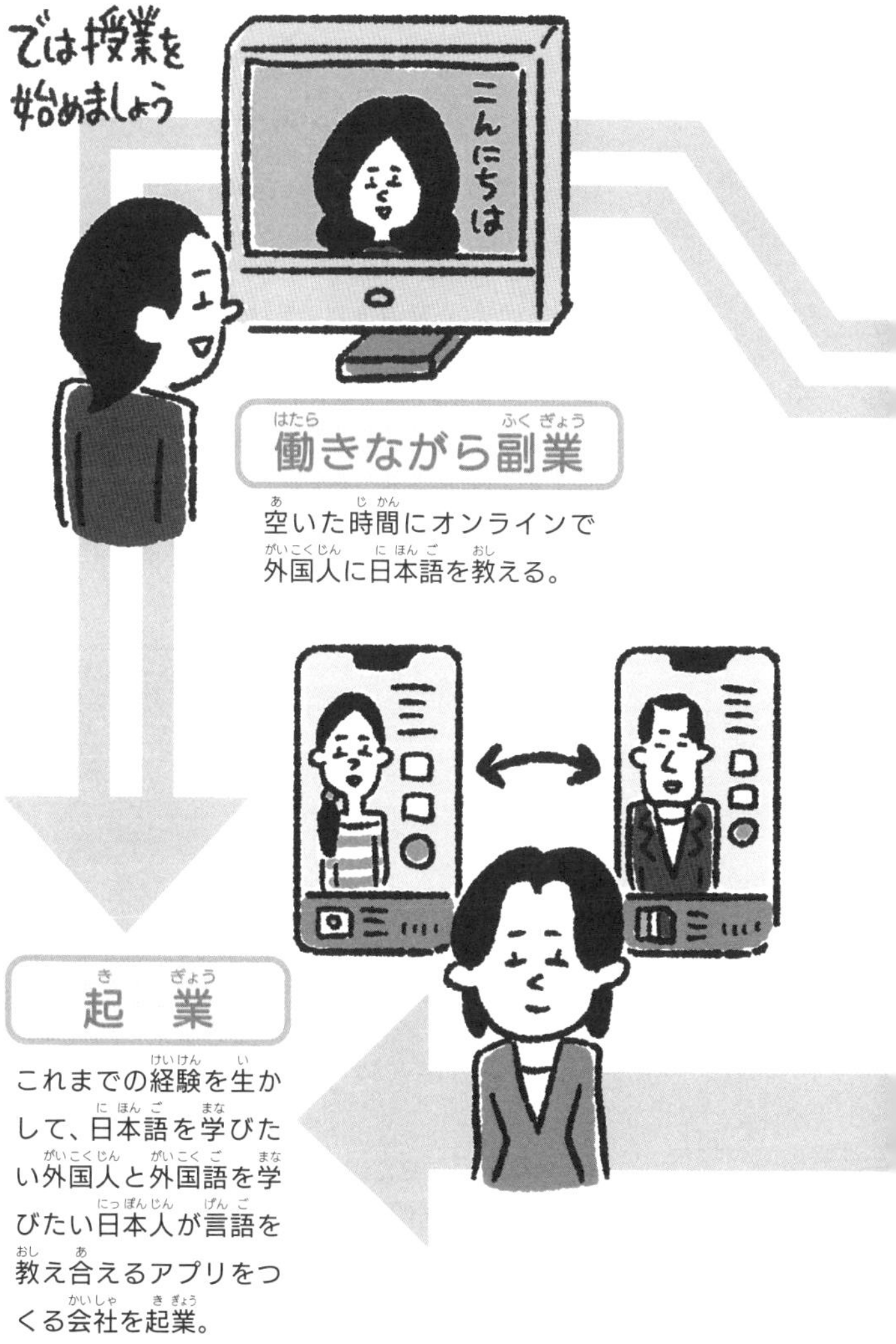

では授業を始めましょう
こんにちは
働《はたら》きながら副業《ふくぎょう》
空《あ》いた時間《じかん》にオンラインで外国人《がいこくじん》に日本語《にほんご》を教《おし》える。
起《き》業《ぎょう》
これまでの経験《けいけん》を生《い》かして、日本語《にほんご》を学《まな》びたい外国人《がいこくじん》と外国語《がいこくご》を学《まな》びたい日本人《にっぽんじん》が言語《げんご》を教《おし》え合《あ》えるアプリをつくる会社《かいしゃ》を起業《きぎょう》。

5-9 知《し》っておきたい仕事《しごと》とお金《かね》の関係《かんけい》

働《はたら》くとなぜ給料《きゅうりょう》がもらえるのでしょうか？ お金《かね》が手元《てもと》にやってくるしくみを、会社員《かいしゃいん》を例《れい》に見《み》てみましょう。

労働《ろうどう》とお金《かね》のサイクル（会社員《かいしゃいん》の場合《ばあい》）

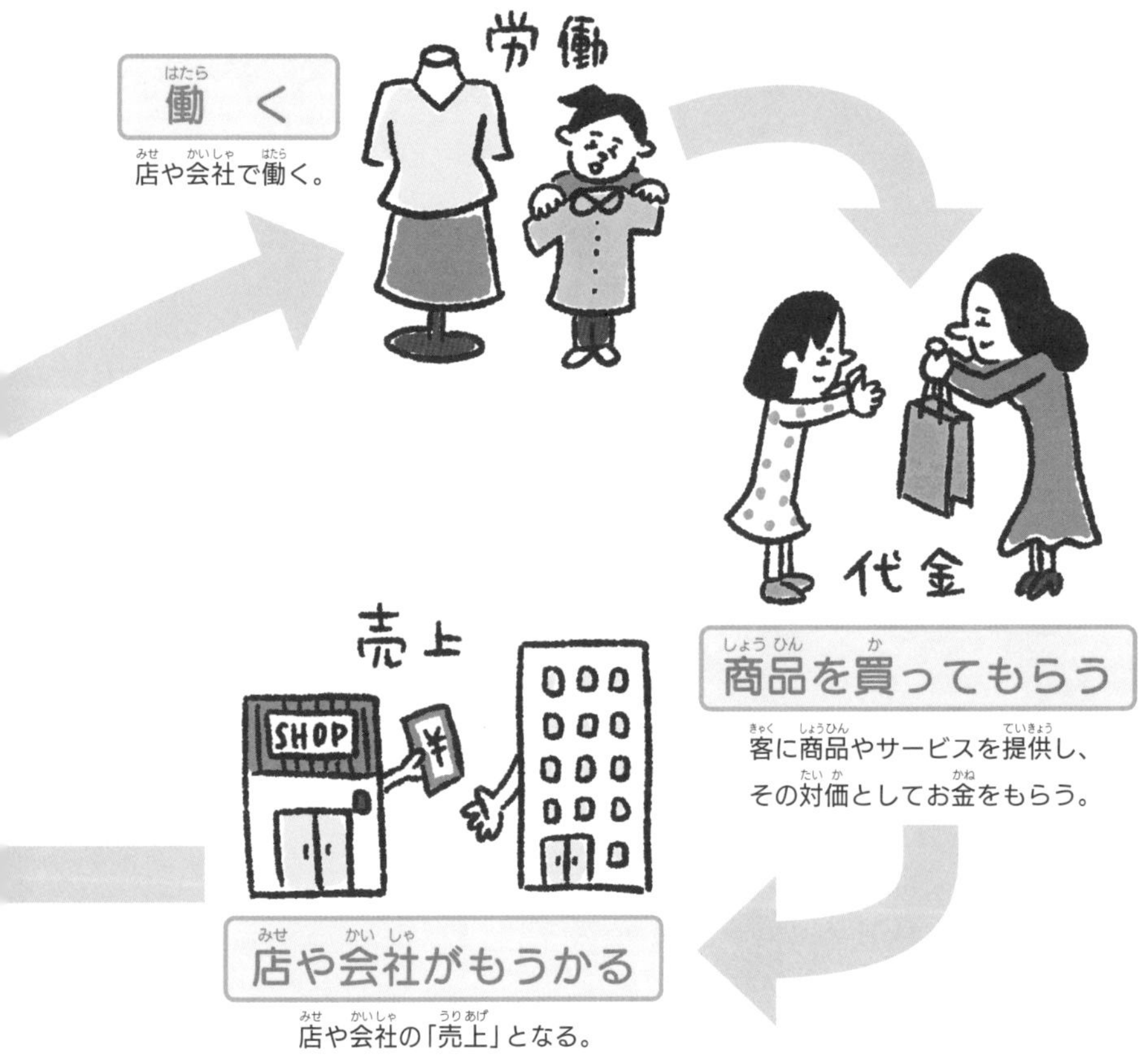

働《はたら》く
店《みせ》や会社《かいしゃ》で働《はたら》く。
労働
代金
商品《しょうひん》を買《か》ってもらう
客《きゃく》に商品《しょうひん》やサービスを提供《ていきょう》し、その対価《たいか》としてお金《かね》をもらう。
売上
SHOP
¥
店《みせ》や会社《かいしゃ》がもうかる
店《みせ》や会社《かいしゃ》の「売上《うりあげ》」となる。

売上《うりあげ》の一部《いちぶ》が働《はたら》く人《ひと》の給料《きゅうりょう》になる

仕事《しごと》をすると、その対価《たいか》として働《はたら》いた人《ひと》にお金《かね》（給料《きゅうりょう》）が支払《しはら》われます。そもそも、なぜ仕事《しごと》をするとお金《かね》がもらえるのでしょうか？

お客《きゃく》さんが「欲《ほ》しい！」と思《おも》って会社《かいしゃ》の商品《しょうひん》やサービスを購入《こうにゅう》すると、そのお金《かね》は売上《うりあげ》としてお店《みせ》や会《かい》社《しゃ》に入《はい》ります。お店《みせ》や会社《かいしゃ》は、この売上《うりあげ》を使《つか》って商品《しょうひん》やサービスをつくったり、仕入《しい》れたり、家賃《やちん》・光熱《こうねつ》費《ひ》を払《はら》ったりします。

そして**売上《うりあげ》の一部《いちぶ》は、人件費《じんけんひ》とし**

知《し》っておきたい！

収入《しゅうにゅう》の「多《おお》い・少《すく》ない」は何《なに》で決《き》まる？

同《おな》じ時間《じかん》働《はたら》いても、収入《しゅうにゅう》が多《おお》い人《ひと》と少《すく》ない人《ひと》がいます。この違《ちが》いはなぜ生《う》まれるのでしょうか。そもそもお金《かね》とは、価値《かち》と価値《かち》を交換《こうかん》するための道具《どうぐ》です。そう考《かんが》えると、収入《しゅうにゅう》が多《おお》い人《ひと》はなんらかの価《か》値《ち》が高《たか》い仕事《しごと》を、収入《しゅうにゅう》が少《すく》ない人《ひと》はその価値《かち》がそれよりも低《ひく》い仕事《しごと》をしているといえるでしょう。ここでいうその価値《かち》とはなんでしょうか？　たとえば、ふつうの石《いし》はどんなにきれいでもたくさん採《と》れるので高額《こうがく》で取引《とりひき》されることはありません。ダイヤモンドは多《おお》くの人《ひと》が欲《ほ》しいと思《おも》う反面《はんめん》、少《すこ》ししか採《と》れず「希少価値《きしょうかち》」があるため高価《こうか》なのです。仕事《しごと》も同《おな》じです。収入《しゅうにゅう》の多《おお》い仕事《しごと》は、求《もと》めている人《ひと》が多《おお》いのに難易度《なんいど》が高《たか》いため、それをできる人《ひと》が少《すく》ないということになります。

1か月《げつ》の生活費《せいかつひ》

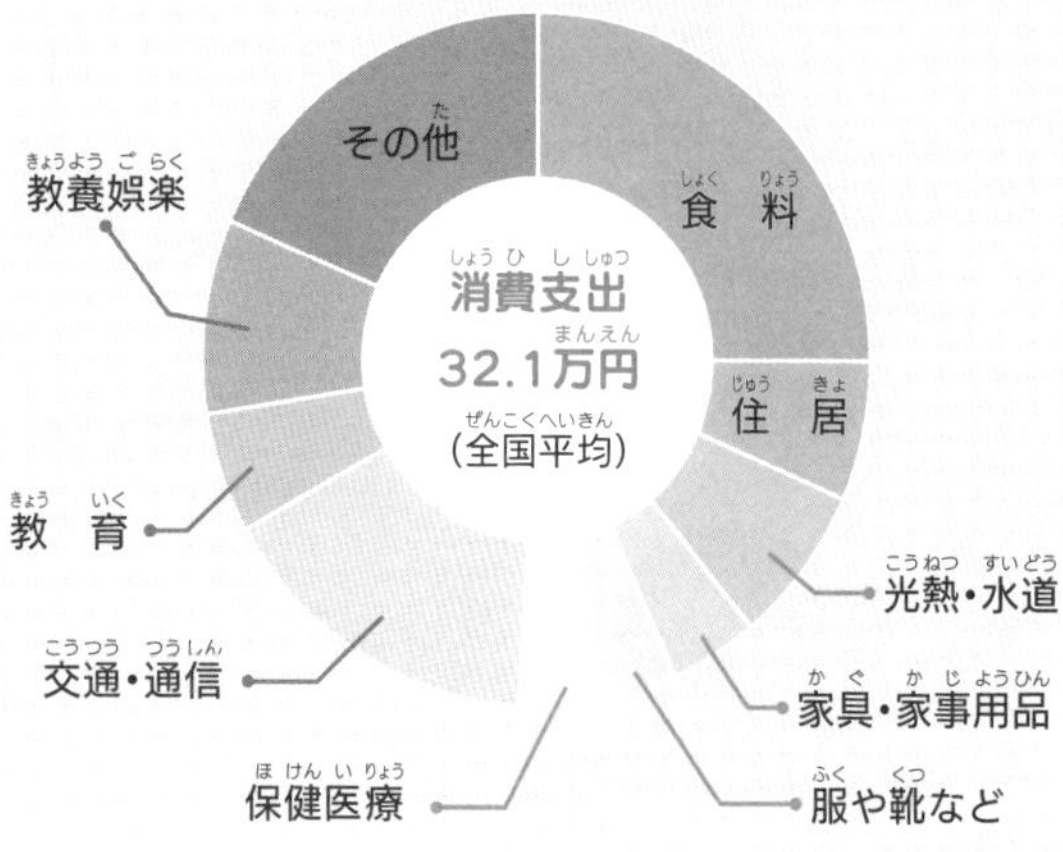
その他《た》
食《しょく》料《りょう》
消費支出《しょうひししゅつ》
32.1万円《まんえん》
(全国平均《ぜんこくへいきん》)
住《じゅう》居《きょ》
光熱《こうねつ》・水道《すいどう》
家具《かぐ》・家事用品《かじようひん》
服《ふく》や靴《くつ》など
保健医療《ほけんいりょう》
交通《こうつう》・通信《つうしん》
教《きょう》育《いく》
教養娯楽《きょうようごらく》

（２人《ふたり》以上《いじょう》の勤労者世帯《きんろうしゃせたい》）
出所《しゅっしょ》：総務省《そうむしょう》「家計調査《かけいちょうさ》」（令和《れいわ》４年度《ねんど》）

￥
給料

給料《きゅうりょう》をもらう

売上《うりあげ》の一部《いちぶ》が、給《きゅう》料《りょう》として働《はたら》く人《ひと》に分配《ぶんぱい》される。

て働《はたら》いている人《ひと》に支払《しはら》われます。これが「給料《きゅうりょう》」です。給料《きゅうりょう》は、所得税《しょとくぜい》などの税金《ぜいきん》（167ページ）を引《ひ》いた金額《きんがく》が支給《しきゅう》されます。

将来《しょうらい》のためにやりくりの訓練《くんれん》をしよう

総務省《そうむしょう》「家計調査《かけいちょうさ》」によると、2人《ふたり》以上《いじょう》で暮《く》らす家族《かぞく》の1か月《げつ》の生《せい》活費《かつひ》は、約《やく》32万円《まんえん》（全国平均《ぜんこくへいきん》）。生活《せいかつ》に必要《ひつよう》なお金《かね》は、食費《しょくひ》や交通《こうつう》・通信《つうしん》費《ひ》、住居費《じゅうきょひ》などたくさんあります。

大人《おとな》になると、**かせいだお金《かね》をどれくらい生活費《せいかつひ》や貯蓄《ちょちく》に回《まわ》すか、どのように生活《せいかつ》していくかを考《かんが》えて生《い》きていかなくてはいけません。**

あなたはまだ、家《いえ》のお金《かね》について心配《しんぱい》することはないかもしれません。でも、将来《しょうらい》のためにお金《かね》を「やりくり」する習慣《しゅうかん》を、いまのうちから身《み》につけておいて損《そん》はありません。

5-10 ルールを無視《むし》したブラック企業《きぎょう》の実態《じったい》

世《よ》の中《なか》には、過酷《かこく》な環境《かんきょう》で若者《わかもの》を使《つか》い捨《す》てにする会社《かいしゃ》が存在《そんざい》します。そんな会社《かいしゃ》を「ブラック企業《きぎょう》」といいます。

「ブラック企業《きぎょう》」の特徴《とくちょう》とは?

私《わたし》たちは仕事《しごと》につくとき、「どんな条件《じょうけん》で働《はたら》くか」について会社《かいしゃ》と契約《けい》を交《か》わします。ところが、**雇《やと》われる人《ひと》は雇《やと》う側《がわ》に対《たい》してどうしても立《たち》場《ば》が弱《よわ》くなってしまう**もの。そこで雇《やと》う側《がわ》が自分《じぶん》たちに都合《つごう》のいい条件《じょう》を押《お》し付《つ》けないように、法律《ほうりつ》を定《さだ》めて働《はたら》く人《ひと》の権利《けんり》を守《まも》っています。

それにもかかわらず、こうした働《はたら》き方《かた》のルールを無視《むし》した会社《かいしゃ》が存在《そんざい》します。これが、**俗《ぞく》にいう「ブラック企業《きぎょう》」**です。

法律《ほうりつ》では働《はたら》く時間《じかん》を週《しゅう》40時間《じかん》、1日《にち》8時間《じかん》までと決められ、それを超《こ》える場合《ばあい》は残業代《ざんぎょうだい》を支払《しはら》わなければいけません。しかし、こうした会社《かいしゃ》では、残業代《ざんぎょうだい》を払《はら》わないばかりか、「仕事《しごと》ができないお前《まえ》のせいだ」などと言《い》って過度《かど》な長時間労働《ちょうじかんろうどう》を強《し》います。ほかにも、休《やす》みたくても休《やす》めない、賃金《ちんぎん》が安《やす》すぎる、離職率《りしょくりつ》が高《たか》いといった特徴《とくちょう》もあります。

過酷《かこく》な労働《ろうどう》で心《こころ》や体《からだ》がむしばまれる

ブラック企業《きぎょう》での過酷《かこく》な労働《ろうどう》によって心《こころ》や体《からだ》がむしばまれ、**病気《びょうき》になるなどして生活《せいかつ》ができなくなってしまう人《ひと》も少《すく》なくありません。**

ブラック企業《きぎょう》は近年《きんねん》、社会問題化《しゃかいもんだいか》

「ブラック企業《きぎょう》」はこんな会社《かいしゃ》

申し訳ありません…
お前は役立たずのポンコツだ!
パワハラ
上司《じょうし》などから精神《せいしん》的《てき》・肉体的《にくたいてき》な苦痛《くつう》を与《あた》えられる。

し、だんだん減《へ》ってきていますが、まだなくなってはいません。よくわ

からないままこうした会社《かいしゃ》に入《はい》ってしまわないように、気《き》をつけなくてはいけません。

低賃金《ていちんぎん》
仕事《しごと》の量《りょう》・内容《ないよう》に見合《みあ》わない安《やす》い給料《きゅうりょう》で働《はたら》かされる。
長時間労働《ちょうじかんろうどう》
法律《ほうりつ》や会社《かいしゃ》の決《き》まりを無視《むし》して長《なが》い時間《じかん》働《はたら》かされる。
グ〜
昨日から寝てない…
給料日までお金もつかな…
今日で辞めます…
週末中にやっといてくれ
ハ、ハイ…
離職率《りしょくりつ》が高《たか》い
ひんぱんに人《ひと》が会社《かいしゃ》を辞《や》めてしまう。勤続年《きんぞくねん》数《すう》が多《おお》い社員《しゃいん》がほとんどいない。
休《やす》めない・休《やす》みづらい
休日《きゅうじつ》や有給休暇《ゆうきゅうきゅうか》、育児休《いくじきゅう》暇《か》など、法律《ほうりつ》や会社《かいしゃ》の決《き》まりで定《さだ》められた休《やす》みを取《と》れない。

知《し》っておきたい! 会社《かいしゃ》がホワイトすぎて辞《や》める若者《わかもの》が増《ふ》えている!?

ブラック企業《きぎょう》の“真逆《まぎゃく》”の会社《かいしゃ》を、俗《ぞく》に「ホワイト企業《きぎょう》」と呼《よ》ぶことがあります。待遇《たいぐう》がよく、決《き》まった時間《じかん》に退社《たいしゃ》、上司《じょうし》は優《やさ》しい人《ひと》ばかり……。こんな会社《かいしゃ》は理想的《りそうてき》なように思《おも》えますが、「職場《しょくば》がホワイトすぎるので辞《や》めたい」と、仕事《しごと》の「ゆるさ」に失望《しつぼう》して離職《りしょく》してしまう若者《わかもの》が増《ふ》えているそうです。「経験《けいけん》やスキルを得《え》る機会《きかい》がない」「何《なに》をしても怒《おこ》られない」「ミスをしてもフォローしてくれる」などがその理由《りゆう》に挙《あ》げられています。これまでの時代《じだい》は「会社《かいしゃ》・職場《しょくば》が自分《じぶん》を育《そだ》ててくれる」という受動的《じゅどうてき》な働《はたら》き方《かた》が一般的《いっぱんてき》でした。しかし、これからの時代《じだい》はみずから積極的《せっきょくてき》に「会《かい》社《しゃ》・職場《しょくば》を使《つか》って成長《せいちょう》するんだ」という発想《はっそう》が必要《ひつよう》とされるのです。

5-11 世界《せかい》を舞台《ぶたい》に活躍《かつやく》するには？

海外《かいがい》に興味《きょうみ》があるなら、地球《ちきゅう》を丸《まる》ごと「仕事場《しごとば》」にしてみましょう。その前《まえ》に、言語以外《げんごいがい》にも学《まな》ぶべきことがあります。

言語以外《げんごいがい》にも学《まな》ぶべきこととは？

将来《しょうらい》は日本《にほん》を飛《と》び出《だ》して、世界《せかい》のどこかで働《はたら》いてみたいと思《おも》っている人《ひと》もいるでしょう。英語《えいご》や中国語《ちゅうごくご》、フランス語《ご》、韓国《かんこく》語《ご》……。世界《せかい》で話《はな》されている言語《げんご》はさまざまです。働《はたら》きたい国《くに》があるのなら、**まずはその国《くに》の言語《げんご》を理解《りかい》し、話《はな》せるようにしておきましょう。**

海外《かいがい》で働《はたら》くときには、相手《あいて》のことを知《し》る力《ちから》、自分《じぶん》の意見《いけん》を伝《つた》える力《ちから》が必要不可欠《ひつようふかけつ》。文化《ぶんか》や歴史《れきし》、政治《せいじ》や経済《けいざい》など、さまざまな国《くに》の特徴《とくちょう》を知《し》っ

語学以外《ごがくいがい》に必要《ひつよう》なこと

① いろいろな国《くに》の文化《ぶんか》・違《ちが》いを理解《りかい》する

国《くに》や地域《ちいき》によって文化《ぶんか》や価値観《かちかん》は違《ちが》うもの。日本《にほん》の常識《じょうしき》にとらわれず、いろんな国《くに》のことを調《しら》べ、理解《りかい》しておこう。

② 日本《にほん》のことをしっかり学《まな》んでおく

外国《がいこく》の人《ひと》と話《はな》すときには、「自分《じぶん》が何者《なにもの》なのか」を説明《せつめい》できることがとても大切《たいせつ》。外国《がいこく》だけではなく、自《じ》分《ぶん》の国《くに》の文化《ぶんか》や歴史《れきし》、現在《げんざい》について深《ふか》く学《まな》んでおこう。

③ 相手《あいて》を知《し》る力《ちから》、意見《いけん》を伝《つた》える力《ちから》を身《み》につける

コミュニケーションをとるためには、相手《あいて》の気持《きも》ちを理解《りかい》し、自分《じぶん》の意見《いけん》を正《ただ》しく伝《つた》えることが必要不可欠《ひつようふかけつ》。

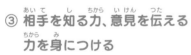

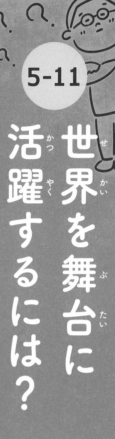

ておくことも重要《じゅうよう》です。**自分《じぶん》の国《くに》（日本《にほん》）についても、しっかりと学《まな》んでおきましょう。**海外《かいがい》で誰《だれ》かとコミュニケーションを取《と》るときには、「自分《じぶん》は何者《なにもの》なのか」を明《あき》らかにする必要《ひつよう》があるからです。自国《じこく》のことを語《かた》れないのは、自分自身《じぶんじしん》を語《かた》れないようなものです。

海外《かいがい》で働《はたら》ける仕事《しごと》には何《なに》がある？

海外《かいがい》を舞台《ぶたい》に活躍《かつやく》できる仕事《しごと》には、どのようなものがあるでしょうか。

まずは**海外勤務《かいがいきんむ》ができそうな会《かい》社《しゃ》、外務省《がいむしょう》などの省庁《しょうちょう》、世界《せかい》の人《ひと》たちをサポートするNGO《エヌジーオー》団体《だんたい》などの職員《しょくいん》になる**ことが挙《あ》げられます。**通訳《つうやく》や日本語教師《にほんごきょうし》**になれば、日本《にほん》と海外《かいがい》を結《むす》ぶかけ橋《はし》になれます。

シェフや寿司《すし》・家具《かぐ》職人《しょくにん》といった**「職人《しょくにん》」として海外《かいがい》に渡《わた》る**というのも1つの手《て》でしょう。

いまはインターネットで地球《ちきゅう》の裏《うら》側《がわ》にいる人《ひと》とも一瞬《いっしゅん》でつながれる時《じ》代《だい》。日本《にほん》にいながら海外《かいがい》と仕事《しごと》をすることだって可能《かのう》です。

海外《かいがい》で働《はたら》くおもな方法《ほうほう》

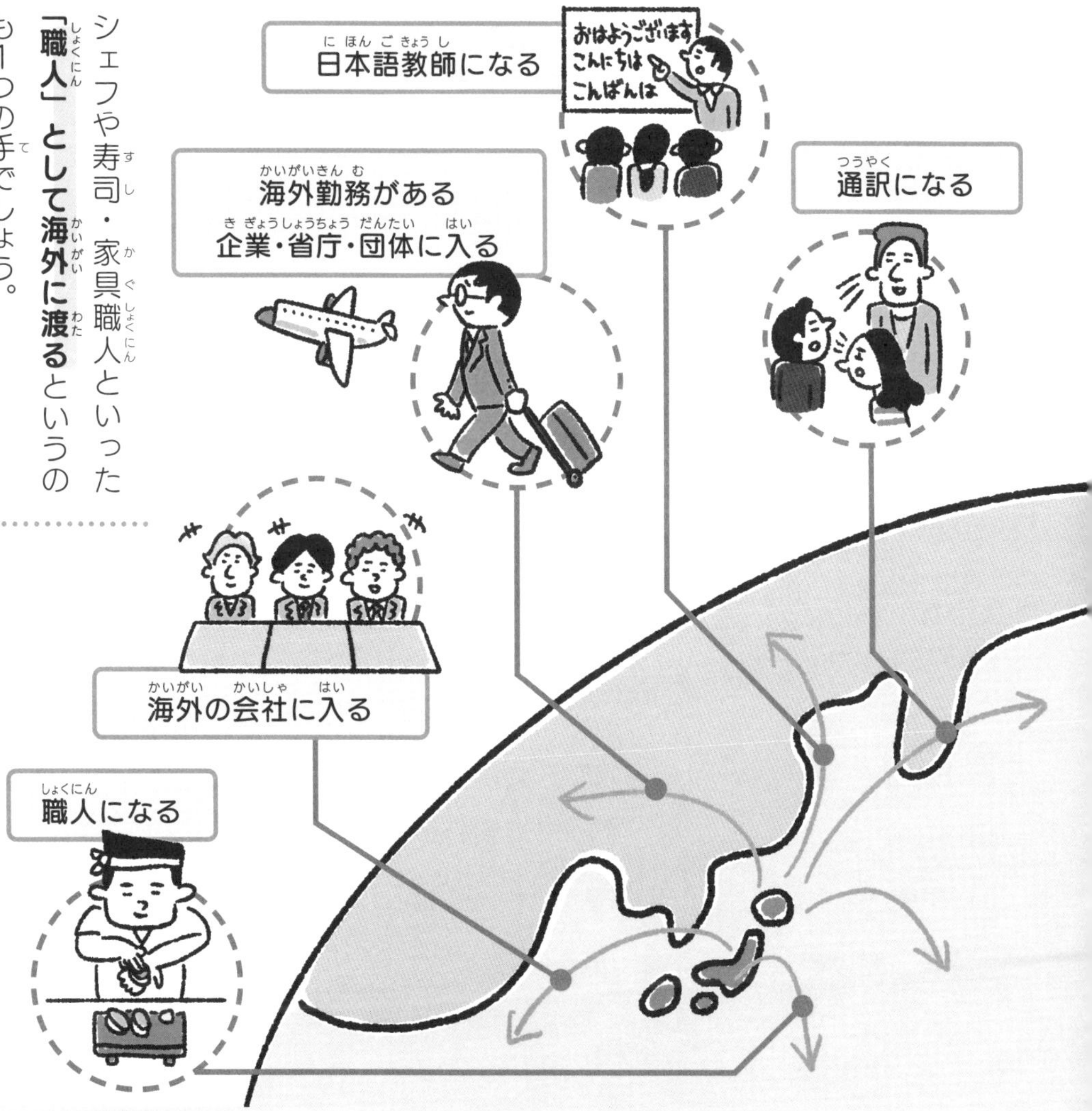
日本語教師《にほんごきょうし》になる
おはようございます
こんにちは
こんばんは
通訳《つうやく》になる
海外勤務《かいがいきんむ》がある
企業《きぎょう》・省庁《しょうちょう》・団体《だんたい》に入《はい》る
海外《かいがい》の会社《かいしゃ》に入《はい》る
職人《しょくにん》になる

5-12「人気《にん》の仕事《しごと》」は時代《じだい》とともに変《か》わる

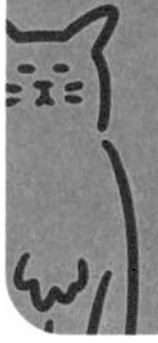

「いい会社《かいしゃ》」と思《おも》われている企業《きぎょう》は時代《じだい》によって変《か》わるもの。いまの価値観《かちかん》に縛《しば》られずに考《かんが》えることも大切《たいせつ》です。

いまの大企業《だいきぎょう》がずっと残《のこ》るとは限《かぎ》らない

やりたい仕事《しごと》、なりたい職業《しょくぎょう》の話《はなし》をすると、親《おや》から「安定《あんてい》した大企業《だいきぎょう》がいいよ」などと言《い》われることがあるかもしれません。そもそも「安定《あんてい》した大企業《だいきぎょう》」とはなんでしょうか？

いま「大企業《だいきぎょう》」と呼《よ》ばれている会社《かいしゃ》だって、昔《むかし》から大企業《だいきぎょう》だったわけではありません。**いまは安定《あんてい》していても、時代《じだい》の波《なみ》に乗《の》れなければ衰退《すいたい》して倒産《とうさん》してしまう**こともあるかもしれません。

人気《にんき》の業種《ぎょうしゅ》も時代《じだい》とともに移《うつ》り変《か》

なりたい職業《しょくぎょう》は？

1989年《ねん》

	男子《だんし》		女子《じょし》
1位《い》	野球選手《やきゅうせんしゅ》	1位《い》	保育園《ほいくえん》・幼稚園《ようちえん》の先生《せんせい》
2位《い》	警察官《けいさつかん》・刑事《けいじ》	2位《い》	お菓子屋《かしや》さん
3位《い》	おもちゃ屋《や》さん	3位《い》	学校《がっこう》の先生《せんせい》
4位《い》	サッカー選手《せんしゅ》	3位《い》	看護師《かんごし》さん
5位《い》	パイロット	5位《い》	お花屋《はなや》さん
6位《い》	先生《せんせい》	6位《い》	ピアニスト・ピアノの先生《せんせい》
6位《い》	学者《がくしゃ》・博士《はかせ》	7位《い》	歌手《かしゅ》・タレント
8位《い》	医師《いし》	8位《い》	美容師《びようし》さん
9位《い》	サラリーマン	9位《い》	マンガ家《か》
10位《い》	電車《でんしゃ》の運転士《うんてんし》	10位《い》	客室乗務員《きゃくしつじょうむいん》

出典《しゅってん》：第一生命《だいいちせいめい》 第《だい》34回《かい》「大人《おとな》になったらなりたいもの」

わっています。主要《しゅよう》なエネルギー源《げん》が石炭《せきたん》だった終戦直後《しゅうせんちょくご》は、石炭業《せきたんぎょう》が東京大学《とうきょうだいがく》の卒業生《そつぎょうせい》に人気《にんき》でした。しかし、エネルギー源《げん》が石油《せきゆ》に代《か》わると、石炭産業《せきたんさんぎょう》は衰退《すいたい》。今度《こんど》は繊維産業《せんいさんぎょう》が人気《にんき》となりましたが、中国《ちゅうごく》や東南《とうなん》アジアから安《やす》く繊維製品《せんいせいひん》が入《はい》ってくると、同様《どうよう》に衰退《すいたい》していきました。

このように、**安定《あんてい》した企業《きぎょう》も人気《にんき》の業種《ぎょうしゅ》も、時代《じだい》とともに移《うつ》り変《か》わっていく**のです。

子《こ》どもがなりたい職業《しょくぎょう》もどんどん変《か》わっていく

生命保険会社《せいめいほけんがいしゃ》の第一生命《だいいちせいめい》は毎年《まいとし》、全国《ぜんこく》の小中高生《しょうちゅうこうせい》を対象《たいしょう》に「大人《おとな》になったらなりたいもの」を調査《ちょうさ》しています。

その調査《ちょうさ》の1989（平成元《へいせいがん》）年《ねん》と2023（令和《れいわ》5）年《ねん》のランキングを並《なら》べたのが右下《みぎした》の図《ず》です。**約《やく》35年《ねん》で人気《にんき》の職業《しょくぎょう》がガラッと変《か》わっている**のがわかるでしょう。

時代《じだい》とともに、価値観《かちかん》は変化《へんか》します。「給料《きゅうりょう》がいいから」「規模《きぼ》が大《おお》きいから」「いい会社《かいしゃ》といわれているから」などといまの価値観《かちかん》に縛《しば》られず、自分《じぶん》のやりたいこと、将来《しょうらい》なりたい仕事《しごと》を探《さが》していきましょう。

小学生《しょうがくせい》が将来《しょうらい》

2023年《ねん》

	男子《だんし》		女子《じょし》
1位《い》	会社員《かいしゃいん》	1位《い》	パティシエ
2位《い》	ユーチューバー・動画投稿者《どうがとうこうしゃ》	2位《い》	マンガ家《か》・イラストレーター
3位《い》	サッカー選手《せんしゅ》	3位《い》	会社員《かいしゃいん》
4位《い》	警察官《けいさつかん》	4位《い》	看護師《かんごし》
5位《い》	ゲームクリエイター	5位《い》	ユーチューバー・動画投稿者《どうがとうこうしゃ》
6位《い》	野球選手《やきゅうせんしゅ》	5位《い》	幼稚園《ようちえん》の先生《せんせい》・保育士《ほいくし》
6位《い》	公務員《こうむいん》	7位《い》	教師《きょうし》・教員《きょういん》
8位《い》	ＩＴ《アイティー》エンジニア・プログラマー	8位《い》	美容師《びようし》・ヘアメイクアーティスト
9位《い》	医師《いし》	9位《い》	薬剤師《やくざいし》
10位《い》	学者《がくしゃ》・研究者《けんきゅうしゃ》	10位《い》	医師《いし》／トリマー・ペットショップ店員《てんいん》

5-13 〝甘《あま》い誘惑《ゆうわく》〟に負《ま》けないために

世《よ》の中《なか》には、あなたを悪《わる》い道《みち》に誘《さそ》う〝甘《あま》い誘惑《ゆうわく》〟がたくさんひそんでいます。巻《ま》き込《こ》まれないよう注意《ちゅうい》すべきです。

楽《らく》してかせげる仕事《しごと》は存在《そんざい》しない

「短時間《たんじかん》で高収入《こうしゅうにゅう》」「誰《だれ》でもできる簡単《かんたん》な仕事《しごと》」……そんな甘《あま》い言葉《ことば》を使《つか》ってSNS《エスエヌエス》などで強盗《ごうとう》や詐欺《さぎ》の実行犯《じっこうはん》を募集《ぼしゅう》する「闇《やみ》バイト」が近年《きんねん》、社会問題《しゃかいもんだい》になっています。

「楽《らく》をしてかせげる」というのは、一見《いっけん》とても魅力的《みりょくてき》な言葉《ことば》に思《おも》えます。でも、**そんなうまい話《はなし》はこの世《よ》に存在《そんざい》しません。**

若者《わかもの》たちが手《て》を染《そ》めるこうした〝悪《わる》い仕事《しごと》〟は犯罪《はんざい》なので、加担《かたん》すると当然捕《とうぜんつか》まります。安易《あんい》に応募《おうぼ》してくる人《ひと》は、**ただ捨《す》て駒《ごま》として利用《りよう》されるだけ**なのです。

誘《さそ》われても断《ことわ》る強《つよ》い気持《きも》ちを持《も》つ

こうしたうまい話《はなし》が飛《と》び交《か》うのはSNS《エスエヌエス》だけではありません。学校《がっこう》の先輩《せんぱい》や友人《ゆうじん》など、あなたにとって身近《みぢか》な人《ひと》が「やってみない？」と話《はなし》を持《も》ちかけてくるかもしれません。

自分《じぶん》から足《あし》を踏《ふ》み入《い》れないのはもちろん、**誘《さそ》われても絶対《ぜったい》に断《ことわ》るという強《つよ》い気持《きも》ちを持《も》たなくてはいけません。**ほんの出来心《できごころ》で一生《いっしょう》を棒《ぼう》に振《ふ》ってしまわないよう注意《ちゅうい》しましょう。

知っておきたい！ 身近《みぢか》な人《ひと》でも信《しん》じてはダメ

警察庁《けいさつちょう》によると、2022（令和《れいわ》4）年《ねん》にオレオレ詐欺《さぎ》などの特殊詐《とくしゅさ》欺《ぎ》に関《かか》わったとして逮捕《たいほ》・書類送検《しょるいそうけん》された20歳未満《さいみまん》の人《ひと》は477人《にん》。そのうち約《やく》33%が中《ちゅう》・高校生《こうこうせい》でした。役割別《やくわりべつ》では被害者《ひがいしゃ》から現金《げんきん》やキャッシュカードを受《う》け取《と》る「受《う》け子《こ》」が約《やく》73%にのぼり、SNS《エスエヌエス》の勧誘《かんゆう》をきっかけに実行役《じっこうやく》となり、その人物《じんぶつ》が自分《じぶん》の学校《がっこう》の後《こう》輩《はい》などを誘《さそ》って広《ひろ》がっていくケースも目立《めだ》つそうです。知《し》っている人《ひと》だからといって、安易《あんい》に信用《しんよう》してはいけないのです。

うまい話《はなし》には“裏《うら》”がある

久しぶり
金になるバイト
興味ない?
知人
誰でも
もうかる仕事
あるけどやる?
どんな仕事?
お金を受け
取るだけだよ
匿名SNS

闇《やみ》バイト

SNS《エスエヌエス》やインターネット掲示板《けいじばん》などで、「高額《こうがく》」「即日現金《そくじつげんきん》」といった甘《あま》い言葉《ことば》を使《つか》って募集《ぼしゅう》している。安易《あんい》に手《て》を出《だ》すと、特殊詐欺《とくしゅさぎ》や強盗《ごうとう》の実行犯《じっこうはん》として捕《つか》まってしまう。

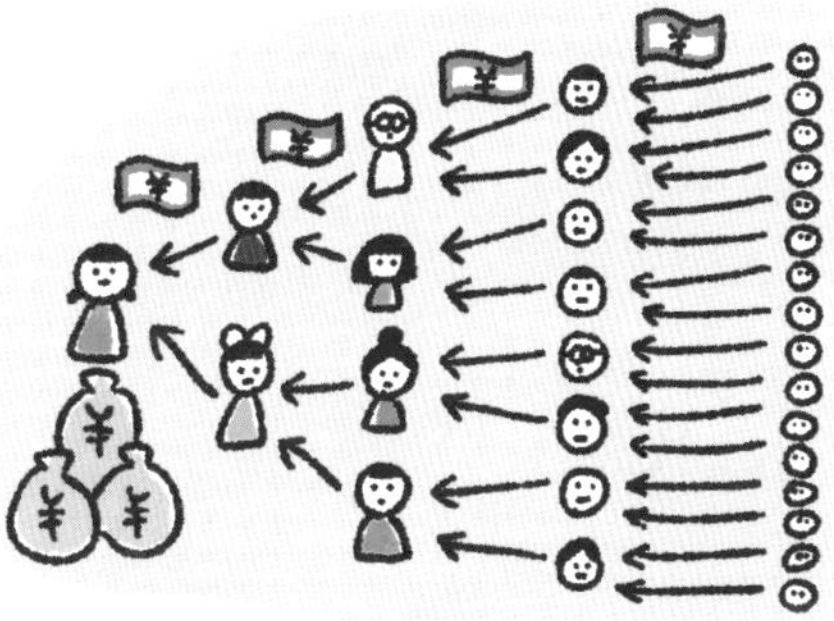

いまなら50万円50%OFF
1日たった10分で
誰でも
月100万円
かせげる

情報商材《じょうほうしょうざい》

「1日数分《にちすうふん》の作業《さぎょう》で月《つき》に数百万円《すうひゃくまんえん》」など、インターネットの通信販売《つうしんはんばい》などで副業《ふくぎょう》や投資《とうし》、ギャンブルで高額《こうがく》収入《しゅうにゅう》を得《え》るための方法《ほうほう》を販売《はんばい》している。契約後《けいやくご》に返金《へんきん》に応《おう》じてもらえず、トラブルに発展《はってん》することも多《おお》い。

友だちを誘えば
無限にもうかるよ

マルチ商法《しょうほう》（ネットワークビジネス）

商品《しょうひん》などの契約後《けいやくご》、次《つぎ》は自分《じぶん》が会員《かいいん》を勧誘《かんゆう》して紹介料《しょうかいりょう》などを得《え》る。これが連鎖的《れんさてき》に拡大《かくだい》していくしくみ。借金漬《しゃっきんづ》けになったり、友人《ゆうじん》との関係《かんけい》が崩壊《ほうかい》したりもする。

仕事《しごと》や職業《しょくぎょう》について 調《しら》べる4つの方法《ほうほう》

世《よ》の中《なか》にどのような仕事《しごと》や職業《しょくぎょう》があるかを知《し》っておくことは、あなたが将来《しょうらい》の道《みち》を決《き》める際《さい》にとても役立《やくだ》ちます。ここでは4つの方法《ほうほう》を紹介《しょうかい》しましょう。

❶ 本《ほん》で調《しら》べる

書店《しょてん》や図書館《としょかん》に行《い》けば、多《おお》くの仕事《しごと》・職業《しょくぎょう》が紹介《しょうかい》された書籍《しょせき》が見《み》つかるはずです。もし特定《とくてい》の職業《しょくぎょう》や業界《ぎょうかい》を調《しら》べたいなら、少《すこ》し専門的《せんもんてき》な書籍《しょせき》も調《しら》べてみましょう。

❷ インターネットで調《しら》べる

人気《にんき》職業《しょくぎょう》ランキングや仕事別《しごとべつ》の検索《けんさく》など、子《こ》ども向《む》けのウェブサイトがたくさんあります。気《き》になる会社《かいしゃ》のホームページをチェックしてみるのもいいでしょう。

❸ 直接《ちょくせつ》話《はなし》を聞《き》く

身近《みぢか》なところに興味《きょうみ》がある職業《しょくぎょう》の人《ひと》がいるなら、直接《ちょくせつ》話《はなし》を聞《き》いてみましょう。その職業《しょくぎょう》の魅力《みりょく》はもちろん、大変《たいへん》さやなるための方法《ほうほう》なども教《おし》えてくれるはずです。

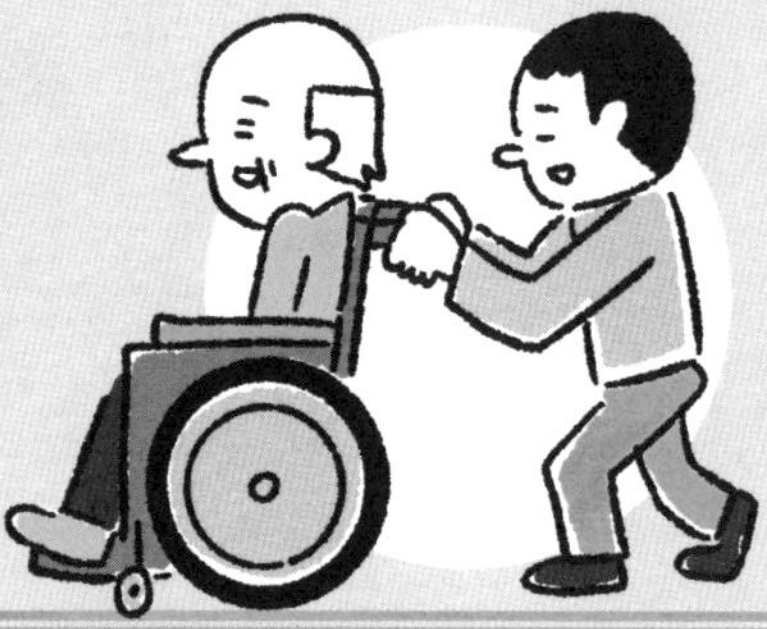

❹ 職業体験《しょくぎょうたいけん》を通《とお》して学《まな》ぶ

さまざまな職業《しょくぎょう》を体験《たいけん》しながら社会《しゃかい》のしくみを学《まな》べるテーマパークが各地《かくち》にあります。「職業体験《しょくぎょうたいけん》（仕事体験《しごとたいけん》）」を実施《じっし》している学校《がっこう》も少《すく》なくありません。

第《だい》 6 章《しょう》

AI《エーアイ》時代《じだい》を生《い》き抜《ぬ》く力《ちから》を養《やしな》おう

AI《エーアイ》に負《ま》けない力《ちから》を身《み》につける

激動《げきどう》の時代《じだい》に活躍《かつやく》できる人材《じんざい》になるために

世《よ》の中《なか》の常識《じょうしき》が移《うつ》り変《か》わる中《なか》、必要《ひつよう》なのは
どんな時代《じだい》になっても活躍《かつやく》できる力《ちから》を身《み》につけることです。

これからの時代《じだい》の主役《しゅやく》はあなた

あなたが生《い》きるこの時代《じだい》は、**これまでにない「激動《げきどう》の時代《じだい》」**です。IT《アイティー》（情報技術《じょうほうぎじゅつ》）やAI《エーアイ》（人工知能《じんこうちのう》）の変革《へんかく》、子《こ》どもが減《へ》りお年寄《としよ》りが増《ふ》える少子高齢化《しょうしこうれいか》、価値観《かちかん》や働《はたら》き方《かた》の変化《へんか》……。あなたの身《み》の回《まわ》りで起《お》きていることは、まだ誰《だれ》も経験《けいけん》したことのないことばかりです。

これから先《さき》の10年後《ねんご》、20年後《ねんご》がどうなるかなんて、誰《だれ》もわかりません。でも、「わからない未来《みらい》のことなんて考《かんが》えてもしょうがない」と思考《しこう》を止《と》めてしまわないでください。

これからの時代《じだい》の主役《しゅやく》は、ほかでもないあなたです。**いまの社会《しゃかい》の「こうなったらいいな」を実現《じつげん》するのも、未来《みらい》をかたちづくっていくのも、いまの子《こ》どもたち**なのです。

どんな時代《じだい》になっても自分《じぶん》の力《ちから》で生《い》きていく力《ちから》

世《よ》の中《なか》の常識《じょうしき》が変化《へんか》しているいまの時代《じだい》、いちばん大切《たいせつ》なのは、**どんな時代《じだい》になっても自分《じぶん》の力《ちから》で生《い》きていける力《ちから》**を身《み》につけておくことです。その力《ちから》は、いまの学校生《がっこうせい》活《かつ》でも、日々《ひび》の暮《く》らしの中《なか》でも身《み》につけることはできます。

あなたが大人《おとな》になった未来《みらい》には、どのような仕事《しごと》や人材《じんざい》が必《ひつ》要《よう》になるのか。過去《かこ》やいまの価《か》値観《ちかん》に執着《しゅうちゃく》せず、**広《ひろ》い視野《しや》を持《も》って将来《しょうらい》について考《かんが》えてみましょう。**

未来《みらい》を自由《じゆう》に想像《そうぞう》する

お年寄《としよ》りの手助《てだす》けをする介護《かいご》ロボット

人《ひと》を運《はこ》ぶ巨大《きょだい》ドローン

6-1 時代《じだい》が変《か》われば仕事《しごと》の仕方《しかた》も変《か》わる

価値観《かちかん》とともに、仕事《しごと》の仕方《しかた》も変《か》わります。時代《じだい》に合《あ》った働《はたら》き方《かた》で、自分《じぶん》のやりたいことを追求《ついきゅう》していきましょう。

会社《かいしゃ》はあなたを一生涯《いっしょうがい》守《まも》ってはくれない

時代《じだい》が変《か》われば、価値観《かちかん》が変《か》わります。価値観《かちかん》が変《か》われば、「仕事《しごと》の仕方《しかた》」も変《か》わっていきます。

たとえば働《はたら》く場所《ばしょ》です。会社員《かいしゃいん》は毎日出勤《まいにちしゅっきん》して会社《かいしゃ》で働《はたら》くのが当《あ》たり前《まえ》でしたが、コロナ禍《か》をきっかけに、**会社以外《かいしゃいがい》の場所《ばしょ》（家《いえ》など）で働《はたら》くテレワーク（リモートワーク）が急速《きゅうそく》に広《ひろ》まりました。**

ちょっと前《まえ》までは、終身雇用《しゅうしんこよう》（172ページ）によって1つの会社《かいしゃ》が定年《ていねん》まで雇《やと》ってくれる時《じ》

仕事《しごと》の「これまで」と「これから」

会社《かいしゃ》に行《い》かずに自宅《じたく》などで仕事《しごと》をするリモートワークが定着《ていちゃく》してきている。

代《だい》でした。

しかし、これからは違《ちが》います。**会《かい》社《しゃ》が一生涯《いっしょうがい》守《まも》ってくれる存在《そんざい》ではなくなり、あなたは働《はたら》き方《かた》を自分自身《じぶんじしん》で決《き》めていく**ことになります。転職《てんしょく》も起《き》業《ぎょう》も、当《あ》たり前《まえ》の時代《じだい》になるのです。

いかに成果《せいか》を出《だ》すかが求《もと》められる時代《じだい》

もう1つ重要《じゅうよう》な変化《へんか》は、お金《かね》に関《かん》することです。これまでは「年功序列《ねんこうじょれつ》」といって、年齢《ねんれい》の高《たか》い人《ひと》、長《なが》く勤《つと》めている人《ひと》のほうが給料《きゅうりょう》が高《たか》くなるように決《き》まっていました。

しかしいま、年齢《ねんれい》が高《たか》い低《ひく》い、勤《きん》続年数《ぞくねんすう》が長《なが》い短《みじか》いではなく、**「どれだけ成果《せいか》を出《だ》せるか」を評価《ひょうか》の基準《きじゅん》にする「成果主義《せいかしゅぎ》」**という考《かんが》えが積《せっ》極的《きょくてき》に導入《どうにゅう》されてきています。

こうした変化《へんか》の中《なか》で活躍《かつやく》できる力《ちから》が、あなたにも求《もと》められるのです。

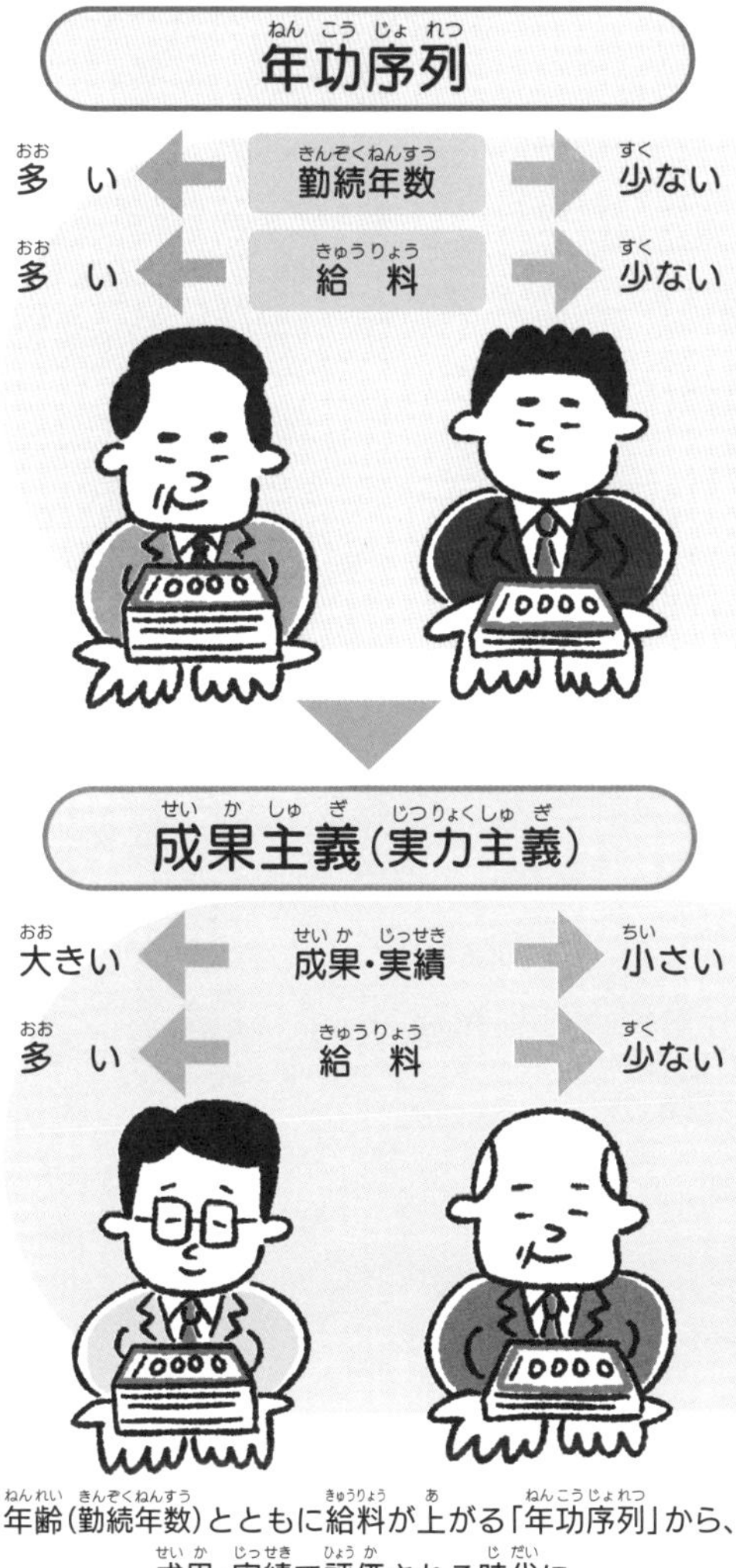
年功序列《ねんこうじょれつ》
多《おお》い
勤続年数《きんぞくねんすう》
少《すく》ない
多《おお》い
給料《きゅうりょう》
少《すく》ない
10000
10000
成果主義《せいかしゅぎ》（実力主義《じつりょくしゅぎ》）
大《おお》きい
成果《せいか》・実績《じっせき》
小《ちい》さい
多《おお》い
給料《きゅうりょう》
少《すく》ない
10000
10000

年齢《ねんれい》（勤続年数《きんぞくねんすう》）とともに給料《きゅうりょう》が上《あ》がる「年功序列《ねんこうじょれつ》」から、成果《せいか》・実績《じっせき》で評価《ひょうか》される時代《じだい》に。

定年《ていねん》まで1つの会社《かいしゃ》
A社《エーしゃ》を定年退職《ていねんたいしょく》
A社《エーしゃ》に入社《にゅうしゃ》
A社
A社
自由《じゆう》に転職《てんしょく》・起業《きぎょう》
B社《ビーしゃ》に転職《てんしょく》
A社《エーしゃ》に入社《にゅうしゃ》
B社
A社

定年《ていねん》まで1つの会社《かいしゃ》で雇用《こよう》される「終身雇用《しゅうしんこよう》」が減《へ》り、転職《てんしょく》や起業《きぎょう》も自由《じゆう》にできるようになる。

6-2

未来《みらい》の仕事《しごと》ってどうなるの？

「いまある仕事《しごと》」だけではなく「これから生《う》まれる仕事《しごと》」を考《かんが》えることが、自《じ》分《ぶん》の未来《みらい》を考《かんが》えるヒントになります。

いまは存在《そんざい》しない新《あたら》しい仕事《しごと》が生《う》まれる

流行《りゅうこう》の歌《うた》が変《か》わっていくように、職業《しょくぎょう》も時代《じだい》とともに移《うつ》り変《か》わります。

たとえば、タイプライターという機械《きかい》で文書《ぶんしょ》を打《う》つのがふつうだった昭和《しょうわ》の時代《じだい》、タイプライターを打《う》って清書《せいしょ》をする「タイピスト」という職業《しょくぎょう》がありました。しかし、ワープロやパソコンの普及《ふきゅう》で、この仕事《しごと》は姿《すがた》を消《け》してしまいました。

新《あたら》しい技術《ぎじゅつ》などが生《う》まれることで、**ずっとあると思《おも》われていた職業《しょくぎょう》がなくなってしまうこともある**のです。

いまある仕事《しごと》だってそうです。あなたがいまやりたいと思《おも》っている仕事《しごと》が10年後《ねんご》、20年後《ねんご》にどうなっているかなんて、誰《だれ》にもわかりません。

タイピスト

手書《てが》きの書類《しょるい》をタイプライターで打《う》ち込《こ》み、清書《せいしょ》するのがおもな仕事《しごと》だった。タイプライターの役割《やくわり》はワープロ、パソコンに取《と》って代《か》わられた。

場立人《ばたちにん》

証券取引所《しょうけんとりひきじょ》で、手《て》ぶりによって株式《かぶしき》の売買《ばいばい》の注文《ちゅうもん》を出《だ》していた。売買《ばいばい》がコンピュータ化《か》されたことで姿《すがた》を消《け》した。

電話交換手《でんわこうかんしゅ》

誰《だれ》かが電話《でんわ》をかけたときに回線同士《かいせんどうし》をつないでいた。利用者《りようしゃ》の増加《ぞうか》にともない、自動交換機《じどうこうかんき》が導入《どうにゅう》された。

昭和《しょうわ》・平成《へいせい》になくなった仕事《しごと》の一例《いちれい》

新《あたら》しく生《う》まれた仕事《しごと》の一例《いちれい》

未来《みらい》を自由《じゆう》に想像《そうぞう》してみよう

いまある仕事《しごと》がなくなるということは、**これまでなかった仕事《しごと》がどんどん生《う》まれてくる**というのも間違《まちが》いないことです。たとえばドローン操《そう》縦士《じゅうし》やゲームストリーマーは、新《あたら》しい技術《ぎじゅつ》の登場《とうじょう》で比較的最近《ひかくてきさいきん》生《う》まれた仕事《しごと》です。子《こ》どもに人気《にんき》の職業《しょくぎょう》であるユーチューバーだってそうです。

このように、現在《げんざい》でも新《あたら》しい仕事《しごと》が続々《ぞくぞく》と生《う》まれ、大《おお》きな変化《へんか》が起《お》こっています。身近《みぢか》なところから「世《よ》の中《なか》にいまどんな仕事《しごと》があるか」**「今後《こんご》どんな仕事《しごと》が生《う》まれそうか」というアンテナを立《た》て、未来《みらい》を自由《じゆう》に想像《そうぞう》してみましょう。**

ドローン操縦士《そうじゅうし》

遠隔操作《えんかくそうさ》や自動制《じどうせい》御《ぎょ》によって飛行《ひこう》する無人航空機《むじんこうくうき》「ドローン」を操縦《そうじゅう》する。

ゲームストリーマー

ゲーム実況《じっきょう》や解説動画《かいせつどうが》をインターネットで配信《はいしん》して収入《しゅうにゅう》を得《え》る。

ホワイトハッカー

サイバー攻撃《こうげき》などからユーザーやシステムを守《まも》る。コンピュータやネットワークに関《かん》する高《こう》度《ど》な知識《ちしき》や技術《ぎじゅつ》を持《も》つ。

知《し》って おきたい!

「ない仕事《しごと》」は自分《じぶん》でつくればいい

すでに存在《そんざい》する仕事《しごと》の中《なか》で、自分《じぶん》のやりたいこと、叶《かな》えたい夢《ゆめ》が実現《じつげん》できないなら、「自分《じぶん》でつくればいい」という考《かんが》え方《かた》もあるでしょう。若者《わかもの》に人気《にんき》のユーチューブ《ユーチューブ》(YouTube)だって、動《どう》画投稿《がとうこう》アプリのティックトック《ティックトック》(TikTok)だって、少《すこ》し前《まえ》には存在《そんざい》しなかったもの。それがいま当《あ》たり前《まえ》の存在《そんざい》になっているのは、「こういう仕事《しごと》がしたい」「こんなサービスをつくりたい」と思《おも》って行動《こうどう》に移《うつ》した人《ひと》たちがいたからです。もちろん、「ただ思《おも》いついただけ」で何《なに》も調《しら》べずにいても、うまくいくはずがありません。世《よ》の中《なか》を見回《みまわ》し、自分《じぶん》がやりたい仕事《しごと》、つくり出《だ》したい商品《しょうひん》やサービスはどんな価値《かち》を生《う》み出《だ》せるのか、とことん調《しら》べておきましょう。

6-3

「AI《エーアイ》時代《じだい》」に求《もと》められる能力《のうりょく》

AI《エーアイ》が人間《にんげん》の代《か》わりに働《はたら》くことで、新《あたら》しい仕事《しごと》が生《う》まれる可能性《かのうせい》もあります。AI《エーアイ》時代《じだい》に輝《かがや》く力《ちから》はなんでしょうか?

「AI《エーアイ》が得意《とくい》なこと」と「人間《にんげん》が得意《とくい》なこと」

AI《エーアイ》（人工知能《じんこうちのう》）はまるで人《ひと》のように考《かんが》え、思考《しこう》できるコンピュータのことです。AI《エーアイ》の発展《はってん》によって、「**いずれ人間《にんげん》の仕事《しごと》がAI《エーアイ》に奪《うば》われる**」と心配《しんぱい》の声《こえ》が聞《き》かれるようになりました。これは本当《ほんとう》でしょうか?

たしかに人間《にんげん》よりAI《エーアイ》がすぐれているところはたくさんあります。たとえば、過去《かこ》のさまざまなデータを学習《がくしゅう》・処理《しょり》すること、データを記憶《きおく》・記録《きろく》することがAI《エーアイ》は得意《とくい》です。人間《にんげん》のように疲《つか》れたり飽《あ》きたりすることもありません。

でも、**人間《にんげん》のほうがAI《エーアイ》よりすぐ**

人間《にんげん》とAI《エーアイ》の得意《とくい》・苦手《にがて》なこと

得意《とくい》なこと

- 大量《たいりょう》のデータを学習《がくしゅう》・処理《しょり》する
- データを記憶《きおく》・記録《きろく》する
- 長時間作業《ちょうじかんさぎょう》を続《つづ》ける

S《エス》 AI《エーアイ》

苦手《にがて》なこと

- 感情《かんじょう》を理解《りかい》する
- 課題《かだい》を発見《はっけん》する
- 過去《かこ》のデータにない問題《もんだい》を解決《かいけつ》する

人間《にんげん》が担《にな》う

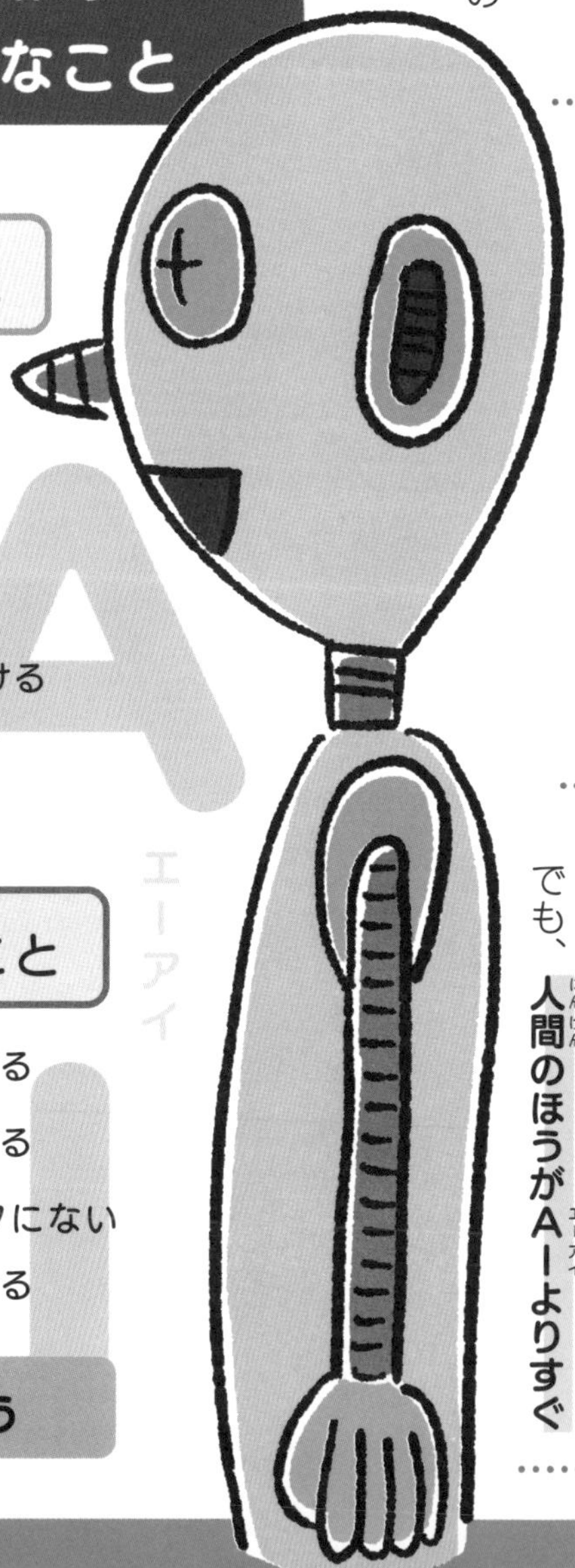

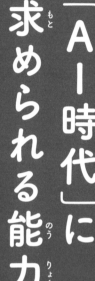

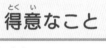

れているところもあります。人間《にんげん》は感情《かんじょう》を読《よ》み取《と》ることができます。文脈《ぶんみゃく》を理解《りかい》し〝空気《くうき》を読《よ》む〟のも得意《とくい》です。課題《かだい》を発見《はっけん》したり、過去《かこ》にない問題《もんだい》を解決《かいけつ》したりと、**0から1をつくり出《だ》せるのもAI《エーアイ》にはない人間《にんげん》の長所《ちょうしょ》**です。

知識《ちしき》をため込《こ》むだけではAI《エーアイ》に太刀打《たちう》ちできない

つまり、人間《にんげん》が苦手《にがて》なことをAI《エーアイ》がサポートし、**AI《エーアイ》ができないことを人間《にんげん》の仕事《しごと》にすればいい**のです。

知識《ちしき》を一生懸命《いっしょうけんめい》ため込《こ》んでそれを吐《は》き出《だ》すという能力《のうりょく》だけでは、AI《エーアイ》には太刀打《たちう》ちできません。AI《エーアイ》時代《じだい》に活躍《かつやく》するには、コミュニケーション力《りょく》や想像力《そうぞうりょく》など、**人間《にんげん》の得意《とくい》分野《ぶんや》に磨《みが》きをかけておく**必要《ひつよう》があるでしょう。

知《し》っておきたい!

AI《エーアイ》に奪《うば》われる仕事《しごと》・奪《うば》われない仕事《しごと》

人《ひと》と会話《かいわ》しているかのように自然《しぜん》な文章《ぶんしょう》で質問《しつもん》に答《こた》える「ChatGPT《チャットジーピーティー》」（生成《せいせい》 AI《エーアイ》）が2022（令和《れいわ》4）年《ねん》11月《がつ》に無料《むりょう》で公開《こうかい》され、大《おお》きな話題《わだい》になりました。ChatGPT《チャットジーピーティー》は人間《にんげん》がおこなってきたさまざまな仕事《しごと》をこなせるため、今後《こんご》、働《はたら》き方《かた》に大《おお》きな影響《えいきょう》を与《あた》えるといわれています。

たとえば、通訳《つうやく》や定型文《ていけいぶん》などAI《エーアイ》が得意《とく》な分野《ぶんや》を扱《あつか》う仕事《しごと》は仕事《しごと》を奪《うば》われやすいそうです。一方《いっぽう》、個別《こべつ》の仕事《しごと》をチェックしたり、総合的《そうごうてき》な判断《はんだん》を下《くだ》したり、責任《せきにん》を取《と》ったりする医師《いし》や監督者《かんとくしゃ》などの職業《しょくぎょう》はAI《エーアイ》に奪《うば》われにくいとされます。AI《エーアイ》は、きめ細《こま》かな肉体労働《にくたいろうどう》はまだ苦手《にがて》なので、微妙《びみょう》な力加減《ちからかげん》が必要《ひつよう》なリハビリに関《かか》わる仕事《しごと》や歯科衛生士《しかえいせいし》などは残《のこ》るかもしれません。

6-4 いつの時代《じだい》も必要《ひつよう》なコミュニケーション力《りょく》

コミュニケーションは一方通行《いっぽうつうこう》ではありません。対話《たいわ》するときには、相手《あいて》の話《はなし》をしっかり聞《き》くことも大切《たいせつ》です。

「話《はな》す力《ちから》」だけではなく「聞《き》く力《ちから》」も育《そだ》てる

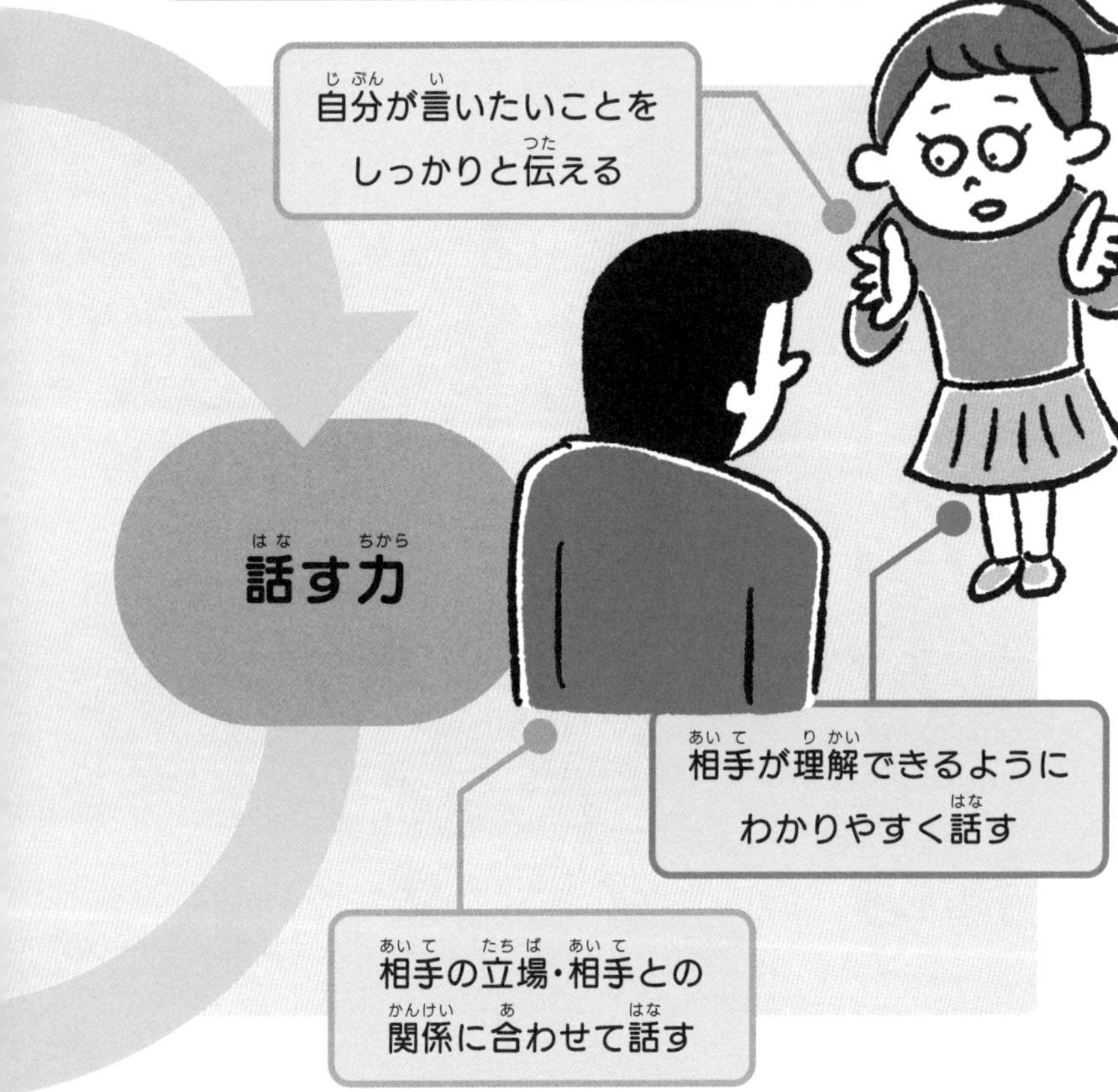

自分《じぶん》が言《い》いたいことをしっかりと伝《つた》える
話《はな》す力《ちから》
相手《あいて》が理解《りかい》できるようにわかりやすく話《はな》す
相手《あいて》の立場《たちば》・相手《あいて》との関係《かんけい》に合《あ》わせて話《はな》す

「論破《ろんぱ》」するだけでは対話《たいわ》にならない

いまの時代《じだい》もこれからの時代《じだい》にも必要《ひつよう》とされる力《ちから》の1つに、「**コミュニケーション力《りょく》**」があります。

言葉《ことば》を通《つう》じてお互《たが》いの考《かんが》えを理解《りかい》し合《あ》うことを「対話《たいわ》」といいますが、**この対話《たいわ》する力《ちから》を育《そだ》てることで、想像力《そうぞうりょく》や共感力《きょうかんりょく》を高《たか》められます**。共感《きょうかん》力《りょく》とは、相手《あいて》と気持《きも》ちが通《つう》じる能《のう》力《りょく》、相手《あいて》が何《なに》を求《もと》めているかを的確《てきかく》に把握《はあく》する能力《のうりょく》です。

対話《たいわ》とは、一方通行《いっぽうつうこう》のものではありません。相手《あいて》にボールを投《な》げ込《こ》ん

知《し》っておきたい！

AI《エーアイ》と上手《じょうず》に付《つ》き合《あ》っていくには？

最近《さいきん》、「ChatGPT《チャットジーピーティー》」などの生成《せいせい》AI《エーアイ》を理科《りか》の実験《じっけん》や道徳《どうとく》の授業《じゅぎょう》で使《つか》う学校《がっこう》が出始《ではじ》めています。便利《べんり》な存在《そんざい》である反面《はんめん》、子《こ》どもたちが課題《かだい》として出《だ》された感想文《かんそうぶん》や宿題《しゅくだい》などをAI《エーアイ》にやってもらう可能性《かのうせい》があると心配《しんぱい》されています。小学生《しょうがくせい》や中学生《ちゅうがくせい》がAI《エーアイ》の生成《せいせい》した文章《ぶんしょう》を安易《あんい》にコピーするような行《こう》為《い》が横行《おうこう》すると、自分《じぶん》で考《かんが》えて書《か》いたり話《はな》したりする基本的《きほんてき》な能力《のうりょく》、言葉《ことば》の感覚《かんかく》やニュアンスを身《み》につける機会《きかい》が減《へ》ってしまいます。

人間《にんげん》にしかできない総合的《そうごうてき》な判断力《はんだんりょく》を得《え》るためにも、AI《エーアイ》に頼《たよ》らずに自分《じぶん》の能力《のうりょく》を磨《みが》くことに力《ちから》を注《そそ》いでください。AI《エーアイ》は人間《にんげん》の敵《てき》ではありませんが、「上手《じょうず》に付《つ》き合《あ》っていく」ことが大事《だいじ》なのです。

相手《あいて》にしっかりと向《む》き合《あ》って話《はなし》を聞《き》く
聞《き》く力《ちから》
相手《あいて》の価値観《かちかん》を理解《りかい》する
相手《あいて》の考《かんが》えや気持《きも》ちを上手《じょうず》に引《ひ》き出《だ》す

で打《う》ち負《ま》かし、**「論破《ろんぱ》してやった」というのでは対話《たいわ》になりません**し、そこで話《はなし》が終《お》わってしまいます。

コミュニケーション力《りょく》は努力《どりょく》で身《み》につけられる

人《ひと》と話《はなし》をする際《さい》に大切《たいせつ》なポイントは、**認《みと》め合《あ》ったり、間違《まちが》いを指摘《してき》し合《あ》ったりしながら、お互《たが》いを高《たか》め合《あ》うこと**です。

話《はなし》を聞《き》くときは、相手《あいて》が何《なに》を考《かんが》えているのか、どんな価値観《かちかん》を持《も》っているのかを考《かんが》えましょう。好奇心《こうきしん》を持《も》って丁寧《ていねい》に話《はなし》を聞《き》いていれば、相《あい》手《て》は安心《あんしん》して話《はな》せます。自分《じぶん》が話《はな》すときは、相手《あいて》が理解《りかい》できるように、わかりやすく話《はな》すことが大切《たいせつ》です。

コミュニケーション力《りょく》は、AI《エーアイ》で代替《だいたい》できるものではありません。それだけではなく、**誰《だれ》でも努力次第《どりょくしだい》で大《おお》きく育《そだ》てられる能力《のうりょく》**なのです。

6-5 仕事《しごと》の壁《かべ》がどんどんなくなっていく

さまざまな「壁《かべ》」がなくなっていくこれからの時代《じだい》、あなたはどのような活躍《かつやく》の場《ば》を見出《みいだ》せるでしょうか？

年齢《ねんれい》の壁《かべ》と性別《せいべつ》の壁《かべ》が消《き》えていく

国籍《こくせき》や性別《せいべつ》、年齢《ねんれい》、障害《しょうがい》の有無《うむ》、考《かんが》え方《かた》など、私《わたし》たちにはさまざまな違《ちが》いがあります。これからの時代《じだい》は、こうした多様性《たようせい》を認《みと》め、ともに生《い》きていくことが求《もと》められています。

仕事《しごと》においても多様性《たようせい》が重視《じゅうし》され、さまざまな「壁《かべ》」がなくなっていくことが予想《よそう》されます。

まずなくなっていくのは、**年齢《ねんれい》の壁《かべ》（エイジレス）**。医療《いりょう》やテクノロジーの進化《しんか》によって人間《にんげん》の寿命《じゅみょう》がどんどん伸《の》び、これからは、働《はたら》きたいと思《おも》うなら高齢《こうれい》になっても働《はたら》き続《つづ》けられるようになるでしょう。成果主義《せいかしゅぎ》（189ページ）により、実力《じつりょく》ある若者《わかもの》が活躍《かつやく》する場《ば》も増《ふ》えていくはずです。

次《つぎ》は、**性別《せいべつ》の壁《かべ》（ジェンダーレス）**

3つの「壁《かべ》」

年齢《ねんれい》・世代《せだい》の壁《かべ》がなくなる
（エイジレス）
少年《しょうねん》・少女《しょうじょ》起業家《きぎょうか》
年上《としうえ》の部下《ぶか》・年下《としした》の上司《じょうし》
高齢《こうれい》になっても働《はたら》ける

昔《むかし》は年《とし》を取《と》るとともに昇進《しょうしん》するのが一般的《いっぱんてき》だったが、年齢《ねんれい》は関係《かんけい》なく若《わか》い世代《せだい》でも活躍《かつやく》できる時代《じだい》になってきた。その一方《いっぽう》で、定年《ていねん》を迎《むか》えた人《ひと》でも、働《はたら》きたければ働《はたら》き続《つづ》けられる環境《かんきょう》も整《ととの》ってきている。

消《き》えていく

国境の壁《かべ》がなくなる
（ボーダーレス）

インターネットなどの技術《ぎじゅつ》の進歩《しんぽ》によって、国境《こっきょう》も言語《げんご》の壁《かべ》もなくなりつつある。いまは外国《がいこく》に行《い》かなくてもオンラインで会議《かいぎ》ができるし、リアルタイムで翻訳《ほんやく》をしてくれるアプリも登場《とうじょう》している。

オンラインで
外国人《がいこくじん》と遠隔《えんかく》
ミーティング
翻訳《ほんやく》アプリで
同時通訳《どうじつうやく》
いろいろな国《くに》の人《ひと》が
働《はたら》く多国籍企業《たこくせききぎょう》

性別の壁《かべ》がなくなる
（ジェンダーレス）

かつては「男性《だんせい》が外《そと》で仕事《しごと》をして女性《じょせい》が家《いえ》で家事《かじ》・育児《いくじ》をする」というのが一般的《いっぱんてき》だった。しかし、それはもう古《ふる》い常識《じょうしき》となっている。女性《じょせい》が男《だん》性《せい》と同様《どうよう》に働《はたら》いて活躍《かつやく》したり、性別関係《せいべつかんけい》なく職業《しょくぎょう》を選《えら》べたりする時代《じだい》がやってきている。

女性管理職《じょせいかんりしょく》・
社長《しゃちょう》
男性《だんせい》が家事《かじ》・育児《いくじ》
「男性《だんせい》（女性《じょせい》）らしい
仕事《しごと》」がなくなる

です。「これは男性《だんせい》（女性《じょせい》）がつく職《しょく》業《ぎょう》」といった古《ふる》い価値観《かちかん》はなくなっていくでしょう。日本《にほん》は世界《せかい》の中《なか》でも女性管理職《じょせいかんりしょく》や女性政治家《じょせいせいじか》の割合《わりあい》が低《ひく》い国《くに》ですが、これからは女性《じょせい》も男性《だんせい》と同《おな》じように輝《かがや》ける環境《かんきょう》づくりが進《すす》むはずです。

国境《こっきょう》の壁《かべ》がなくなり世界《せかい》が身近《みぢか》に

国境《こっきょう》の壁《かべ》もなくなってきます（ボーダーレス）。外国人《がいこくじん》や外国《がいこく》で働《はたら》く人《ひと》と仕事《しごと》をする機会《きかい》は、いまよりも増《ふ》えていくはずです。現在《げんざい》でもオンラインで海外《かいがい》にいる人《ひと》と画面《がめん》を通《とお》して会議《かいぎ》はできますが、いずれはVR《ブイアール》（仮想現実《かそうげんじつ》）での会議《かいぎ》が主流《しゅりゅう》になっているかもしれません。

こうした「壁《かべ》」がなくなる未来《みらい》に、あなたはどのような活躍《かつやく》の場《ば》を見出《みいだ》すでしょうか？

6-6

情報《じょうほう》に惑《まど》わされない生《い》き方《かた》とは？

インターネットは便利《べんり》な存在《そんざい》ですが、そこにある情報《じょうほう》には大《おお》げさなもの、間《ま》違《ちが》ったものも少《すく》なくありません。

「メディアリテラシー」は子《こ》どもにも大人《おとな》も必要《ひつよう》

あなたは日々《ひび》、どのような情報《じょうほう》に触《ふ》れていますか？ ユーチューブ(YouTube《ユーチューブ》)やティックトック(Tik《ティック》Tok《トック》)などのインターネットだと答《こた》える人《ひと》も多《おお》いと思《おも》います。

ネットを使《つか》えば、たしかに世界中《せかいじゅう》の情報《じょうほう》に簡単《かんたん》にアクセスできます。でも、ネットは誰《だれ》も規制《きせい》しない中《なか》で自由《じゆう》に表現《ひょうげん》できるため、**それが正《ただ》しい情報《じょうほう》なのか間違《まちが》った情報《じょうほう》なのかはわかりません。**試聴《しちょう》する側《がわ》が気《き》をつけないと、間違《まちが》った情報《じょうほう》を得《え》たり、デマやフェイクニュースを拡散《かくさん》したりしてしまうかもしれないのです。

情報《じょうほう》にだまされず正《ただ》しく理解《りかい》する力《ちから》を「メディアリテラシー」といいます。これは、あなたが成長《せいちょう》するときも、大人《おとな》になって社会《しゃかい》に出《で》たあとも、絶対《ぜったい》に必要《ひつよう》となる力《ちから》です。

複数《ふくすう》のメディアを見比《みくら》べる習慣《しゅうかん》を

メディアリテラシーを身《み》につけるためには、まずは情報《じょうほう》やニュースに

ウソ・大《おお》げさをうのみにしない

インターネットには、間違《まちが》った情報《じょうほう》、大《おお》げさな情報《じょうほう》も少《すく》なくない。すべての情報《じょうほう》をうのみにせず、「これは本当《ほんとう》かな？」という視点《してん》を大事《だいじ》にしよう。

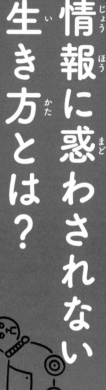

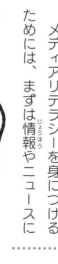

触《ふ》れたときすぐに100%信《しん》じ込《こ》まず、**「これは本当《ほんとう》かな?」と疑《うたが》う姿《し》勢《せい》が大切《たいせつ》**です。そのためにも、「情《じょう》報《ほう》の発信元《はっしんもと》がどこか」のチェックを習慣《しゅうかん》にするといいでしょう。

気《き》になった情報《じょうほう》があったら、ネットだけで判断《はんだん》せず、新聞《しんぶん》や書籍《しょせき》、テレビのニュースなどでも確認《かくにん》しましょう。**複数《ふくすう》のメディアを見比《みくら》べればより正確《せいかく》な情報《じょうほう》が得《え》られる**はずです。

情報《じょうほう》を正《ただ》しく扱《あつか》う工夫《くふう》

〜なんだって
私もそう思う

伝《つた》えたい情報《じょうほう》は責任《せきにん》を持《も》って正《ただ》しく伝《つた》える

不確《ふたし》かな情報《じょうほう》や、誤《あやま》った情報《じょうほう》を無責任《むせきにん》に伝《つた》えることは避《さ》ける。人《ひと》に伝《つた》えたい情報《じょうほう》は、みずからの責《せき》任《にん》で正《ただ》しく伝《つた》えることを心掛《こころが》けよう。

なるほど
こんなことが
起きてるんだ!

正《ただ》しい情報《じょうほう》をつかみ取《と》る

新聞《しんぶん》やテレビのニュースなど、信頼《しんらい》できるメディアから情報《じょうほう》を入手《にゅうしゅ》する。複数《ふくすう》の情報源《じょうほうげん》を見比《みくら》べてみるのもおすすめ。

6-7 仕事《しごと》と生活《せいかつ》のバランスを考《かんが》えよう

せっかく仕事《しごと》を始《はじ》めても、毎日残業《まいにちざんぎょう》ばかりでプライベートのない生活《せいかつ》では、心《こころ》も体《からだ》も疲《つか》れ果《は》ててしまいます。

仕事《しごと》ばかりの人生《じんせい》は本当《ほんとう》に幸《しあわ》せ？

仕事《しごと》は生《い》きていくうえで欠《か》かせないものです。でも、だからといって**仕事《しごと》ばかりの人生《じんせい》は、充実《じゅうじつ》した人生《じんせい》といえるでしょうか**？

パーソル総合研究所《そうごうけんきゅうしょ》「働《はたら》く1万人《まんにん》の就業《しゅうぎょう》・成長定点調査《せいちょうていてんちょうさ》2022」によると、20代前半《だいぜんはん》の男女《だんじょ》が仕事《しごと》に対《たい》して重視《じゅうし》する第《だい》1位《い》は「休《やす》みが取《と》れる／取《と》りやすいこと」（38・0％）、第《だい》2位《い》は「職場《しょくば》の人間関係《にんげんかんけい》がよいこと」（36・9％）、第《だい》3位《い》は「仕事《しごと》とプライベートのバランスが取《と》れること」（33・5％）でした。この調査《ちょうさ》では、**多《おお》くの人《ひと》は仕事《しごと》の収入《しゅうにゅう》ややりがいなどよりも、休《やす》みやプライベートの充実《じゅうじつ》を求《もと》めていること**がわかります。

仕事《しごと》が生活《せいかつ》の中心《ちゅうしん》

平日《へいじつ》も休日《きゅうじつ》も仕事《しごと》ばかり。プライベートな時間《じかん》がほとんどなく、心《こころ》も体《からだ》も疲《つか》れ果《は》てている。

自分《じぶん》にとって幸《しあわ》せな働《はたら》き方《かた》とは？

健康《けんこう》で豊《ゆた》かな生活《せいかつ》を送《おく》るためには「ワーク・ライフ・バランス」、つまり**ワーク（仕《し》事《ごと》）**と**ライフ（それ以外《いがい》の生活《せいかつ》）のバランス**を考《かんが》えることが大切《たいせつ》です。平日《へいじつ》は朝《あさ》から晩《ばん》まで働《はたら》いて、週《しゅう》末《まつ》も仕事《しごと》に明《あ》け暮《く》れる……。そんな仕事一辺倒《しごといっぺんとう》の働《はたら》き方《かた》を続《つづ》けていると、プライベートが犠牲《ぎせい》になるばかりか、心《こころ》や体《からだ》の健康《けんこう》を保《たも》つことも難《むずか》しくなります。

もちろん、仕事《しごと》に対《たい》する価値観《かちかん》は人《ひと》それぞれ。とにかく仕事《しごと》に没頭《ぼっとう》したいという人《ひと》もいるでしょう。あなたが働《はたら》くときは、仕事《しごと》も生活《せいかつ》（人《じん》生《せい》）の一部《いちぶ》ととらえたうえで**「自分《じぶん》にとって何《なに》が幸《しあわ》せか」を第一《だいいち》に考《かんが》えるようにしてください。**

やりがいや充実感《じゅうじつかん》を覚《おぼ》えながら働《はたら》き、家族《かぞく》との時間《じかん》や趣味《しゅみ》の時《じ》間《かん》など、プライベートな時間《じかん》も充実《じゅうじつ》した生《せい》活《かつ》を送《おく》っている。

6-8 そこそこできるより1つの「すごい」を

オールマイティな人《ひと》よりも、誰《だれ》にも負《ま》けない力《ちから》を持《も》っている人《ひと》のほうが、社会《しゃかい》に出《で》ると輝《かがや》けるかもしれません。

“そこそこできる”ならいくらでも代《か》わりはいる

苦手《にがて》や不得意《ふとくい》がなく、なんでもそつなくこなせる「オールマイティ」な人《ひと》がいてくれれば、いろいろな場面《ばめん》で困《こま》らないし、安心《あんしん》できると思《おも》うかもしれません。

しかし、いろんなことをなんでもできるようになろうとすると、**結局《けっきょく》はすべてが“そこそこ”のレベルで終《お》わってしまう可能性《かのうせい》もあります。**

たとえば、野球《やきゅう》でピッチャーもキャッチャーも、内野手《ないやしゅ》も外野手《がいやしゅ》も、すべてのポジションで一流《いちりゅう》を目指《めざ》すのは不可能《ふかのう》でしょう。

“なんでもそこそこできる”は、言葉《ことば》を変《か》えれば**「代《か》わりの人《ひと》はほかにもいる」**ということでもあります。会社《かいしゃ》やチームの中《なか》に自分《じぶん》より優秀《ゆうしゅう》な人《ひと》がいれば簡単《かんたん》に代替《だいたい》できますし、

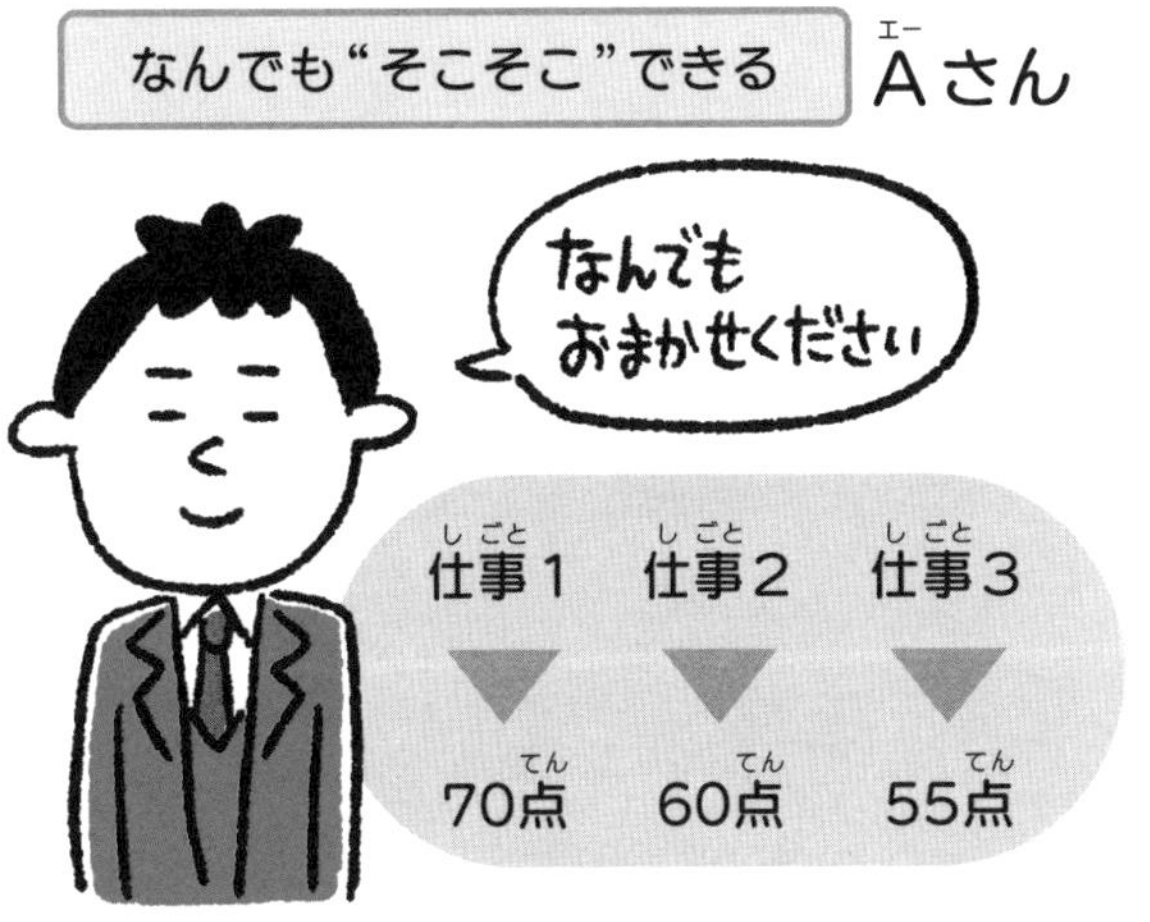

なんでも“そこそこ”できる
A《エー》さん
なんでもおまかせください
仕事《しごと》1
仕事《しごと》2
仕事《しごと》3
70点《てん》
60点《てん》
55点《てん》

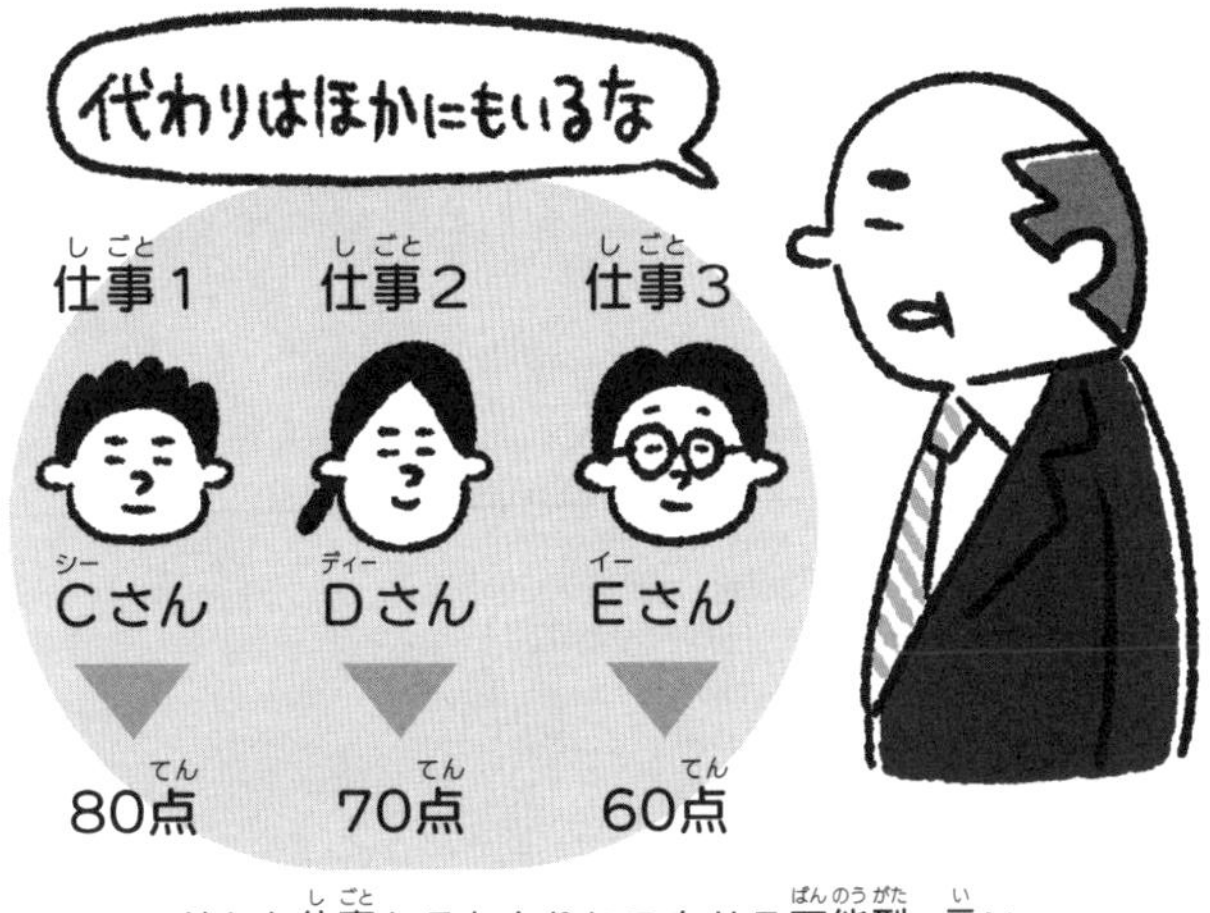

代わりはほかにもいるな
仕事《しごと》1
仕事《しごと》2
仕事《しごと》3
C《シー》さん
D《ディー》さん
E《イー》さん
80点《てん》
70点《てん》
60点《てん》

どんな仕事《しごと》もそれなりにこなせる万能型《ばんのうがた》。言《い》い換《か》えれば、それぞれの仕事《しごと》の代《か》わりになる人《ひと》はほかにもいることになる。

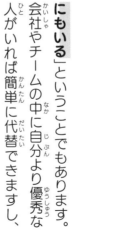

自分《じぶん》がその会社《かいしゃ》やチームを辞《や》めたとしてもほかの人《ひと》がカバーできてしまいます。

自分《じぶん》の取《と》り柄《え》を磨《みが》いていこう

もしあなたが自分《じぶん》の力《ちから》を仕事《しごと》で十分《じゅうぶん》に発揮《はっき》したいと願《ねが》うなら、「広《ひろ》く浅《あさ》く」ではなく、**「狭《せま》く深《ふか》く」の方向《ほうこう》で能力《のうりょく》を高《たか》め、取《と》り柄《え》を磨《みが》いていきましょう。**

便利《べんり》に使《つか》われる〝なんでも屋《や》〟ではなく、誰《だれ》にも負《ま》けない自分《じぶん》の専門分野《せんもんぶんや》・得意分野《とくいぶんや》を持《も》つことを目指《めざ》すのです。

1つの「すごい」があれば、それが自信《じしん》につながり、きっとあなた自《じ》身《しん》を支《ささ》えてくれます。そのうち必《かなら》ず、周囲《しゅうい》にもあなたを認《みと》めてくれる人《ひと》が出《で》てくるはずです。

代《か》わりがいない人材《じんざい》になる

1つのことに秀《ひい》でている　B《ビー》さん

仕事1は誰にも負けない！
仕事《しごと》1　仕事《しごと》2　仕事《しごと》3
100点《てん》　30点《てん》　35点《てん》
仕事1はBさん以外考えられないな
仕事《しごと》1　仕事《しごと》2　仕事《しごと》3
B《ビー》さん　D《ディー》さん　E《イー》さん
100点《てん》　70点《てん》　60点《てん》

苦手《にがて》なこともあるが、1つのことに秀《ひい》でた特化《とっか》型《がた》。誰《だれ》よりも得意《とくい》な仕事《しごと》があるため、その仕事《しごと》は代《か》わりが利《き》かない。

知《し》っておきたい！

増《ふ》える「ジョブ型雇用《がたこよう》」

これからの時代《じだい》は、「専門性《せんもんせい》」が求《もと》められる時代《じだい》といえそうです。日本《にほん》の会社《かいしゃ》の多《おお》くは、仕事《しごと》の内容《ないよう》を決《き》めずに新卒《しんそつ》の人《ひと》を一括《いっかつ》で採用《さいよう》し、採用《さいよう》後《ご》に仕事《しごと》を割《わ》り振《ふ》って配置転換《はいちてんかん》しながらいろいろな仕事《しごと》を経験《けいけん》させる「メンバーシップ型雇用《がたこよう》」という採《さい》用《よう》の形式《けいしき》をとっていました。
しかし現在《げんざい》は、特定《とくてい》の仕事《しごと》に対《たい》してスキルや実務経験《じつむけいけん》のある人《ひと》を採用《さいよう》する「ジョブ型雇用《がたこよう》」という形式《けいしき》に変《か》わってきています。つまり、「なんでもまんべんなくできます」ではなく、「この分野《ぶんや》が得意《とくい》です」と言《い》える人《ひと》のほうが必要《ひつよう》とされる時代《じだい》になってきているということです。

変化《へんか》を恐《おそ》れずに生《い》きていこう

成長《せいちょう》するということは「変化《へんか》を受《う》け入《い》れる」ということです。変《か》わることを恐《おそ》れず、歩《あゆ》み続《つづ》けていきましょう。

夢
夢《ゆめ》を抱《いだ》く
好《す》きなことが見《み》つかり、やってみたい仕事《しごと》、なりたい職業《しょくぎょう》を見出《いだ》す。

挫折《ざせつ》する
自分《じぶん》の夢《ゆめ》の実現《じつげん》が難《むずか》しいことを知《し》り、立《た》ち止《ど》まる。

「新《あたら》しい自分《じぶん》」をこばんではいけない

人間《にんげん》は変化《へんか》することを恐《おそ》れる生《い》き物《もの》です。「新《あたら》しいことを始《はじ》めたいのに、不安《ふあん》で一歩《いっぽ》を踏《ふ》み出《だ》せない」「成長《せいちょう》したいと願《ねが》っているのに、変《か》わってしまうのが怖《こわ》い」――。これまで経験《けいけん》したことがないことをすることで、**違《ちが》う自分《じぶん》（新《あたら》しい自分《じぶん》）になっていくのが怖《こわ》い**のです。

変化《へんか》を受《う》け入《い》れられなければ、成長《せいちょう》はできません。成長《せいちょう》が止《と》まったら、ほかの人《ひと》にどんどん追《お》い抜《ぬ》かれて、活躍《かつやく》する場所《ばしょ》を失《うしな》ってしまいます。

もしあなたがこれからもっと成長《せいちょう》したいと思《おも》うなら、新《あたら》しい自分《じぶん》に変《か》わっていくことを前向《まえむ》きに受《う》け入《い》れなくてはなりません。

違《ちが》う考《かんが》え・新《あたら》しい考《かんが》えを受《う》け入《い》れる

大人《おとな》になって仕事《しごと》を始《はじ》めると、自《じ》分《ぶん》から動《うご》いて、**変幻自在《へんげんじざい》に変《か》わっていける人《ひと》が重宝《ちょうほう》されます**。仕事《しごと》というのは、やったことがないことばかりで、経験《けいけん》したことだけを任《まか》されるわけではないからです。

いまあなたにやっておいてほしいのは、**ほかの人《ひと》の意見《いけん》や新《あたら》しい視点《してん》を積極《せっきょく》的《てき》に取《と》り入《い》れること**です。自分《じぶん》の頭《あたま》だけに頼《たよ》らず、あえて違《ちが》う考《かんが》え、新《あたら》しい考《かんが》えを吸収《きゅうしゅう》する努力《どりょく》をするのです。

人生《じんせい》は「山《やま》あり谷《たに》あり」。失敗《しっぱい》も挫折《ざせつ》も乗《の》り越《こ》えて、つねに新《あたら》しい自分《じぶん》に成長《せいちょう》していきましょう。

「山《やま》あり谷《たに》あり」の人生《じんせい》を生《い》きていく

乗《の》り越《こ》える
自分《じぶん》を見《み》つめ直《なお》し、新《あたら》しい夢《ゆめ》を抱《いだ》く。
夢《ゆめ》や目標《もくひょう》が叶《かな》う
努力《どりょく》を続《つづ》け、ついに夢《ゆめ》や目標《もくひょう》が実現《じつげん》する。
次《つぎ》なる目標《もくひょう》・夢《ゆめ》に向《む》けて歩《あゆ》み続《つづ》ける
次《つぎ》の目標《もくひょう》や夢《ゆめ》を設定《せってい》し、それに向《む》かって努力《どりょく》を続《つづ》ける。

おわりに

「自分《じぶん》の人生《じんせい》」を幸《しあわ》せに生《い》きていこう

この本《ほん》では、あなたが「本当《ほんとう》にやりたいこと」を見《み》つけるために役立《やくだ》つさまざまな知識《ちしき》やヒントを紹介《しょうかい》してきました。あなたの未来《みらい》を照《て》らす〝武器《ぶき》〟になるものが1つでも2つでも出《で》てくれば、こんなにうれしいことはありません。

ここまで読《よ》んでみて、「それでもやりたいことが見《み》つかりそうもない」と思《おも》った人《ひと》もいるかもしれません。でも、この本《ほん》で述《の》べている通《とお》り、やりたいことがまだないからといってあせる必要《ひつよう》はまったくありません。まずは自分《じぶん》のことを、じっくりと考《かんが》えてみることです。

自分《じぶん》の興味《きょうみ》がどこに向《む》かっているのか、自分《じぶん》の強《つよ》みや弱《よわ》みはいったいなんなのか、世《よ》の中《なか》の物事《ものごと》のどんなところが気《き》になっているのか、どんな人生《じんせい》を歩《あゆ》みたいのか……。このように自分《じぶん》としっかり向《む》き合《あ》って、「自分《じぶん》はこう思《おも》う」という信念《しんねん》が持《も》てたなら、社会《しゃかい》との関《かか》わりの中《なか》で自分《じぶん》のやりたいことが少《すこ》しずつ見《み》えてくるはずです。

学校《がっこう》のテストは「正解《せいかい》」がありますが、あなたが歩《あゆ》んでいく「人生《じんせい》」には、「こうすれば絶対《ぜったい》うまくいく」という1つの答《こた》えは存在《そんざい》しません。選択肢《せんたくし》は無数《むすう》にあるでしょうし、そもそも答《こた》えがないことだってたくさんあります。

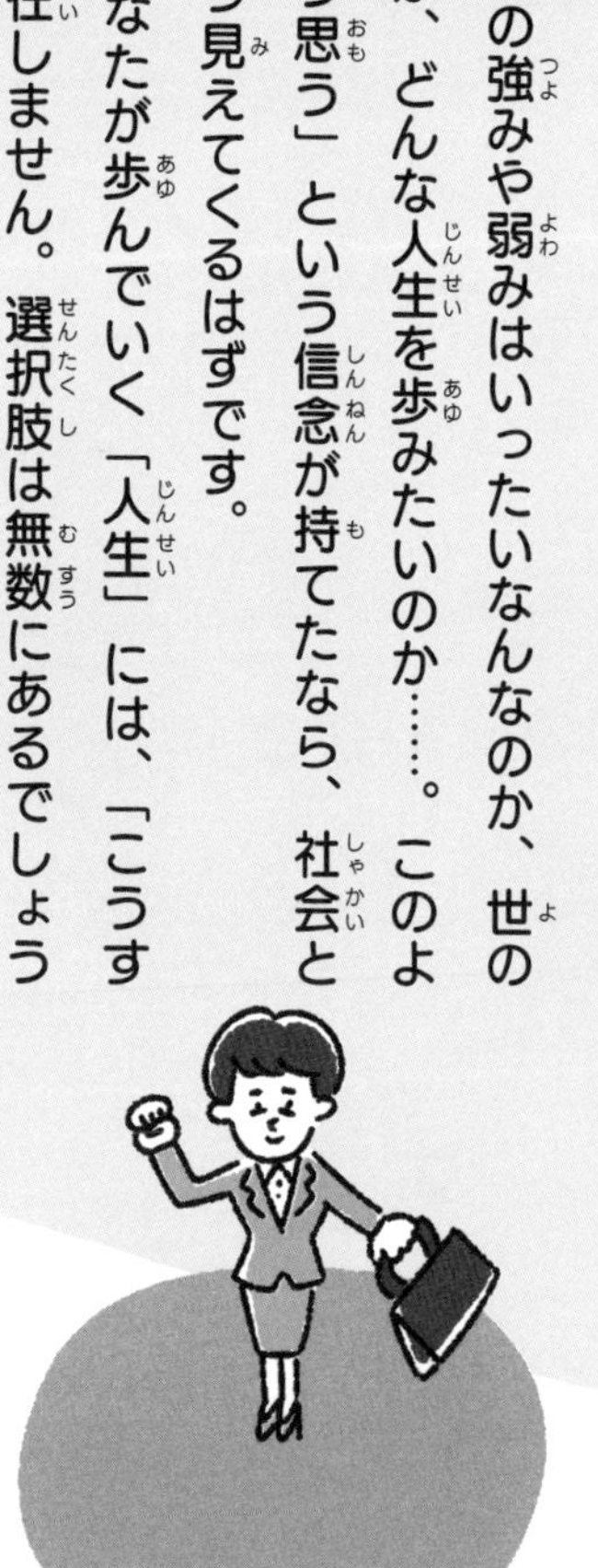

「すべての人《ひと》の人生《じんせい》がうまくいくための教科書《きょうかしょ》」があって、その教科書《きょうかしょ》通《どお》りにやればすべてOK《オーケー》というなら便利《べんり》ですよね？　でも、そんな誰《だれ》にでも当《あ》てはまる〝人生《じんせい》の必勝法《ひっしょうほう》〟のようなものはありません。なぜなら、人間《にんげん》には一人《ひとり》ひとり個性《こせい》があり、自分《じぶん》の人生《じんせい》は自分自身《じぶんじしん》で〝デザイン〟していかなくてはならないものだからです。

まずは自分《じぶん》の気持《きも》ちに正直《しょうじき》になって、一歩《いっぽ》踏《ふ》み出《だ》してみる。いま好《す》きなこと、興味《きょうみ》を持《も》っていることがあるなら、それをとことんやってみる。まだ知《し》らない広《ひろ》い世界《せかい》を、自分自身《じぶんじしん》の目《め》で見《み》てみる。いろいろなことを経験《けいけん》して、たくさん悩《なや》んで、自分《じぶん》が「これだ」と思《おも》う道《みち》を選《えら》んでいきましょう。あなたの「やりたいこと」は、きっとその先《さき》にあるはずです。チャレンジしてみた結果《けっか》、「やっぱり違《ちが》うかな？」と気持《きも》ちが変《か》わってもいいのです。

この本《ほん》はここで終《お》わりを迎《むか》えますが、あなたの未来《みらい》はこれからずっと続《つづ》いていきます。人生《じんせい》という壮大《そうだい》な物語《ものがたり》の主人公《しゅじんこう》は、ほかでもないあなたです。「他人《たにん》はどう考《かんが》えているか」「周《まわ》りにどう思《おも》われているか」なんて、気《き》にしなくていい。あなたが「本当《ほんとう》にやりたいこと」を見《み》つけ、幸《しあわ》せな人生《じんせい》を歩《あゆ》んでいけることを願《ねが》っています。

制作《せいさく》チームより

監 修

池上 彰（いけがみ・あきら）

1950年、長野県松本市生まれ。ジャーナリスト。名城大学教授、東京工業大学特命教授。6つの大学で講義も担当する。慶應義塾大学経済学部を卒業後、NHK入局。記者として数多くの事件や社会問題を取材する。その後、1994年4月からの11年間、NHKのテレビ番組「週刊こどもニュース」のお父さん役で活躍。わかりやすい解説で、子どもからシニア層まで幅広い人気を得る。2005年にNHKを退局、フリージャーナリストに。現在も、執筆・取材活動を中心に、各種メディアで精力的に活動している。一般読者に向けた数々のベストセラー・ロングセラーのほか、『これから大人になる君たちへ』（KADOKAWA）、『なぜ僕らは働くのか』（Gakken）、『なんのために学ぶのか』（SBクリエイティブ）など、子ども向けの著書・監修書も数多い。

君《きみ》に伝《つた》えたい
「本《ほん》当《とう》にやりたいこと」の見《み》つけかた

2024年 2月21日　初版発行

監　修　池上《いけがみ》 彰《あきら》
発行者　山下直久
発　行　株式会社KADOKAWA
〒102-8177　東京都千代田区富士見2-13-3
電話 0570-002-301（ナビダイヤル）
印刷所　株式会社暁印刷
製本所　株式会社暁印刷

●お問い合わせ
https://www.kadokawa.co.jp/（「お問い合わせ」へお進みください）
※内容によっては、お答えできない場合があります。
※サポートは日本国内のみとさせていただきます。
※ Japanese text only

定価はカバーに表示してあります。

ISBN 978-4-04-606280-2　C8030